PROF. MICHAEL HORNBERGER

DAS SCHWINDENDE GEHIRN

PROF. MICHAEL HORNBERGER

DAS SCHWINDENDE GEHIRN

Neueste Erkenntnisse über die Ursachen von Alzheimer – und wie wir uns dagegen schützen können

riva

Bibliografische Information der Deutschen Nationalbibliothek
Die Deutsche Nationalbibliothek verzeichnet diese Publikation in der Deutschen Nationalbibliografie. Detaillierte bibliografische Daten sind im Internet über https://dnb.de abrufbar.

Für Fragen und Anregungen
info@m-vg.de

Wichtiger Hinweis
Ausschließlich zum Zweck der besseren Lesbarkeit wurde auf eine genderspezifische Schreibweise sowie eine Mehrfachbezeichnung verzichtet. Alle personenbezogenen Bezeichnungen sind somit geschlechtsneutral zu verstehen.

1. Auflage 2025

Türkenstraße 89
80799 München
Tel.: 089 651285-0

Übersetzung: Marion Zerbst
Redaktion: Tanja Bertele
Umschlaggestaltung: Marc-Torben-Fischer
Umschlagabbildung: AdobeStock/Daria
Abbildung im Innenteil: Michael Hornberger
Satz: Bernadett Limmer (schere.style.papier), München
Druck: GGP Media GmbH, Pößneck
Printed in the EU

ISBN Print 978-3-7423-2892-2
ISBN E-Book (EPUB, Mobi) 978-3-7453-2667-3

INHALT

VORBEMERKUNG

In diesem Buch geht es nicht um das Thema Demenz, sondern um die Alzheimer-Krankheit.

Vielleicht fragen Sie sich jetzt: Wo liegt da eigentlich der Unterschied?
Ganz einfach: Demenz ist ein Oberbegriff für alle Arten von Demenz, während Alzheimer die häufigste Demenzform ist.

Und wozu braucht man ein Buch über die Alzheimer-Krankheit? Warum habe ich nicht einfach ein Buch über Demenz geschrieben?
Auch die Antwort auf diese Frage ist einfach: Es gibt bereits viele hervorragende Bücher über Demenz. Meines Wissens gibt es jedoch noch kein einziges Buch über die wissenschaftlichen Hintergründe der Alzheimer-Krankheit.

Warum ist das wichtig?
Um die wissenschaftlichen Hintergründe der Demenz zu verstehen, müssten wir jede Demenzerkrankung einzeln betrachten, da jede Demenzform anders ist. Jede entwickelt sich auf etwas andere Art, jede verursacht andere Veränderungen im Gehirn und andere Symptome. Daher bräuchte man letztendlich für jede Demenzerkrankung ein eigenes Buch.

Worum geht es in diesem Buch?

Mein Buch erläutert die wissenschaftlichen Hintergründe (und die Geschichte) der Alzheimer-Krankheit. Dabei werden wir uns vor allem darauf konzentrieren, wie die Veränderungen, die die Alzheimer-Krankheit im Gehirn hervorruft, die typischen Symptome dieser Erkrankung verursachen und wie neue Behandlungsmethoden, die jetzt gerade erst untersucht werden, diesen Veränderungen entgegenzuwirken versuchen. Außerdem werden wir die Risikofaktoren für die Alzheimer-Krankheit beleuchten und uns fragen, wie man sein persönliches Risiko für diese Demenzform möglicherweise senken kann. Zuallererst aber werden wir auf eine kleine Zeitreise in die Vergangenheit gehen und uns damit beschäftigen, wie Alois Alzheimer und Oskar Fischer diese Krankheit »entdeckt« haben.

Für wen habe ich dieses Buch geschrieben?

Für alle – und damit meine ich wirklich *alle* – Menschen, die sich für die wissenschaftlichen Hintergründe der Alzheimer-Krankheit interessieren. Man braucht keine besonderen wissenschaftlichen Vorkenntnisse, um dieses Buch zu verstehen, da ich mir große Mühe gegeben habe, die verschiedenen Aspekte dieser Erkrankung und die dahinter stehenden wissenschaftlichen Konzepte genau zu erläutern. Daher wendet sich dieses Buch an alle Menschen, die irgendetwas mit dieser Krankheit zu tun haben: interessierte Laien, Demenzpatienten, professionelle oder ehrenamtliche Betreuungspersonen, Angehörige, Mitglieder von Selbsthilfeorganisationen, Ärzte und Kliniker. Das Buch beschäftigt sich zwar mit den wichtigsten wissenschaftlichen Hintergründen der Alzheimer-Krankheit, geht aber nicht sehr ausführlich auf die Pflege von Demenzpatienten ein, da es zu diesem Thema bereits ein paar hervorragende Bücher gibt, die von professionellen und nicht professionellen Betreuungspersonen geschrieben wurden. Wenn Sie jedoch wissen möchten, wie und warum die Veränderungen, die bei der Alzheimer-Krankheit im Gehirn ablaufen, diese Demenzform mitsamt ihren Symptomen verursachen und was man dagegen tun könnte, dann ist dieses Buch genau das richtige für Sie.

Warum habe ich dieses Buch gerade jetzt geschrieben?

Wissenschaftliche Erkenntnisse auf laienverständliche Art zu erläutern, gehört schon seit fast 20 Jahren zu meinen besonderen Leidenschaften; und mir ist aufgefallen, dass es bisher kaum detaillierte, leicht verständliche wissenschaftliche Informationen über die Alzheimer-Krankheit gibt. Man findet über diese Erkrankung entweder nur sehr allgemeine wissenschaftliche Informationen – etwa auf Webseiten (zum Beispiel: »Sie verursacht Veränderungen im Gehirn, die sich auf das Gedächtnis auswirken«) – oder wissenschaftliche Publikationen, in denen es von Fachbegriffen und Abkürzungen nur so wimmelt, sodass medizinische Laien sie beim besten Willen nicht verstehen können.

Ich denke jedoch, es ist ein Kompromiss zwischen diesen beiden Extremen möglich, sodass auch der medizinische Laie sich ein genaueres Verständnis der wissenschaftlichen Hintergründe der Alzheimer-Krankheit erarbeiten kann. Natürlich bin ich nicht als Erster auf diese Idee gekommen. Die meisten Stiftungen und auch sonstige Organisationen für Patienten mit Demenzerkrankungen bieten bereits laienfreundliche wissenschaftliche Infomaterialien zu diesem Thema an. Bisher konnte ich jedoch kein Buch finden, in dem alle wichtigen Informationen zusammengefasst sind. Also beschloss ich, selbst ein Buch über die Alzheimer-Krankheit zu schreiben, das auf dem zum Zeitpunkt der Abfassung dieses Buches aktuellen wissenschaftlichen Erkenntnisstand beruht. »Zum Zeitpunkt der Abfassung« ist eine sehr wichtige Einschränkung, da die wissenschaftliche Forschung ständig Fortschritte macht und sich am jetzigen Kenntnisstand daher schon sehr bald etwas ändern kann.

Mir erscheint aber auch noch ein zweiter Vorbehalt wichtig: nämlich, dass dieses Buch nicht für Leser gedacht ist, die sich einfach nur einen kleinen Überblick über das Thema Demenz verschaffen möchten. Diese Leser sollten lieber einen Blick auf die Webseiten der Organisationen für Demenzpatienten in ihrem Land oder von »Alzheimer's Disease International« werfen. (Diese und andere wichtige Links finden Sie im Anhang meines Buches.) Mein Buch ist für Menschen gedacht, denen es um ein detailliertes Verständnis der wissenschaftlichen Hintergründe der Alzheimer-Krankheit geht. Wenn Sie konsequent »dranbleiben«, werden Sie sehr genaue Erkenntnisse darüber gewinnen, wie die Alzheimer-Krankheit im Gehirn entsteht, wie es zu den typischen Alzheimer-Symptomen kommt und wie man die Erkrankung behandeln und ihr letztendlich vielleicht sogar vorbeugen kann – und dann werden Sie auch den Titel dieses Buches verstehen.

Mein Buch wird Ihnen also wichtige Grundkenntnisse über diese Krankheit vermitteln und Ihnen auch dabei helfen, die wissenschaftlichen Erkenntnisse, auf die Sie bei Ihren zukünftigen Recherchen stoßen könnten, besser zu verstehen.

Ich habe das Buch in fünf Teile gegliedert. Im Folgenden möchte ich Ihnen einen kurzen Überblick über den Inhalt dieser fünf Teile geben, damit Sie ungefähr wissen, was Sie erwartet.

Teil 1: Alois und Auguste (und ein bisschen Oskar)

Der erste Teil dieses Buches befasst sich mit der Geschichte der Alzheimer-Krankheit und erklärt, wie diese Demenzform »entdeckt« wurde. Wir lernen Dr. Alois Alzheimer kennen und erleben mit, wie er Frau Auguste Deter – der »ersten« Patientin, bei der die Alzheimer-Krankheit diagnostiziert wurde – zum ersten Mal begegnete. Das Wichtige dabei ist, dass Dr. Alzheimer schon damals bestimmte Eiweißveränderungen in Frau Deters Gehirn entdeckte, die ihre Symptome verursachten. Wir alle haben schon mal von einer Krankheit namens Alzheimer gehört, aber die meisten von uns wissen nicht, wer Dr. Alzheimer eigentlich war. Daher erscheint es mir angebracht, in einem Buch über die Alzheimer-Krankheit zunächst einmal über Dr.

Alois Alzheimer zu berichten. Die zweite wichtige Person, die wir in diesem Buch kennenlernen werden, ist Dr. Oskar Fischer, der die für Alzheimer typischen Eiweißveränderungen zur selben Zeit entdeckte wie Alois Alzheimer. Leider ist Dr. Fischer trotz dieser wichtigen Entdeckung in Vergessenheit geraten, und es ist höchste Zeit, ihn wieder aus der Versenkung hervorzuholen.

Teil 2: Gedächtnis und Raum

Im zweiten Teil meines Buches gehe ich darauf ein, wie das Gedächtnis (vor allem das episodische Gedächtnis) funktioniert. Warum widme ich einen ganzen Teil dieses Buches ausschließlich dem Gedächtnis? Das liegt daran, dass es bei der Alzheimer-Krankheit zwar auch andere kognitive Veränderungen gibt, die episodischen Gedächtnissymptome jedoch ein besonders typisches Merkmal dieser Demenzform sind. An späterer Stelle in diesem Buch werde ich auch noch auf ein paar andere kognitive Symptome eingehen, die bei selteneren Alzheimer-Formen auftreten. Um die typischen Gedächtnissymptome der Alzheimer-Krankheit (zum Beispiel das Vergessen von Ereignissen oder das »Leben in der Vergangenheit«) zu verstehen, müssen wir uns zunächst einmal klarmachen, wie unser Gedächtnis funktioniert. Dadurch wird deutlich, warum nur bestimmte Erinnerungen von der Alzheimer-Krankheit betroffen sind und warum wir uns über andere Gedächtnisveränderungen keine Sorgen zu machen brauchen. Im letzten Teil dieses Buches werde ich zudem auf ein anderes häufiges, aber viel zu wenig beachtetes Frühsymptom der Alzheimer-Krankheit zu sprechen kommen – nämlich die räumliche Desorientierung. Dieses wichtige Symptom erklärt, warum Alzheimer-Patienten ein besonders hohes Risiko haben, die Orientierung zu verlieren oder sich womöglich sogar zu verirren. In diesem letzten Teil werde ich auch erklären, wie die räumliche Navigation in unserem Gehirn funktioniert und wie die Alzheimer-Krankheit diese Navigationsprozesse beeinträchtigt.

Teil 3: Amyloid und Tau

Wenn Sie bei Teil 3 dieses Buches angelangt sind, bringen Sie bereits die nötigen Voraussetzungen dafür mit, ein bisschen tiefer in die biologischen Hintergründe dieser Krankheit – die sogenannte Pathophysiologie – einzusteigen. Diesem Teil meines Buches habe ich den Titel »Amyloid und Tau« gegeben, weil diese beiden Eiweiße (Proteine) der Schlüssel zur Alzheimer-Krankheit sind. Zugegeben: Das ist ein sehr langer und komplizierter Abschnitt, und ich würde Ihnen raten, ihn lieber in kleinen Portionen zu lesen, um die vielen darin enthaltenen Informationen richtig verarbeiten zu können. Zunächst einmal werden wir auf das Amyloid-Protein und seine normale Funktion eingehen und uns dann damit beschäftigen, was bei der Alzheimer-Krankheit mit diesem Eiweiß schiefgeht. Als Nächstes werden wir uns die gleichen Fragen im Hinblick auf das Tau-Protein stellen. Anschließend werde ich kurz erklären, wie man Amyloid und Tau im Gehirn messen kann und wie die Diagnostik der Alzheimer-Krankheit in Zukunft vielleicht ablaufen wird. In den letzten Kapiteln geht es um die verschiedenen Behandlungsansätze für Amyloid und Tau, die in klinischen Studien zurzeit untersucht werden; und ganz zum Schluss werde ich kurz darauf eingehen, warum die meisten klinischen Studien zur Alzheimer-Krankheit bisher gescheitert sind – wobei sich seit einiger Zeit zum Glück jedoch ein Hoffnungsschimmer am Horizont abzeichnet.

Teil 4: Genetik und Lebensstil

Im vierten Teil des Buches geht es um ein weiteres sehr komplexes und umfassendes Thema: nämlich um genetische und lebensstilbedingte Faktoren, von denen unser Alzheimer-Risiko abhängt. Zunächst einmal werden wir uns mit der genetischen Veranlagung befassen – einem Aspekt, über den Angehörige von Alzheimer-Patienten sich oft große Sorgen machen: Habe ich womöglich die Gene von meinen Verwandten geerbt, und werde ich später vielleicht selbst einmal an Alzheimer erkranken? Die kurze, beruhigende Antwort auf diese Frage lautet: Es ist unwahrscheinlich, dass jemand einzig und allein aufgrund seiner genetischen Veranlagung an dieser Demenzform erkrankt. Wir werden uns aber trotzdem mit der Frage befassen, inwieweit die Gene sich auf unser Alzheimer-Risiko auswirken können. Allerdings ist die Genetik ein riesiges wissenschaftliches Universum, und um den Einfluss der Gene auf die Alzheimer-Krankheit zu erläutern, habe ich noch ein zusätzliches Kapitel (Kapitel 30: Genetik für Anfänger) in dieses Buch eingefügt, in dem ich ein paar genetische Grundkonzepte erkläre. In der zweiten Hälfte von Teil 4 des Buches geht es dann um die Frage, wie unsere Lebensgewohnheiten und bestimmte Umweltfaktoren sich auf unser Alzheimer-Risiko auswirken. Anschließend werde ich erläutern, welche dieser Lebensstil-Risikofaktoren wir beeinflussen können, um dieses Risiko zu senken.

Teil 5: Seltenere Formen der Alzheimer-Krankheit

Wenn Sie bei Teil 5 meines Buches angelangt sind, wissen Sie hoffentlich bereits eine ganze Menge über die wissenschaftlichen Hintergründe der häufigsten Alzheimer-Form, die die typischen Gedächtnisprobleme und Orientierungslosigkeit verursacht. Es gibt aber auch noch ein paar seltenere Formen der Alzheimer-Krankheit, die die unterschiedlichsten Symptome verursachen – von Seh- und Sprachstörungen bis hin zu motorischen Problemen. Leider sind diese selteneren Formen der Alzheimer-Demenz nicht so bekannt, und man weiß noch nicht sehr viel über sie. Im letzten Teil meines Buches werde ich daher ein bisschen näher auf diese selteneren Alzheimer-Formen eingehen – mit Ausnahme der familiären Alzheimer-Krankheit, die wir bereits im Abschnitt über Genetik kennengelernt haben. Denn es ist wichtig, auch über diese selteneren Formen Bescheid zu wissen, um zu verstehen, dass die Alzheimer-Krankheit sich in sehr unterschiedlichen Symptomen und Ausprägungen äußern kann und dass es dabei nicht nur um das Thema Gedächtnis und Orientierung geht. Wenn Sie noch nie von einer dieser selteneren Alzheimer-Formen gehört haben, wird dieser Teil meines Buches hoffentlich Ihren Horizont erweitern.

***

Sie können jeden Teil dieses Buches getrennt von den anderen lesen. Wenn Sie sich einen umfassenderen Einblick in die wissenschaftlichen Hintergründe der Alzheimer-Krankheit verschaffen möchten, empfehle ich Ihnen jedoch, alle Teile in der vorgegebenen Reihenfolge zu lesen. Vor allem lohnt es sich, zu erfahren, wie Alois Alzheimer diese Krankheit »entdeckt« hat und wie ihre Gedächtnissymptome sich äußern, bevor Sie sich näher mit dem Thema Proteine und Gene – den beiden kompliziertesten Teilen meines Buches – befassen.

Abschließend möchte ich die medizinischen Laien unter meinen Lesern dazu einladen, mir ein ehrliches Feedback zu meinem Buch zu geben. Ich habe mich bemüht, die pathophysiologischen Prozesse, die die Alzheimer-Krankheit verursachen, auch für Laien verständlich darzustellen, aber es gibt stets Raum für Verbesserungen. Ich hoffe auch, dass meine Fachkollegen es mir verzeihen, wenn ich einige dieser Prozesse ein bisschen vereinfacht dargestellt habe. In Wirklichkeit sind sie natürlich sehr viel komplexer. Trotzdem habe ich mich bemüht, sie nicht allzu sehr zu vereinfachen, sondern meinen Lesern vielmehr die Quintessenz der wissenschaftlichen Hintergründe der Alzheimer-Krankheit zu vermitteln. Aber über den Sinn und Zweck eines solchen Unterfangens kann man natürlich streiten, weshalb ich mich darüber freuen würde, von Ihnen zu hören, wenn Sie Vorschläge haben, wie man einige dieser pathophysiologischen Prozesse vielleicht noch besser oder leichter verständlich erklären könnte.

Doch nun wollen wir in die Geschichte und die wissenschaftlichen Hintergründe der Alzheimer-Krankheit einsteigen.

TEIL 1

ALOIS UND AUGUSTE (UND EIN BISSCHEN OSKAR)

Als Dr. Alois Alzheimer am Morgen des 26. November 1901 die »Städtische Anstalt für Irre und Epileptische« in der Nähe von Frankfurt am Main betrat, war er auf das, was er an diesem schicksalhaften Tag erleben sollte, in keiner Weise vorbereitet. Dieser Tag sollte nicht nur einen tiefgreifenden Einfluss auf die nächsten fünf Jahre seines Lebens haben, sondern in den kommenden Jahrzehnten auch das Leben von Millionen Menschen beeinflussen.

Alzheimer hatte im Jahr 1888 eine Stellung als Assistenzarzt in diesem Krankenhaus angetreten. In den folgenden 13 Jahren hatte er stets große Freude an seiner Arbeit und war bei seinen Kollegen und dem Leiter des Krankenhauses, Professor Emil Sioli, sehr beliebt. Im Grunde genommen hatten Sioli und dessen Vision für das neue Krankenhaus Alzheimer sogar dazu bewogen, dort zu arbeiten. Denn dabei handelte es sich nicht nur um eine hochmoderne Einrichtung, sondern die Krankenhausleitung setzte sich auch für neue Methoden in der Pflege und Behandlung psychisch kranker Patienten ein. Und was besonders wichtig ist: Es ging ihr auch darum, zu einem besseren wissenschaftlichen Verständnis psychischer Erkrankungen zu gelangen.

Dieses Bestreben, Menschen mit psychischen Problemen eine bessere Versorgung zu bieten und die Entstehung solcher Krankheiten wissenschaftlich zu erforschen, passte genau in Dr. Alzheimers Konzept. Er hatte schon frühzeitig erkannt, dass eine hervorragende medizinische Versorgung nur mit einem tiefgreifenden Verständnis für die Ursachen möglich ist, die den Problemen solcher Menschen zugrunde liegen. Das neue Krankenhaus mit Sioli als Leiter passte daher hervorragend zu Dr. Alzheimers Vision eines neuen Behandlungsansatzes für psychische Erkrankungen.

Dr. Hoffmanns Vision

Jahrhundertelang wurden viele Menschen mit psychischen Erkrankungen in Anstalten eingesperrt, die man umgangssprachlich als »Irrenhäuser« bezeichnete. So auch in Frankfurt, wo es ein solches »Irrenhaus« vom 17. bis zum Anfang des 19. Jahrhunderts gab. Diese sogenannten Anstalten waren in Wirklichkeit jedoch nur Gefängnisse, in denen Menschen mit psychischen Erkrankungen von der Allgemeinbevölkerung isoliert dahinvegetierten. Der gefängnisähnliche Charakter dieser Institutionen wurde dadurch verstärkt, dass sie aus schmutzigen, verschlossenen Zellen bestanden, in denen viele Menschen – teilweise an Betten oder Wände gekettet – zusammengepfercht waren. In diesen Einrichtungen gab es normalerweise nur einen einzigen Aufseher und einen Wärter. Geleitet wurden sie von einem Arzt, der jedoch nur bei Bedarf hin und wieder dort vorbeischaute.

Wenn Sie sich ein Bild davon machen möchten, wie solche Einrichtungen aussahen und was für eine Atmosphäre dort herrschte, empfehle ich Ihnen einen Besuch des Narrenturms in Wien. Dieser Turm (den Sie sich übrigens auch im Internet anschauen können) ist das älteste erhaltene »psychiatrische Krankenhaus« der Welt. Allerdings erinnert dort nicht viel an ein Krankenhaus, wie wir es heute kennen. Das Gebäude verrät uns genau, welchen Zweck es einst erfüllte: Menschen mit psychischen Problemen wurden dort nicht behandelt, sondern lediglich weggesperrt. Heute dient der Narrenturm nur noch als Museum für die pathologische-anatomische Sammlung der Universität Wien. Doch wer das Gebäude besucht und seine Atmosphäre auf sich wirken lässt, erhält einen schockierenden Einblick in die furchtbaren Bedingungen, unter denen Menschen mit psychischen Problemen damals leben mussten; und im über 700 Kilometer entfernten Frankfurt war das nicht anders.

Die unmenschlichen Bedingungen, die in der Einrichtung für psychisch kranke Menschen in Frankfurt herrschten, entsetzten einen

Arzt namens Dr. Heinrich Hoffmann so sehr, dass er, als er im Jahr 1851 Direktor des Frankfurter »Irrenhauses« wurde, sofort beschloss, etwas daran zu verbessern. Dr. Hoffmann war nicht nur ein Arzt mit guten Beziehungen, sondern hatte auch ein äußerst erfolgreiches Kinderbuch (»Der Struwwelpeter«) geschrieben, das in Deutschland noch heute im Buchhandel erhältlich ist. Hoffmann, der sehr gute Kontakte zu den gehobenen Kreisen der Frankfurter Gesellschaft hatte, wollte nicht darauf warten, bis die Stadt die finanziellen Mittel für eine neue, »hochmoderne« Einrichtung für Patienten mit psychischen Erkrankungen bereitstellte, sondern organisierte eine Spendenaktion für den Neubau und wandte sich dabei an die wohlhabenderen Schichten der Frankfurter Gesellschaft. Diese Kampagne war ein großer Erfolg und brachte so viel Geld ein, dass der Arzt in Frankfurt eine völlig neue Einrichtung für Patienten mit psychischen Erkrankungen bauen konnte.

Aber Hoffmann machte keine halben Sachen. Statt sofort mit dem Bau seines neuen Krankenhauses zu beginnen, bereiste er zunächst einmal Deutschland und noch ein paar weitere europäische Länder, um sich darüber zu informieren, wie andere moderne psychiatrische Einrichtungen gestaltet und geführt wurden. Ein paar Monate später, nachdem er viele dieser neu erbauten Institutionen besichtigt hatte, kehrte er nach Frankfurt zurück. Jetzt hatte er ziemlich genaue Vorstellungen davon, was die Stadt als Ersatz für ihr bisheriges »Irrenhaus« brauchte. Mit diesen Informationen konnte Hoffmann den Frankfurter Stadtrat schließlich davon überzeugen, eine neue, speziell für Menschen mit psychischen Erkrankungen und Epilepsie bestimmte Einrichtung zu erbauen. Die Stadtverwaltung war zwar nicht sonderlich begeistert von diesem Plan, da sie eigentlich »nur« vorgehabt hatte, die bestehende Einrichtung durch eine ähnliche Institution zu ersetzen. Doch dank Hoffmanns Bekanntheit in der Frankfurter Gesellschaft und den beträchtlichen finanziellen Mitteln, die er für sein Vorhaben beschafft hatte, wurde die Entscheidung des Stadtrats von der Öffentlichkeit sehr kritisch beäugt. Statt die neue Institution für psychisch Kranke an der Stelle des alten »Irrenhauses« mitten in der Stadt zu erbauen, wurde sie also auf einem Hügel (dem Affensteiner Hügel) etwas außerhalb von Frankfurt – umgeben von großen Parkanlagen – errichtet. Dieses Gebäude existiert heute nicht mehr; inzwischen ist dort ein Campus der Universität Frankfurt untergebracht.

Für manche Kritiker war die Entscheidung, das neue Krankenhaus außerhalb der Frankfurter Stadtmauern zu errichten, ein bewusster Schachzug des Stadtrats, um Menschen mit psychischen Erkrankungen so weit wie möglich vom städtischen Leben entfernt unterzubringen. Doch für Hoffmann spielte das keine Rolle – er hielt den Standort des neuen Gebäudes inmitten einer Parklandschaft für ideal. Denn auf seinen Reisen hatte er festgestellt, dass Patienten sich besser erholen, wenn sie Zugang zur Natur haben, weil das »ihre Nerven beruhigt«. Daher war er überzeugt davon, dass ein Gebäude, in dem die Patienten – unter Aufsicht – durch Gärten spazieren oder auch nur die Natur bewundern können, einen wichtigen Beitrag zu einer besseren Versorgung und Behandlung leisten würde. Und so wurde die Zustimmung für den Neubau am vorgeschlagenen Standort erteilt und kurz danach mit den Bauarbeiten begonnen. Im Jahr 1864 wurde das neue Gebäude fertiggestellt und Dr. Hoffmann zu seinem ersten Direktor ernannt.

Doch das allein reichte dem Arzt nicht aus. Er hatte seine ursprüngliche Vision, der zufolge ein hochmodernes Gebäude nur der erste Schritt zu einer besseren Patientenversorgung ist, nicht aus den Augen verloren. Ebenso wichtig war es ihm, auch die Behandlung und Versorgung von Menschen mit psychischen Erkrankungen in seinem Krankenhaus zu verbessern. Außerdem wollte er die Pflege und Behandlung psychisch kranker Menschen mit der Wissenschaft und Forschung verknüpfen, denn seine Recherchen in anderen Ländern hatten ihm gezeigt, dass die Versorgung der Patienten sich dadurch erheblich verbessern ließ. Außerdem entsprach diese

Vorgehensweise auch Hoffmanns persönlicher Überzeugung, dass die meisten psychischen Erkrankungen durch psychische oder physische Veränderungen im Gehirn zu erklären waren. Das war in einer Zeit, in der die meisten Menschen psychische Probleme einfach nur für so etwas wie schwieriges Verhalten oder – noch schlimmer – für eine Art Besessenheit durch innere Dämonen hielten, eine wahrhaft revolutionäre Vorstellung.

Um also auch die wissenschaftliche Arbeit in das Krankenhaus zu integrieren, reservierte Hoffmann bereits in der Planungsphase einige Räume des neuen Gebäudes für Forschungszwecke. Er machte zwar keine genauen Angaben zur Nutzung dieser Räumlichkeiten, aber es war klar, dass ihm daran gelegen war, in seinem Krankenhaus Platz für innovative wissenschaftliche Untersuchungen auf dem Gebiet der psychischen Gesundheit zu schaffen – einschließlich der noch jungen Disziplinen der Mikroskopie und Histologie (mikroskopische Anatomie von Zellen und Organgeweben). In den Räumen im ersten Stock sollten Ärzte die wissenschaftlichen Ursachen der psychischen und physischen Erkrankungen untersuchen, unter denen ihre Patienten litten. Dieser Ansatz war zwar bereits in einigen führenden medizinischen Zentren Europas erprobt worden; für Frankfurt, das damals weder über eine medizinische Fakultät noch über eine Universität verfügte, war dieses Vorgehen jedoch eine echte Revolution.

Hoffmanns zweite Leidenschaft galt der Verbesserung der Pflege und Behandlung psychisch kranker Menschen. Er hielt nichts davon, diese Patienten einfach nur wegzusperren oder womöglich sogar an Wände oder Betten zu ketten, sondern entwickelte sich zu einem großen Befürworter des neuen »Non-Restraint«-Prinzips in der Behandlung psychischer Erkrankungen. Diesem Prinzip zufolge soll das Fixieren oder Anketten von Menschen mit psychischen Problemen nach Möglichkeit vermieden werden, solange ihre Sicherheit sich auch auf andere Weise gewährleisten lässt. Heute ist diese patientenfreundliche

Vorgehensweise in der Behandlung psychisch kranker Menschen Standard, doch damals war sie etwas völlig Neues.

Hoffmann war bei Recherchen in England auf diese neue Methode gestoßen. Dort hatten einzelne psychiatrische Einrichtungen diese Strategie bereits unter dem Einfluss von William Tukes Pionierarbeit im 18. Jahrhundert eingesetzt. Hoffmann muss von dieser Vorgehensweise tief beeindruckt gewesen sein, denn er gestaltete sein ganzes Krankenhaus nach diesem »Non-Restraint«-Prinzip. Das bedeutete, dass es anstelle kleiner, abgeschlossener Zellen große Krankenzimmer gab, in denen die Patienten sich frei bewegen konnten. Es gab auch separate Bereiche für Menschen mit verschiedenen psychischen Symptomen – zum Beispiel eine spezielle Abteilung für manische Patienten mit einem Hof, in dem sie auf und ab gehen konnten, so oft sie wollten. Patienten mit Angstzuständen stand ein eigener Garten zur Verfügung, und sie durften unter Aufsicht in der umliegenden Parklandschaft spazieren gehen.

Dr. Hoffmanns humanistischer Einstellung zufolge waren alle Menschen und Patienten – unabhängig von ihrem wirtschaftlichen, kulturellen oder religiösen Hintergrund – gleich, deshalb setzte er sich so leidenschaftlich für das »Non-Restraint«-Prinzip und für die Wissenschaft ein. Dieser Einstellung getreu machte er die neue psychiatrische Einrichtung auch erstmals für jüdische Patienten zugänglich, was das Frankfurter »Irrenhaus« und viele andere Institutionen dieser Art bis dahin abgelehnt hatten. Hoffmann hatte auch bewusst die wohlhabenden jüdischen Frankfurter Familien in seine Spendenkampagne für das neue Krankenhaus einbezogen; und da die jüdische Gemeinde der Stadt einen so wichtigen finanziellen Beitrag zu dem Neubau geleistet hatte, blieb dem Stadtrat kaum etwas anderes übrig, als auch jüdische Patienten in die Einrichtung aufzunehmen. Der Beitrag, den Hoffmann zur Entdeckung der Alzheimer-Krankheit geleistet hat, sollte also nicht unterschätzt werden, denn immerhin hat er in seinem neuen Krankenhaus das ideale Umfeld für die spätere bahnbrechende Arbeit von Dr. Alois Alzheimer geschaffen.

In den darauffolgenden 22 Jahren leitete Hoffmann die neue Einrichtung als Direktor und initiierte wichtige Verbesserungen bei der Pflege und Behandlung von Menschen mit psychischen Problemen in Frankfurt. Als er im Jahr 1888 von seinem Amt als Direktor zurücktrat, war es ihm ein großes Anliegen, dass jemand anders seine Arbeit fortsetzte und – was noch wichtiger war – auch weiter ausbaute. Mit Dr. Emil Sioli, einem Arzt, der voll und ganz hinter Hoffmanns Vision stand, fand er genau den richtigen Nachfolger. Sioli war nicht nur ein Anhänger von Hoffmanns Methoden, sondern gehörte auch zur ersten Generation von Psychiatern (oder »Nervenärzten«, wie sie damals genannt wurden) in Deutschland. Siolis Spezialisierung auf das noch relativ neue Fachgebiet der Psychiatrie machte ihn zum idealen Kandidaten für den Posten des neuen Direktors; darüber hinaus wollte er ein größeres klinisches Team aufbauen, das ihm dabei helfen sollte, die bisherige Arbeit der Institution zu konsolidieren.

Kurz nach seinem Amtsantritt ernannte Sioli daher einen 24-jährigen Assistenzarzt – Dr. Alois Alzheimer – zu seiner rechten Hand. Um Alzheimer einen erfahreneren Arzt zur Seite zu stellen, engagierte Sioli außerdem Dr. Franz Nissl als fachärztlichen Berater. Sowohl Alzheimer als auch Nissl hingen nicht nur dem gleichen Ethos an wie Hoffmann und Sioli, sondern bauten auch die wissenschaftlichen Aktivitäten auf dem Gebiet der psychischen Gesundheit weiter aus. Damals ahnten diese beiden Männer nicht, dass ihre zukünftige Arbeit so nachhaltige Auswirkungen haben und sie damit letztendlich in die Medizingeschichte eingehen würden. Eine weitere Person, die bei der bahnbrechenden Arbeit der beiden Ärzte – freilich ohne es zu wissen – ebenfalls eine wichtige Rolle spielte, war eine Frau in mittleren Jahren namens Auguste Deter.

Frau Deter

Am 26. November 1901 ging Dr. Alzheimer eine Liste von Fällen durch, die am Vortag ins Krankenhaus eingeliefert worden waren. Dabei fiel ihm der Fall einer 51-jährigen Frau auf. Im Überweisungsschreiben ihres Hausarztes Dr. Leopold L. (leider kennen wir nur den ersten Buchstaben seines Nachnamens) wurde erwähnt, dass Auguste Deter laut Angaben ihres Ehemanns August Wilhelm Karl Deter »seit einiger Zeit unter Gedächtnisproblemen, Wahnvorstellungen, Schlafproblemen und Unruhe« leide. Dr. L. hatte bei ihr eine »chronische Hirnparalyse« diagnostiziert – ein medizinischer Begriff, der heute nicht mehr verwendet wird. Wörtlich übersetzt bedeutet dies, dass ihr Gehirn anscheinend schon seit längerer Zeit nicht mehr normal funktionierte. Dr. L. schlug vor, sie in der psychiatrischen Klinik behandeln zu lassen. Der aufnehmende Arzt, ein Mann namens Dr. Nitsche, erklärte außerdem, dass ihr Ehemann bei der Einweisung von Frau Deter berichtet habe, sie seien seit 1873 glücklich verheiratet und hätten eine Tochter. Seine Frau sei immer sehr aktiv und ständig beschäftigt, wenn auch manchmal ziemlich nervös, ansonsten aber bei guter Gesundheit gewesen. Außerdem vermerkte Dr. Nitsche, dass es bei ihr keine Vorgeschichte von Alkoholkonsum oder Geschlechtskrankheiten gebe.

Auch wenn es für unsere modernen Ohren seltsam klingen mag, dass ein Psychiater nach sexuell übertragbaren Krankheiten fragt, gehörte dies damals zur ärztlichen Routine. Denn Geschlechtskrankheiten wie Syphilis können die psychische Gesundheit eines Patienten mit der Zeit stark beeinträchtigen, und vor der Erfindung des Penicillins im Jahr 1910 litten schätzungsweise rund 10 Prozent der Bevölkerung an Syphilis. Vor diesem Hintergrund überrascht es nicht, dass die Erforschung der Neurosyphilis einen wichtigen Teil des damals noch jungen Fachgebiets der Psychiatrie ausmachte, weshalb es durchaus Sinn ergab, dass Nitsche sich danach erkundigte.

Es gab jedoch keinerlei Anzeichen dafür, dass Frau Deter an Syphilis oder irgendeiner anderen sexuell übertragbaren Krankheit litt.

Nach Einsichtnahme in Nitsches Aufnahmeprotokolle untersuchte Dr. Alzheimer Frau Deter selbst. Nach einer kurzen Vorstellung stellte er ihr eine Reihe von Fragen, von denen einige auch heute noch bei solchen Untersuchungen verwendet werden: zum Beispiel, wo sie sich ihrer Meinung nach befand, wie sie hieß und wo sie wohnte. Dr. Alzheimer machte sich sorgfältige Notizen über dieses Gespräch.

Alzheimer: »Wie heißen Sie?«
Deter: »Auguste.«
A: »Nachname?«
D: »Auguste.«
A: »Wie heißt Ihr Ehemann?«
D: »Ich glaube, Auguste.« [Es ist unklar, ob sie damit tatsächlich ihren Mann meinte, der – um die Verwirrung komplett zu machen – August Wilhelm Karl hieß.]
A: »Ihr Ehemann?«
D: »Ich verstehe schon, mein Ehemann …«
A: »Sind Sie verheiratet?«
D: »Mit Auguste.«
A: »Mit Frau Deter?«
D: »Ja, mit Frau Deter.«
A: »Wie lange sind Sie schon hier?«
D: »Drei Wochen.«
A: »Was halte ich in der Hand?«
D: »Eine Zigarre.«
A: »Richtig. Und was ist das?«
D: »Ein Bleistift.«
A: »Danke. Und das?«
D: »Ein Füllfederhalter.«
A: »Das stimmt auch. Was ist das hier, Frau Deter?«

D: »Ihr Geldbeutel, Herr Doktor.«
A: »Ja. Richtig. Und das?«
D: »Ein Buch.«
A: »Und was liegt neben meinem Notizbuch?«
D: »Ein Schlüsselbund.«
A: »Woraus besteht er?«
D: »Aus vielen einzelnen Schlüsseln.«

Aus diesem wortwörtlich zitierten Gespräch können wir ersehen, dass Alzheimer verschiedene Aspekte des Gedächtnisses von Frau Deter untersucht. Vor allem fragt er sie nach ihrem persönlichen Erinnerungsvermögen (dem sogenannten episodischen Gedächtnis), indem er sich nach ihrem Namen, ihrem Familienstand und der Dauer ihres Krankenhausaufenthalts erkundigt; aber er stellt ihr auch alltäglichere Fragen (zum sogenannten semantischen Gedächtnis), nämlich nach den Namen von Gegenständen. Aus diesen ersten Gesprächen geht hervor, dass Frau Deter ziemlich verwirrt und desorientiert ist, denn obwohl sie erst am Vortag eingeliefert wurde, glaubt sie, schon seit drei Wochen in diesem Krankenhaus zu sein. Andererseits erkennt sie die Gegenstände, die Alzheimer ihr zeigt – sogar die Zigarre, obwohl es uns heute seltsam erscheint, dass ein Arzt bei der Untersuchung eines Patienten eine Zigarre raucht.

Zum Abschluss der ersten Untersuchung bittet Alzheimer sie, ein paar Dinge aufzuschreiben, zum Beispiel ihren Namen und ihre Adresse. Dabei fällt ihm sofort auf, dass sie mitten im Schreiben ihres Namens vergisst, was sie eigentlich aufschreiben sollte. Das ist ein Gedächtnissymptom, das sein besonderes Interesse weckt. Er bezeichnet es in seinem Bericht als »amnestische Schriftstörung«, stellt aber gleichzeitig fest, dass sie die Bedeutung der Wörter immer noch versteht und Alltagsgegenstände ohne Probleme benennen kann.

In den nächsten drei Tagen scheint Dr. Alzheimer sich noch mehr Gedanken über Frau Deters Gedächtnisstörungen gemacht zu haben und beschließt daher, ein ausführlicheres Gespräch mit seiner Patientin zu führen.

Alzheimer: »Wie geht es Ihnen?«
Deter: »Es ist eins wie das andere. Wer hat mich hierher gebracht?«
A: »Wo sind Sie?«
D: »Im Moment; ich habe es schon mal gesagt, ich habe keine Mittel. Man muss einfach – ich weiß es selbst nicht – ich weiß es nicht – oh je, was ist das denn?«
A: »Wie heißen Sie?«
D: »Frau Deter, Auguste.«
A: »Wann sind Sie geboren?«
D: »1800 und …«
A: »In welchem Jahr sind Sie geboren?«
D: »Dieses Jahr, nein, letztes Jahr.«
A: »Wann sind Sie geboren?«
D: »1800 – ich weiß nicht …«

Ein weiteres häufiges Symptom der Alzheimer-Krankheit ist die Orientierungslosigkeit der Patienten in Bezug auf Zeit und Ort. Wie wir aus dem vorherigen Gespräch ersehen können, kann Frau Deter sich nicht mehr an das Jahr erinnern, in dem sie geboren wurde, und verwechselt ihren Geburtstag außerdem mit dem aktuellen und dem vorigen Jahr.

A: »Was habe ich Sie gefragt?«
D: »Deter Auguste …«
A: »Haben Sie Kinder?«
D: »Ja, eine Tochter.«
A: »Wie heißt sie?«
D: »Thekla!«
A: »Wie alt ist sie?«

D: »Sie ist in Berlin verheiratet, Frau Wilke.«
A: »Wo wohnt sie?«
D: »Wir wohnen in Kassel.«
A: »Wo wohnt Ihre Tochter?«
D: »Waldemarstraße – nein, anders …«
A: »Wie heißt Ihr Mann?«
D: »Ich weiß nicht …«
A: »Wie heißt Ihr Mann?«
D: »Mein Mann ist gerade nicht da.«
A: »Wie heißt Ihr Mann?«
D: [plötzlich schnell]: »August Wilhelm Karl – ich weiß nicht, ob ich Ihnen das so sagen kann.«
A: »Was ist Ihr Mann von Beruf?«
D: »Kanzlist – ich bin so durcheinander, so durcheinander – ich kann nicht.«

In diesem Teil des Gesprächs hat Dr. Alzheimer Frau Deter nach Informationen über die Menschen in ihrem Umfeld gefragt und sich nach den Namen ihres Mannes und ihrer Tochter sowie weiteren Details zu diesen beiden Personen erkundigt. Aus dem Gespräch geht hervor, dass Frau Deter sich an ihre Tochter und deren Namen erinnern kann. Sie weiß auch, dass die Tochter inzwischen unter einem anderen Nachnamen verheiratet ist und in Berlin wohnt. Allerdings verwechselt sie diese Informationen, wenn Dr. Alzheimer sie nach der Adresse ihrer Tochter fragt, und nennt stattdessen die Straße, in der sie in Kassel aufgewachsen ist. Es fällt ihr schwer, sich an den Namen ihres Mannes zu erinnern, doch sobald diese Erinnerung reaktiviert wird, kann sie sich seinen vollständigen Namen und seinen Beruf sehr rasch ins Gedächtnis zurückrufen. Das deutet darauf hin, dass ihre Erinnerungen intakt sind, sie aber nicht mehr darauf zugreifen kann – ein sehr häufiges Symptom im Frühstadium der Alzheimer-Krankheit. Solche Patienten sind oft nicht in der Lage, sich an bestimmte Informationen zu erinnern, doch sobald diese Erinnerungen aus irgendeinem Grund in ihrem Gedächtnis aufsteigen, können sie dann doch wieder die gewünschten Informationen abrufen.

Hören wir weiter:

A: »Wie lange sind Sie schon hier?«
D: »Ungefähr zwei Tage …«
A: »Wo sind Sie?«
D: »Das muss die Wilhelmshöhe sein …«
A: »Wo ist Ihre Wohnung?«
D: »Frankfurt am Main …«
A: »In welcher Straße?«
D: »Waldemarstraße … Nein, das muss woanders sein, warten Sie einen Moment – ich bin nur so, so …«

Wieder scheint sie im Hinblick auf Zeit und Ort desorientiert zu sein, aber was noch wichtiger ist: Wir beobachten hier die typischen Symptome einer Alzheimer-Patientin, die »in der Vergangenheit lebt«. Frau Deter scheint zu glauben, dass sie wieder in Kassel ist, wo sie geboren wurde und aufgewachsen ist, obwohl sie in Wirklichkeit den größten Teil ihres Lebens in Frankfurt verbracht hat. Statt zu erkennen, dass sie sich in Frankfurt befindet, glaubt sie, auf der Wilhelmshöhe zu sein – einem Hügel in der Nähe von Kassel, ähnlich dem Affensteiner Hügel, ihrem wahren Aufenthaltsort. Aus der Aussicht, die sie von dem Krankenhaus aus hatte, muss sie also geschlossen haben, dass sie sich auf einem Hügel befand; und weil sie glaubte, in Kassel zu leben, musste das »die Wilhelmshöhe sein …«

A: »Sind Sie krank?«
D: »Nur da unten, an der Wirbelsäule …«
A: »Kennen Sie mich?«

D: »Ich glaube, Sie haben mich schon zweimal besucht. Nein, entschuldigen Sie, ich kann einfach nicht …«
A: »Welches Jahr haben wir?«
D: »1800 …«

In diesem Teil des Gesprächs möchte Alzheimer herausfinden, ob Frau Deter eine Vorstellung von ihren eigenen Beschwerden hat, was aber anscheinend nicht der Fall ist, da sie statt ihres eingeschränkten Geisteszustands lediglich Rückenprobleme erwähnt. Die Frage, ob sie sich an ihn erinnere, ermöglicht ihm auch, abzuschätzen, wie viel sie von ihren vorherigen Begegnungen noch weiß; und sie gibt tatsächlich völlig korrekt an, dass sie sich schon zweimal gesehen hätten, zögert aber dann doch und ist sich nicht mehr ganz sicher. Das gibt Alzheimer einen Hinweis darauf, dass sie sich an einige Aspekte ihres Lebens aus neuerer Zeit erinnert, sich aber selbst dabei nicht sicher ist oder diese Begebenheiten mit anderen Ereignissen verwechselt. Schließlich fragt Alzheimer sie erneut nach dem Jahr – und zwar nicht, weil er nicht mehr weiß, dass er sie das schon einmal gefragt hat, oder weil er ein grausamer Mensch ist, sondern weil er überprüfen möchte, ob sie sich jetzt (nach einem kurzen Zeitabstand) vielleicht doch noch daran erinnert.

Hören wir uns nun den letzten Teil dieses Gesprächs an:

A: »Welchen Monat haben wir?«
D: »Den zweiten Monat.«
A: »Wie heißen die Monate?«
D: »Januar, Februar, März, April, Mai, Juni, Juli, August, September, Oktober, November, Dezember.«
A: »Welcher Monat ist jetzt?«
D: »Der elfte.«
A: »Wie heißt der elfte Monat?«
D: »Also dann der letzte – nein, nicht der letzte …«

A: »Welcher?«
D: »Ich weiß nicht …«
A: »Welche Farbe hat Schnee?«
D: »Weiß.«
A: »Kohlenstaub?«
D: »Schwarz.«
A: »Der Himmel?«
D: »Blau.«
A: »Eine Wiese?«
D: »Grün.«
A: »Wie viele Finger haben Sie?«
D: »Fünf.«
A: »Augen?«
D: »Zwei.«
A: »Beine?«
D: »Zwei.«
A: »Wie viele Pfennige sind in einer Mark enthalten?«
D: »Hundert.«

Auch hier – wie schon bei ihrem ersten Gespräch – ist Frau Deters semantisches Gedächtnis ausgezeichnet. Sie kann Fakten und Wissen über die Welt problemlos abrufen, während ihr episodisches Gedächtnis erhebliche Schwankungen aufweist. Dr. Alzheimer bittet sie erneut, ihren Namen aufzuschreiben, doch nachdem sie »Frau« geschrieben hat, weiß sie schon nicht mehr weiter. Ebenso bittet er sie, eine kurze Textpassage zu lesen, doch sie hat Mühe damit, von einer Zeile bis zur nächsten zu lesen, und es fällt ihr auch oft schwer, sich an die vorige Zeile zu erinnern. Zum Schluss führt Alzheimer eine körperliche Untersuchung bei der Patientin durch und berichtet, dass ihr Puls normal, aber schwach sei und keine Herzgeräusche zu hören seien. Bei der neurologischen Untersuchung stellt er fest, dass »beide Pupillen normal auf Licht reagieren. Als sie die Zunge herausstreckt, sieht sie sehr trocken aus, wahrscheinlich aufgrund einer leichten Dehydrierung.« Außerdem bemerkt Alzheimer, dass ihre Sprechweise normal wirke, obwohl sie zwischendurch immer wieder zögere und Zahnprothesen trage. Insgesamt scheinen die Befunde ihrer körperlichen und neurologischen Untersuchung unauffällig zu sein, aber sie hat eindeutig erhebliche kognitive Probleme, vor allem im Hinblick auf das episodische Gedächtnis.

In den nächsten zwei Wochen führt Alzheimer mehrere Gespräche mit Frau Deter und stellt ihr dabei oft immer wieder die gleichen Fragen: Wo sind Sie? Welches Jahr haben wir? Wo wohnen Sie? An manchen Tagen sind ihre Antworten klarer, an anderen ist sie sehr schweigsam oder empfindet seine Fragen sogar als Stress. Auch außerhalb der Befragungen stellen die Krankenschwestern fest, dass sie sehr nervös und manchmal auch ausgesprochen unruhig ist. Deshalb wird sie ab und zu aus den größeren Krankenzimmern mit 20 bis 30 Patienten herausgeholt und in einem Einzelzimmer untergebracht. Das scheint sie zu beruhigen. Aufgrund der Ergebnisse seiner Untersuchungen und ihrer auffallenden Unruhe bestätigt Dr. Alzheimer, dass Frau Deter zur Beobachtung im Krankenhaus bleiben sollte. Wahrscheinlich hat er ihr auch eine Hydrotherapie verordnet – damals die wichtigste Behandlungsmethode in dieser Klinik. Bei der ursprünglich aus England stammenden Hydrotherapie mussten die Patienten lange Bäder in warmem Wasser nehmen (wobei die Wassertemperatur konstant bei 34 Grad Celsius lag). Diese Methode beruhte auf der Erkenntnis, dass Baden auf Menschen mit psychischen Problemen beruhigend wirken kann und sich dadurch manchmal auch ihre Symptome bessern. Moderne psychiatrische Kliniken wie diejenige, in der Dr. Alzheimer arbeitete, verfügten damals nicht nur über Räume mit Betten, sondern auch über große Badeeinrichtungen für die Patienten, die von Männern und Frauen getrennt genutzt wurden.

Ein merkwürdiges Phänomen, das ich an dieser Stelle erwähnen möchte, ist die Tatsache, dass Alzheimer sich alle Gespräche mit

Auguste Deter genau notierte und Anfang 1902 sogar einen Fotografen bat, ein paar Aufnahmen von ihr zu machen – das berühmteste Foto zeigt sie in ihrem weißen Nachthemd (der vorgeschriebenen Kleidung für alle Patienten auf den Stationen) auf dem Bett sitzend. Alzheimer schenkte Frau Deter eindeutig sehr große Aufmerksamkeit, obwohl man nicht weiß, ob er sofort erkannt hatte, dass sie eine »besondere« Patientin war. Einerseits ist das unwahrscheinlich, da Dr. Alzheimer und die anderen Ärzte jede Woche Dutzende von Patienten mit ganz unterschiedlichen Symptomen sahen und es damals für die meisten psychiatrischen Erkrankungen noch keine diagnostischen Kriterien gab. Es muss sehr schwierig gewesen sein, festzustellen, ob es sich bei einem bestimmten Fall lediglich um eine Variante anderer Erkrankungen oder um eine völlig neue Krankheit handelte.

Das kann in schwierigen Fällen auch heute noch ein Problem darstellen. Heutzutage verfügen Ärzte jedoch bei den meisten Krankheiten über eindeutige Diagnosekriterien, und uns liegt sehr viel fundiertes Wissen darüber vor. Im Gegensatz dazu müssen die vielen verschiedenen Symptome, die Dr. Alzheimer und seine Zeitgenossen damals sahen, für sie verwirrend gewesen sein. Die meisten Menschen wurden erst in eine Einrichtung eingewiesen, wenn ihre Krankheit bereits weit fortgeschritten war und die Familie nicht mehr mit ihnen zurechtkam. So war es auch bei Frau Deter. Einige Leser haben vielleicht schon bemerkt, dass diese Patientin sich bereits im mittleren, wenn nicht sogar fortgeschrittenen Stadium der Alzheimer-Krankheit befand. Wenn Dr. Alzheimer und seine Zeitgenossen Patienten wie Frau Deter in einem späteren Krankheitsstadium behandelten, war es für sie noch schwieriger, eine Diagnose zu stellen. Das liegt daran, dass die Krankheitssymptome bei fortschreitenden neurodegenerativen Erkrankungen wie beispielsweise Alzheimer am Anfang, solange nur bestimmte Gehirnregionen betroffen sind, am deutlichsten zu erkennen sind. Sobald sich die Krankheit jedoch weiter ausbreitet, tritt oft auch eine größere Bandbreite an Symptomen auf, die sich mit denen anderer Krankheiten überschneiden. Daher war es für die damaligen Ärzte, denen noch keine diagnostischen Kriterien zur Verfügung standen, sehr schwierig, bei Patienten in fortgeschrittenen Krankheitsstadien eine Diagnose zu stellen und ihre Erkrankungen zu erforschen.

Dennoch muss Dr. Alzheimer bei Frau Deter irgendetwas Besonderes aufgefallen sein, denn er schenkte ihr große Aufmerksamkeit, was sich in seinen umfangreichen Notizen und auch in den Fotos zeigt, die er von ihr anfertigen ließ. Besonders erstaunt war er über ihre »Schreibamnesie« – die Tatsache, dass sie mitten im Satz vergaß, was sie gerade schreiben wollte, aber gleichzeitig ein sehr klares Wissen über Gegenstände und Fakten besaß. Bei den meisten anderen psychiatrischen Erkrankungen leiden die Patienten unter allgemeiner Verwirrung, und es wäre ihnen schwergefallen, überhaupt eine von Dr. Alzheimers Fragen zu beantworten. Dennoch zeigte Frau Deter, obwohl sie schon ziemlich verwirrt war, eine Dissoziation zwischen episodischem und semantischem Gedächtnis, die Alzheimers Interesse weckte. Ein weiterer Grund, warum er sich so sehr für diese Patientin interessierte, könnte darin liegen, dass er drei Jahre zuvor (im Jahr 1898) bereits einen ähnlichen Fall gesehen hatte. Er hatte sogar ausführliche Anmerkungen zu diesem Fall und zu anderen Erkrankungen veröffentlicht; doch leider liegen uns nur sehr wenige Informationen über diese Person und ihre Symptome vor. Dennoch könnte diese frühere Begegnung Alzheimers Interesse geweckt haben, das dann wiederkehrte, als er Frau Deter traf. Wahrscheinlich stellte er gedanklich Zusammenhänge zwischen dem Patienten, den er im Jahr 1898 gesehen hatte, und Frau Deter her und vermutete, dass es sich hierbei nicht um Einzelfälle, sondern möglicherweise um eine Krankheit mit den gleichen Symptomen handelte. Bei den episodischen Gedächtnissymptomen schien in beiden Fällen ein ähnliches Muster vorzuliegen, dessen nähere Untersuchung sich lohnte. Das könnte die sorgfältigen Notizen von Dr. Alzheimer zum Fall von

Frau Deter erklären. Statt sie für die erste Alzheimer-Patientin zu halten, sollten wir Frau Deter also wohl lieber als den ersten *gut dokumentierten* Alzheimer-Fall betrachten. Wahrscheinlich hatten Dr. Alzheimer und andere Kliniker bereits vor Frau Deter ähnliche Fälle gesehen und sogar Berichte darüber veröffentlicht. Doch Alzheimers nächster Schritt spielte eine wichtige Rolle dafür, dass Frau Deter als erste Patientin mit Alzheimer diagnostiziert wurde.

Alois Alzheimer

Alois Alzheimer kam am 14. Juni 1864 in Marktbreit – einer Kleinstadt im Norden Bayerns im heutigen Deutschland, ungefähr auf halber Strecke zwischen Frankfurt und Nürnberg – zur Welt. Er war eines von drei Kindern aus der zweiten Ehe seines Vaters Eduard, eines Notars, und seiner Mutter Barbara, einer Hausfrau. Alzheimer besuchte die Grundschule in Marktbreit, bevor die Familie in die 100 Kilometer weit entfernte, größere Stadt Aschaffenburg zog, wo die Kinder eine bessere weiterführende Schule besuchen konnten. Während dieser Zeit scheint Alzheimer ein reges Interesse an Naturwissenschaften gezeigt zu haben, und so wurde beschlossen, dass er Medizin studieren sollte. Er begann sein Medizinstudium in Berlin und Tübingen, wechselte aber bald zur nahe gelegenen Medizinischen Fakultät in Würzburg.

Es gibt keine Belege dafür, dass Alzheimer ein besonders begabter Student war. Ganz im Gegenteil – er scheint eher eine Menge Unsinn im Kopf gehabt zu haben, was ihm mehrere Verweise eintrug und sogar zu Gesprächen über seinen Ausschluss von der Universität führte. Dieses schelmische Verhalten scheint ihn sein ganzes Leben lang begleitet zu haben: Er war bekannt dafür, dass er (nicht nur seinen Kindern, sondern auch seinen Kollegen) gern Streiche spielte, und hatte auch einen Hang zum Exzentrischen; so hielt er sich beispielsweise einen Affen als Haustier.

Sein spielerisches, stets zu Späßen aufgelegtes Wesen könnte auch erklären, warum Alzheimer in eine schlagende Studentenverbindung namens Corps Franconia eintrat. Solche Verbindungen waren in Deutschland damals sehr beliebt. Sie hatten sowohl liberale als auch nationalistische Tendenzen und spielten bei der späteren Gründung Deutschlands – das zuvor ein Konglomerat aus mehreren Königreichen (Preußen, Bayern, Sachsen) und Fürstentümern gewesen war – im Jahr 1846 eine entscheidende Rolle. Neben ihrem politischen Interesse waren die Mitglieder dieser Burschenschaften auch sehr gesellig und für ihre Duelle und lustigen Streiche bekannt. Bei den Duellen handelte es sich um Säbelkämpfe ohne Kopfschutz, und die meisten Mitglieder zeigten stolz die Narbe(n), die sie bei diesen Auseinandersetzungen davongetragen hatten, um ihre Tapferkeit und ihren geschickten Umgang mit der Waffe zu demonstrieren. Alzheimer selbst wies eine auffallende Narbe von einem solchen Duell an der rechten Gesichtshälfte auf, die auf einigen seiner Porträts zu sehen ist. Auch wenn ihm dieses Verhalten hin und wieder Verweise vonseiten der Universitätsleitung einbrachte, schloss Alzheimer dank seiner Mitgliedschaft in diesen Verbindungen lebenslange Freundschaften. Obwohl es also durchaus angemessen wäre, ihn als »Bonvivant« zu bezeichnen, war er auch bekannt dafür, dass er extrem hart arbeitete und bei allem, was er sich vornahm, mit peinlicher Genauigkeit vorging. Oder um es in unserem heutigen Jargon auszudrücken: Seine Devise lautete: »Work hard, play hard.«

In seinem letzten Jahr an der medizinischen Fakultät (1887) musste Alzheimer eine wissenschaftliche Dissertation verfassen, die einen tiefgreifenden Einfluss auf seine zukünftige Karriere und die Entdeckung der Krankheit haben sollte, die später einmal seinen Namen tragen würde. Während dieser Dissertation arbeitete er am anatomischen Institut der Universität Würzburg in einer Gruppe von Studenten mit, die von Professor Albert von Koelliker unterrichtet wurden. Koelliker war ein führender Experte auf dem Gebiet der Anatomie, Physiologie und Histologie an der Universität Würzburg und interessierte sich ganz besonders für ein neues, innovatives Wissenschaftsgebiet: die Mikroskopie.

Diese Methode ermöglichte es Wissenschaftlern erstmals, Zellstrukturen und menschliches Gewebe (Histologie) genau zu untersuchen. Dank diesem neuen Fachgebiet konnte man nicht nur Zellen und Gewebe bei gesunden Menschen untersuchen, sondern auch herausfinden, wie diese sich bei Krankheiten möglicherweise veränderten. So entstand das neue Fachgebiet der Pathologie, das mithilfe mikroskopischer Techniken der Frage nachging, wie Krankheiten sich auf menschliche Zellen und Gewebe auswirken. Zuvor hatten Kliniker und Anatomen sich bei der Analyse der Veränderungen, die Krankheiten im Körper verursachten, immer nur darauf verlassen, was sie mit bloßen Augen (makroskopisch) sehen konnten. Mit der Einführung des Mikroskops konnte man diese makroskopischen Befunde durch mikroskopische Beobachtungen ergänzen. Inzwischen können wir Veränderungen bei Patienten nicht nur beobachten, indem wir sie uns einfach nur anschauen, sondern mit einem Blick durchs Mikroskop auch untersuchen, wie ihre Zellen oder ihr Gewebe durch die Erkrankung beeinträchtigt werden. Das war ein revolutionärer medizinischer Fortschritt, der Dr. Alzheimer faszinierte.

Koelliker selbst wurde nie für seine Forschungsarbeit bekannt, doch seine Lehre über die Mikroskopie beeinflusste eine ganz neue Generation von Studenten. Viele seiner Studenten nutzten diese hochmoderne Technologie später für bahnbrechende Forschungsarbeiten, wozu auch die Erforschung der Alzheimer-Krankheit gehörte. Dr. Alzheimer schrieb seine Dissertation über die Histologie der Ohrenschmalzdrüsen. Das Thema selbst war für Alzheimers zukünftige Karriere und seine späteren Entdeckungen zwar nicht relevant, trotzdem schien er von der Mikroskopie fasziniert, ja sogar fast schon süchtig danach zu sein, denn er verbrachte Stunden um Stunden am Mikroskop. Dank dieser harten, akribischen Arbeit erhielt er für seine Dissertation eine Auszeichnung. Dem Mikroskop verdankte Alzheimer also nicht nur den erfolgreichen Abschluss seines Medizinstudiums, sondern es hat auch seine ganze spätere Karriere als Kliniker geprägt.

Die Mikroskopie war übrigens auch einer der Gründe, warum Alzheimer später in dem neuen Krankenhaus in Frankfurt zu arbeiten begann, denn damals war die Stadt eines der führenden Mikroskopiezentren in Deutschland. Am nahe gelegenen Senckenbergischen

Pathologischen Institut waren Carl Weigert und Ludwig Edinger Pioniere dieser neuen Methode, Gewebe zu untersuchen und Krankheiten mithilfe des Mikroskops zu identifizieren. Nachdem er sich in Frankfurt niedergelassen hatte, besuchte Alzheimer ihr Institut sehr häufig und erlernte dort moderne, hoch entwickelte Mikroskopietechniken wie zum Beispiel die optimale Vorbereitung von Gewebe für eine mikroskopische Untersuchung. Außerdem lernte er, wie man Gewebe anfärbt, um verschiedene Strukturen unter dem Mikroskop zu erkennen.* Weigert und Edinger waren Pioniere in der Verwendung verschiedener Farben für die mikroskopische Untersuchung von Geweben, wodurch verschiedene Strukturen im Gewebe sichtbar und unterscheidbar wurden. So konnte man Gewebe gesunder Menschen mit Geweben von Patienten vergleichen, um festzustellen, welche Veränderungen innerhalb oder außerhalb der Zellen durch ihre Krankheit verursacht wurden – ein wahrhaft revolutionärer Ansatz, der heute überall für die Diagnostik von Patienten mit allen möglichen Erkrankungen eingesetzt wird. Dieses innovative Umfeld bot Dr. Alzheimer bei seiner Arbeit als Kliniker optimale Möglichkeiten, seiner Leidenschaft für die Mikroskopie nachzugehen. Er baute einen der ursprünglich von Dr. Hoffmann eingerichteten wissenschaftlichen Untersuchungsräume des Krankenhauses zu einem Mikroskopiersaal um, der künftig für die Untersuchung von Gewebeveränderungen bei den in seinem Krankenhaus behandelten Patienten dienen

* Das Anfärben von Gewebe ist auch heute noch ein wichtiges Element der Mikroskopie. Die meisten Gewebe sehen unter dem Mikroskop ohne Färbung ziemlich unspektakulär aus. Ich weiß noch genau, wie ich als Kind zu Weihnachten ein Mikroskop geschenkt bekam. Voller Vorfreude legte ich Zwiebelschalen, die ich meiner Mutter beim Kochen aus der Küche geklaut hatte, auf den Objektträger; doch der Anblick der Schalen war sehr enttäuschend. Erst später, als ich die Gebrauchsanweisung las, wurde mir klar, dass dem Mikroskop mehrere Farbstoffe beigefügt worden waren. Diese Farbstoffe oder Färbemittel hoben die Gewebestrukturen in leuchtenden Farben hervor, sodass sie für den Betrachter deutlich erkennbar waren.

sollte. Trotz seiner Begeisterung für die Mikroskopie war Alzheimer damals jedoch noch kein Experte auf diesem Gebiet. Doch mit Dr. Franz Nissl kam schon bald das so wichtige Mikroskopie-Fachwissen ins Frankfurter Krankenhaus.

Genau wie Alzheimer war auch Nissl Psychiater, doch seine wahre Leidenschaft galt der mikroskopischen Histopathologie – der Identifikation von Krankheiten in Geweben unter dem Mikroskop. Was Nissl ursprünglich an das Krankenhaus in Frankfurt gezogen hatte, weiß man nicht so genau; schließlich kam er aus einer der damals führenden Einrichtungen für psychische Erkrankungen in München. Dort hatte Nissl unter der Leitung von Professor Bernhard von Gudden das Mikroskopieren erlernt und im Rahmen seiner Doktorarbeit eine neue Färbetechnik entwickelt, die das Zählen von Nervenzellen erleichterte. Das war eine wichtige Entdeckung, denn nun konnten Wissenschaftler erstmals feststellen, ob Krankheiten zum Verlust von Nervenzellen führen, weil man diese ja jetzt zählen konnte. Nissl gewann mit seiner neuen Färbetechnik (der sogenannten Nissl-Färbung) nicht nur einen Preis für die beste Doktorarbeit, sondern sie hatte auch großen Einfluss auf die Zukunft der Medizin: Noch heute verwenden Histologen und Pathologen die Nissl-Färbung zum Präparieren von Hirngewebe für die Mikroskopie. Nissl kam kurz nach Alzheimer – im Jahr 1889 – an das Frankfurter Krankenhaus, und die beiden scheint von Anfang an eine herzliche Freundschaft verbunden zu haben. Sie passten nicht nur als Arbeitskollegen hervorragend zusammen – der eine akribisch in der Patientendokumentation (Alzheimer), der andere peinlich genau in der Histologie (Nissl) –, sondern ergänzten sich auch persönlich. Alzheimer war ein Genießertyp und Familienmensch, Nissl dagegen Workaholic und ewiger Junggeselle. Trotzdem bauten die beiden eine enge freundschaftliche Beziehung zueinander auf, die bis zu Alzheimers Tod andauerte.

Alzheimer hatte großes Interesse daran, möglichst viel von Nissl zu lernen, und nach Nissls Ankunft in Frankfurt verbesserten und erweiterten die beiden Ärzte den Mikroskopierraum im ersten Stock des Krankenhauses. Da sie in einer psychiatrischen Klinik arbeiteten, waren Alzheimer und Nissl hauptsächlich daran interessiert, Gehirngewebe von verstorbenen Patienten zu untersuchen, um herauszufinden, ob ihre Krankheiten und Symptome sich womöglich durch Veränderungen an ihren Gehirn- und Nervenzellen erklären ließen. Sie untersuchten die Gehirngewebeproben ihrer Patienten mit den neuesten Färbetechniken (darunter auch mit der von Nissl erfundenen Methode). Durch die Sichtbarmachung von Nervenzellen und deren inneren Strukturen konnte man erstmals krankhafte Veränderungen in diesen Zellen oder ihrer näheren Umgebung beobachten, die womöglich mit der Krankheit und den Symptomen der Patienten in Zusammenhang standen.

In den nächsten vier Jahren arbeiteten Alzheimer und Nissl zusammen, lernten voneinander und verbesserten ihre klinischen Notiz- und Mikroskopietechniken. Im Jahr 1894 verließ Nissl Frankfurt und ging nach Heidelberg, wo er eine Stelle bei Professor Emil Kraepelin (einem Kollegen aus seiner Zeit in München) angenommen hatte. Dort leitete Nissl bis zu seinem Tod das histopathologische Institut der Universität Heidelberg. Trotz seines Umzugs blieben Alzheimer und Nissl in engem Briefkontakt und tauschten Patientengeschichten und wissenschaftliche Informationen aus. Alzheimer hatte seinem brillanten, hoch kompetenten Kollegen Nissl inzwischen so viel wie möglich »abgeschaut«, sodass er nun selbst ein Experte für Mikroskopie und Histopathologie war. Somit war er jetzt bestens für seine bahnbrechende Begegnung mit Frau Deter gerüstet.

Doch vorher kam es zu einer Katastrophe.

Zwar mag das Jahr 1901 für Alois Alzheimer aufgrund seiner schicksalhaften Begegnung mit Frau Deter beruflich ein Höhepunkt gewesen sein, doch in persönlicher Hinsicht sollte es für den Arzt eine sehr schwere Zeit werden. Denn Anfang des Jahres verstarb Alzheimers Frau Cecilie nach kurzer Krankheit plötzlich und ließ den 37-jährigen Alzheimer mit drei kleinen Kindern (Gertrud, sechs Jahre, Hans, fünf Jahre, und Maria, ein Jahr alt) zurück, für die er sorgen musste. Außerdem hatte er nun die große Liebe seines Lebens verloren. Cecilie und Alzheimer hatten im Jahr 1895 geheiratet, und Alzheimer war von seiner Frau wie betört. (Er heiratete nie wieder und bat darum, dass sein Leichnam in Cecilies Grab in Frankfurt beigesetzt werden möge.) Um Alzheimer bei der Betreuung der Kinder zu helfen, zog seine Schwester Elisabeth zu ihm, als Cecilie erkrankte, und blieb so lange bei der Familie, bis die Kinder erwachsen waren. Cecilies Tod hatte verheerende Auswirkungen auf Alzheimer – er hatte nicht nur seine Frau verloren, sondern vermisste auch seinen Freund Nissl sehr. Nichts hielt ihn jetzt mehr in Frankfurt. Zum Leidwesen von Dr. Sioli, der den innovationsfreudigen Arzt unbedingt an seinem Krankenhaus behalten wollte, erholte Alzheimer sich nicht von seinem Kummer und folgte Nissl im Jahr 1902 nach Heidelberg. Doch vorher besuchte er Frau Deter noch einmal, um sich endgültig von ihr zu verabschieden. Wir können das ziemlich kurze Gespräch zwischen den beiden anhand von Alzheimers Notizen mitverfolgen:

Alzheimer: »Guten Tag, Frau Deter.«
Deter: »Ach, gehen Sie einfach weg. Ich – kann nicht – sprechen.«

Das ist vielleicht kein besonders liebevoller Abschied, aber schließlich hatte Frau Deters Zustand sich zu diesem Zeitpunkt bereits erheblich verschlechtert, und sie erkannte kaum noch jemanden. Daher hat sie wahrscheinlich auch Alzheimer nicht erkannt und wollte einfach nur in Ruhe gelassen werden. Trotzdem ist es ein weiterer Beweis für Alzheimers Einfühlungsvermögen, dass er vor seiner Abreise alle Stationen des Krankenhauses noch einmal besuchte, um sich von seinen Patienten zu verabschieden. Und er bat Dr. Sioli auch, ihn über die Symptome von Frau Deter und das Fortschreiten ihrer Erkrankung auf dem Laufenden zu halten.

Über Heidelberg nach München

Heidelberg ist schon seit Langem eine der renommiertesten medizinischen Fakultäten in Deutschland. Für Dr. Alzheimers Karriere war es daher ein wichtiger Schritt, aus einem »Kaff« wie Frankfurt, das damals weder eine medizinische Fakultät noch eine Universität hatte, an diese Institution zu kommen. Neben der Zusammenarbeit mit seinem Freund und Kollegen Nissl war für Alzheimer auch die Mitarbeit im klinischen Team und in der Forschungsgruppe von Professor Emil Kraepelin sehr attraktiv.

Kraepelin war damals einer der führenden Namen auf dem Gebiet der Psychiatrie. Er verfasste nicht nur einige der ersten Lehrbücher über psychiatrische Erkrankungen, sondern war auch ein großer Befürworter der Erforschung der biologischen Ursachen von psychiatrischen Erkrankungen im Gehirn. Heidelberg war also genau das richtige klinische und wissenschaftliche Umfeld für Alzheimer, denn dort konnte er seine Arbeit mit Nissl fortsetzen und gleichzeitig bei einem der führenden Experten auf dem Gebiet der Psychiatrie lernen. Doch gerade als Alzheimer sich in Heidelberg eingelebt hatte, nahm Kraepelin eine Stelle an der Maximilians-Universität in München an und verlegte im Jahr 1903 sein Labor und seine Klinik dorthin. Alzheimer beschloss, mit Kraepelin nach München zu gehen – interessanterweise blieb Nissl jedoch in Heidelberg. Das ist merkwürdig, zumal Alzheimer und Nissl doch so gute Freunde waren und Alzheimer unter anderem wegen Dr. Nissl nach Heidelberg gezogen war. Doch vermutlich hatte Kraepelin einen so großen Eindruck auf ihn gemacht, dass er dem Professor unbedingt nach München folgen wollte.

Noch erstaunlicher ist die Tatsache, dass es für Alzheimer an Kraepelins Münchner Klinik keine bezahlte Stelle gab; also arbeitete Alzheimer – zumindest bis 1906 – unentgeltlich dort. Er und seine Familie, die zusammen mit ihm nach München gezogen war, lebten einstweilen vom Erbe seiner verstorbenen Frau. Cecilie war vor ihrer

Heirat mit Dr. Alzheimer die Witwe eines Frankfurter Diamantenhändlers gewesen, deshalb war genügend Geld vorhanden, um die Familie zu ernähren. Der Vorteil, keine bezahlte Stellung zu haben, bestand darin, dass Alzheimer sich nun viel mehr Zeit für seine geliebte Forschungsarbeit und vor allem für den Mikroskopierraum nehmen konnte, den er in München neu eingerichtet hatte. Und es gab noch einen weiteren Vorteil: Er hatte jetzt mehr Zeit für seine Kinder, denen er nach ihren eigenen Angaben sehr zugetan war. Nicht zuletzt gab seine viele Freizeit ihm auch die Möglichkeit, seine Korrespondenz mit Dr. Sioli in Frankfurt fortzusetzen und sich über Frau Deter auf dem Laufenden zu halten. Sioli kam dieser Bitte gern nach und schickte Alzheimer regelmäßig Informationen über ihre Symptome und ihr Befinden.

1906

Am 9. April 1906 erhielt Alzheimer einen Anruf von Sioli. Das war an sich schon ein sehr ungewöhnliches Ereignis, denn das deutsche Telefonnetz befand sich damals noch in der Entwicklung, und ein »Ferngespräch« von Frankfurt nach München war nicht nur schwierig zu arrangieren, sondern auch ausgesprochen teuer. Sioli hatte jedoch einen guten Grund für diesen Anruf: Er teilte Alzheimer mit, dass Frau Deter am Tag zuvor verstorben war. Alzheimer fragte sofort, ob es möglich sei, eine Obduktion an ihr durchzuführen, und ob Sioli ihm ihr Gehirn für eine histopathologische Untersuchung schicken könne. Außerdem bat er um sämtliche klinischen Aufzeichnungen, die seit seiner Abreise im Jahr 1902 über die Patientin angefertigt worden waren. Sioli veranlasste die Obduktion von Frau Deter und schickte Alzheimer zusammen mit ihrem Gehirn auch ihre gesamte Patientenakte.

Nach heutigen Maßstäben war diese Vorgehensweise äußerst unethisch, denn weder Frau Deter noch ihre Familie hatten der Autopsie oder einer weiteren Untersuchung ihres Gehirns zugestimmt. Wir wissen nicht einmal, ob die Familie überhaupt darüber informiert wurde. Die Durchführung von Autopsien ohne Einwilligung war damals jedoch eine gängige Praxis. Erst nach dem Zweiten Weltkrieg, als man bessere und strengere ethische Richtlinien für Forschungsarbeiten an Patienten einführte, wurde es allgemein üblich, vorher deren Einwilligung einzuholen.

Nachdem Frau Deters Gehirn und ihre Patientenakte in München eingetroffen waren, begannen Alzheimer und zwei Gastärzte aus Italien (Dr. Perusini und Dr. Bonfiglio – deren Rolle bei der genauen Beschreibung von Dr. Alzheimers erstem Fall weitgehend in Vergessenheit geraten ist) mit der Präparierung und Untersuchung ihres Gehirns. Zunächst nahmen sie das allgemeine Erscheinungsbild des Gehirns sorgfältig in Augenschein – das war die makroskopische

Untersuchung. Darauf folgten genaue histopathologische Untersuchungen unter dem Mikroskop, einschließlich verschiedener Färbungen des Hirngewebes. Alle drei (Alzheimer, Perusini und Bonfiglio) gelangten unabhängig voneinander zu der Meinung, dass die histopathologischen Veränderungen in Frau Deters Gehirn sehr außergewöhnlich und noch nie zuvor beobachtet worden waren. Das sorgte für ziemlich großes Aufsehen, und die drei Ärzte setzten ihre Untersuchung den ganzen Sommer 1906 hindurch fort.

Aufgrund dieser neuen Erkenntnisse bat Alzheimer darum, am 3. November 1906 auf einer regionalen Konferenz für Psychiater in Tübingen – fast auf den Tag genau fünf Jahre nach seiner ersten Begegnung mit Frau Deter – einen Vortrag zu halten. Man kann sich gut vorstellen, wie aufgeregt der Arzt war, als er seinem Publikum (in dem einige der bedeutendsten Psychiater und Neurowissenschaftler Deutschlands saßen) ihren Fall und die dazugehörigen histopathologischen Befunde vorstellte. In typischer Alzheimer-Manier bereitete er seine Präsentation für die Konferenz gründlich vor und fertigte auch Dias der mikroskopischen Befunde an. Damals war es noch ein sehr innovatives Verfahren, Fotos durch das Mikroskop aufzunehmen und sie über einen Projektor einem Publikum zu präsentieren – eine Art Proto-PowerPoint-Präsentation. Die gründlichen Vorbereitungen, die Dr. Alzheimer für diesen Vortrag traf, waren ein weiteres Zeichen dafür, wie wichtig Frau Deters Fall ihm war.

Schließlich war alles für seinen großen Tag vorbereitet. Bei seiner Präsentation, die am Nachmittag stattfand, stellte der Vorsitzende, Dr. Hoche, den Arzt mit folgenden Worten vor: »Als Nächstes wird Dr. Alzheimer aus München Ihnen über eine merkwürdige, schwere Erkrankung der Hirnrinde berichten. Herr Dr. Alzheimer, Sie haben das Wort.« Daraufhin stand Alzheimer auf und begann seinen Kollegen Frau Deters Fall vorzustellen. Zunächst gab er eine detaillierte Beschreibung ihrer Krankheitsgeschichte, so wie Herr Deter sie dargestellt hatte. Die ersten Probleme, von denen ihr Ehemann berichtete, hatten darin bestanden, dass Frau Deter anfing, Dinge zu vergessen, Küchenutensilien im Haus verlegte und oft nicht mehr wusste, wo sie sich befand und welcher Tag gerade war. Dann berichtete Alzheimer über die Symptome, die Frau Deter nach ihrer Ankunft in der Frankfurter Klinik gezeigt hatte, und seine Gespräche mit ihr. Bei ihrer Ankunft im Krankenhaus sei ihr Gedächtnis bereits sehr schlecht gewesen, und es sei ihr schwergefallen, Gesprächen zu folgen oder Sätze zu schreiben, erklärte er. Außerdem wusste sie nicht mehr genau, wo sie sich befand. Schließlich berichtete Alzheimer, dass Frau Deter viereinhalb Jahre später an einer Infektion verstorben war. Diese war wahrscheinlich durch ein Dekubitalgeschwür (Druckgeschwür) entstanden – bei bettlägerigen Patienten damals eine sehr häufige Komplikation.

Nach dieser Übersicht über Frau Deters klinisches Krankheitsbild präsentierte Alzheimer seinem Publikum die histopathologischen Befunde ihres Gehirns. Dazu hatte er vier Dias vorbereitet, die die Veränderungen der Nervenzellen in ihrem Gehirn zeigten, und wies darauf hin, dass diese Zellen aufgrund einer »unbekannten Stoffwechselsubstanz« abzusterben schienen. Auf dem ersten Dia zeigte er Nervenzellen, die »zerfallen« und von denen nur noch Nervenzellfasern (sogenannte Fibrillen) übrig geblieben waren; wie er vermutete, war das auf die Einwirkung der unbekannten Substanz zurückzuführen. Das zweite Dia zeigte diese Fibrillen in den verschiedenen Nervenzellen ihres Gehirns und bewies, dass offenbar viele Nervenzellen von dieser »unbekannten Stoffwechselsubstanz« in Mitleidenschaft gezogen worden waren. Wie Alzheimer erklärte, waren »ein bis drei Viertel der Nervenzellen« von diesem neuartigen Krankheitsprozess betroffen. Das dritte Dia zeigte eine weitere Veränderung, die unter dem Mikroskop als hirsekorngroße Flecken in den oberen Schichten des Gehirns (der Hirnrinde) zu erkennen war. Auf dem letzten Dia zeigte Alzheimer schließlich weitere hirsekorngroße Flecken und erklärte, dass diese sich außerhalb der zerfallenen Nervenzellen befanden und mit einer anderen unbekannten Substanz gefüllt waren.

Wenn diese Beschreibungen sich für Sie geheimnisvoll und rätselhaft anhören, dann stehen Sie mit diesem Eindruck nicht allein da. Für mich sind sie genauso rätselhaft, und sie müssen es auch für Alzheimer gewesen sein. Allerdings kommt das bei neuen wissenschaftlichen Entdeckungen ziemlich häufig vor. Am Anfang einer neuen wissenschaftlichen Erkenntnis steht oft eine ganz einfache Beschreibung, weil es für die betreffende Beobachtung – noch – keine Erklärung gibt.

Was waren das für Fibrillen und »hirsekorngroße« Flecken?

Das wusste damals noch niemand – auch Alzheimer nicht. Er wusste lediglich, dass Frau Deters Krankheitsverlauf und die Symptome, die er in seinem Vortrag beschrieben hatte, mit diesen Veränderungen in ihrem Gehirn einhergingen.

Alzheimer beendete seine Präsentation mit der Feststellung, dass er dies für einen sehr »seltsamen« Krankheitsverlauf halte, der in den letzten Jahren jedoch immer häufiger vorgekommen sei. Diese Aussage ist ein weiterer Hinweis darauf, dass die Ärzte wohl schon viele Patienten mit ähnlichen Symptomen wie bei Frau Deter gesehen hatten, bevor Dr. Alzheimer ihren Fall genauer beschrieb.

Doch wenn ohnehin schon jeder über solche Patienten Bescheid wusste, was war dann an Frau Deters Fall so neu?

Die entscheidende Neuerung lag in der mikroskopisch-histologischen Untersuchung ihres Gehirns. Das war damals wirklich eine bahnbrechende Innovation. Zwar hatten schon viele Ärzte und Wissenschaftler klinische Krankheitsbilder ihrer psychiatrischen Patienten beschrieben, doch nur sehr wenige hatten diese tatsächlich mit Veränderungen im Gehirn in Verbindung gebracht. Aufgrund dieser mikroskopischen Untersuchungen galt Frau Deter damals als »erste« Person, bei der die Alzheimer-Krankheit diagnostiziert worden war, obwohl anzunehmen ist, dass andere Kliniker schon vorher viele ähnliche Fälle gesehen und auch darüber berichtet hatten.

Es überrascht nicht, dass Alzheimer am Ende seines Vortrags betonte, man müsse solchen mikroskopisch-histologischen Veränderungen bei »psychiatrischen Erkrankungen« künftig mehr Bedeutung beimessen, um die dazugehörigen Krankheiten genauer verstehen und den Patienten besser helfen zu können. Er kam zu dem Schluss, ein solcher neuer Ansatz würde »eine genauere Abgrenzung dieser Krankheitsbilder ermöglichen«, und dadurch ließe sich ihre Diagnostik und auch die anschließende psychiatrische Behandlung verbessern. Dann verstummte Alzheimer an seinem Rednerpult und wartete gespannt auf Fragen aus dem Publikum zu seinen neuen faszinierenden Erkenntnissen.

Aber es gab keine Fragen.

Zwar waren alle Augen auf ihn gerichtet, doch er sah sich trotzdem mit einer Mauer des Schweigens konfrontiert. Schließlich sagte der Vorsitzende der wissenschaftlichen Sitzung, Dr. Hoche: »Vielen Dank für Ihre Präsentation, Herr Dr. Alzheimer. Anscheinend besteht kein Bedarf an einer Diskussion Ihrer Erkenntnisse.«

Damit war Alzheimer entlassen.

Tübinger Nachspiel

Oft ist die wahre Bedeutung einer wissenschaftlichen Entdeckung selbst für Experten nicht sofort erkennbar. Dennoch muss Alzheimer die zurückhaltende Aufnahme seines Vortrags als ernüchternd empfunden haben. Immerhin hatte er Frau Deters Fall in den vorausgegangenen fünf Jahren mit akribischer Genauigkeit verfolgt und sich dabei unzählige Notizen und Aufzeichnungen gemacht. Außerdem hatte er die histopathologischen Veränderungen im Gehirn seiner Patientin in den letzten sechs Monaten in Zusammenarbeit mit seinen beiden italienischen Kollegen gründlich untersucht – doch offenbar war das alles vergebliche Mühe gewesen.

Und als wäre das nicht schon schlimm genug, beschloss das Organisationskomitee der Konferenz nun auch noch, dass Alzheimers Präsentation aufgrund des »Mangels an Fragen und Diskussionen« nicht in einer der nächsten Ausgaben einer führenden deutschen psychiatrischen Fachzeitschrift abgedruckt werden sollte. Damals, als es noch kein Internet gab, war die Veröffentlichung ausgewählter Ergebnisse einer wissenschaftlichen Konferenz eine gute Möglichkeit, einem breiteren Publikum Zugang zu bahnbrechenden neuen Forschungsergebnissen zu verschaffen. Wenn Frau Deters Fall nicht für eine Veröffentlichung ausgewählt wurde, so bedeutete dies, dass die anwesenden Experten ihn nicht für wichtig genug hielten – und dass breitere wissenschaftliche und klinische Kreise nichts von Dr. Alzheimers neuen Erkenntnissen erfahren würden.

Das war ein verheerender Schlag für ihn.

Doch Kraepelin bewahrte Frau Deters Fall vor der unverdienten Vergessenheit. Er gab nämlich nicht nach, sondern überredete das Komitee dazu, den Fall in die Veröffentlichung der Konferenzergebnisse aufzunehmen. Ob Kraepelin damit einfach nur seinem Schützling helfen wollte oder ob er die wahre Bedeutung dieses Falls erkannt hatte, darüber können wir nur spekulieren. Wie dem auch sei – sein

Eingreifen spielte für die »Entdeckung« der Alzheimer-Krankheit eine entscheidende Rolle, denn ohne ihn wäre der wissenschaftliche Fachartikel über Alzheimers Präsentation auf der Tübinger Tagung im Jahr 1907 nie veröffentlicht worden. Dieser sehr kurze Artikel – nur knapp zwei Seiten lang – gilt bis heute als Grundstein für die Erforschung der Alzheimer-Krankheit.

Kraepelins zweites entscheidendes Verdienst bestand darin, dass er der Krankheit ihren Namen gab.

Wir wissen bereits, dass Kraepelin damals ein angesehener Psychiater war. Er beschrieb und klassifizierte nicht nur einige der ersten psychiatrischen Erkrankungen (wie beispielsweise die Schizophrenie), sondern hatte auch einige der ersten Lehrbücher über Psychiatrie verfasst. Diese Lehrbücher wurden erstmals verwendet, um Medizinstudenten und Klinikern beizubringen, wie man psychiatrische Erkrankungen erkennt und voneinander unterscheidet. Doch da der wissenschaftliche Fortschritt in der Psychiatrie so schnell voranschritt, wurde Kraepelin bald klar, dass er sein ursprüngliches psychiatrisches Lehrbuch aus dem Jahr 1904 überarbeiten musste.

Das ganze Jahr 1908 über arbeitete Kraepelin an diesem neuen Lehrbuch, dessen erster Band, »Allgemeine Psychiatrie«, 1909 veröffentlicht wurde, gefolgt vom zweiten Band, »Klinische Psychiatrie«, im Jahr 1910. Beide Bände wurden sofort zu Klassikern für die klinische Diagnose und Behandlung psychiatrischer Erkrankungen. Kapitel VII von Band zwei war dem senilen und präsenilen Wahnsinn gewidmet, dem damals viele psychiatrische Erkrankungen von Patienten in mittlerem und höherem Lebensalter zugeordnet wurden. Bei seiner Arbeit an Kapitel VII erinnerte Kraepelin sich an die Präsentation von Dr. Alzheimer in Tübingen im Jahr 1906, und ihm fiel auch ein Patient namens Johann Feigl wieder ein, den er im Frühjahr 1910 zusammen mit Dr. Alzheimer in seiner Klinik gesehen und der sehr ähnliche Symptome gezeigt hatte wie Frau Deter. Kraepelin beschreibt diesen Fall in seinem Buch sehr genau – mitsamt den von Alzheimer analysierten histologischen Veränderungen im Gehirn – und zeigt, dass das Gehirn von Herrn Feigl ähnliche Fibrillen und Plaques aufwies wie das von Frau Deter. Kraepelin schließt die Beschreibung dieser Fälle in seinem Buch mit folgender Bemerkung ab: »Die klinische Interpretation dieser Alzheimer-Krankheit ist zum Zeitpunkt [des Schreibens] noch unklar.«

Das war die erste Erwähnung des Namens »Alzheimer-Krankheit«, und da Kraepelins Lehrbücher weit verbreitet waren und von vielen Menschen gelesen wurden, übernahmen die Kliniker und Forscher diesen Namen für die Beschreibung der neu entdeckten Erkrankung. Es ist also Kraepelin zu verdanken, dass wir die Entdeckung dieser Demenzform heute Alois Alzheimer zuschreiben.

Paradoxerweise war Alzheimer selbst damals weitaus skeptischer als Kraepelin: Er war sich ganz und gar nicht sicher, ob bei diesen Patienten wirklich ein neues Krankheitsbild vorlag oder ob die von ihm beschriebene Erkrankung einfach nur zu der damals bereits allgemein bekannten »Dementia praecox« gehörte. Andererseits sollten wir nicht vergessen, dass Kraepelin einen viel größeren Überblick über psychiatrische Erkrankungen hatte. Somit war ihm wohl klar, dass es sich bei Fällen wie denen von Frau Deter und Herrn Feigl wahrscheinlich um eine neue Krankheitsentität handelte. Aus diesem Grund stellte er Alzheimer und seinem Team mehr Zeit und Ressourcen zur Verfügung, damit sie weitere derartige Fälle finden und untersuchen konnten. Das führte zur Veröffentlichung eines Artikels von Alzheimer und seinem Kollegen Perusini, in dem insgesamt vier Fälle dieser neuen Krankheit beschrieben wurden: Frau Deter, Herr RM, Frau BA und Herr SL im Jahr 1909. All diese Patienten zeigten sehr ähnliche Symptome und wiesen auch die gleichen histopathologischen Veränderungen im Gehirn auf. Zusammen mit Herrn Feigls Fall bildeten diese vier Patientenbeschreibungen daher die Grundlage für die zukünftige Diagnostik und Erforschung der Alzheimer-Krankheit.

Demnach haben wir die Entdeckung der Alzheimer-Krankheit also nur Alzheimer und Kraepelin zu verdanken? Das stimmt nicht ganz.

Die Fischer-Krankheit

Haben Sie schon einmal etwas von der Fischer-Krankheit gehört? Nein? Das ist eigentlich auch kein Wunder, denn diese Krankheit gibt es gar nicht. Aus der Alzheimer-Krankheit hätte damals jedoch leicht eine Fischer-Krankheit oder Alzheimer-Fischer-Krankheit werden können, da ein Arzt namens Dr. Oskar Fischer im Jahr 1907 mehrere Berichte über Fälle von Altersdemenz veröffentlichte, bei denen alle Patienten die von Alois Alzheimer beobachteten hirsekorngroßen Plaques und Fibrillen im Gehirn aufwiesen. Im Jahr 1910 veröffentlichte Fischer sogar einen über 100 Seiten langen wissenschaftlichen Artikel, in dem er die histopathologischen Veränderungen bei präseniler und seniler Demenz sehr genau beschrieb. Seine Berichte übertrafen Alzheimers Beobachtungen und Veröffentlichungen zu diesem Thema bei Weitem.

Warum haben wir trotz seines umfassenden Beitrags zur Alzheimer-Forschung noch nie etwas von Dr. Oskar Fischer gehört, und wer war dieser Mann überhaupt?

Oskar Fischer kam im Jahr 1876 in einer Kleinstadt nordwestlich von Prag zur Welt. Er lebte damals in der heutigen Tschechischen Republik und gehörte der dortigen deutschsprachigen Minderheit an. Fischer studierte Medizin an der Universität Straßburg in Frankreich (wo damals in deutscher Sprache unterrichtet wurde, da Straßburg von 1872 bis 1918 von Deutschland annektiert war) und schließlich in Prag. Nach seinem Abschluss an der Deutschen Universität Prag (Prag hatte damals zwei Universitäten – eine deutsche und eine tschechische; die deutsche wurde 1949 in die tschechische Universität eingegliedert) arbeitete er bis zum Jahr 1919 in der Abteilung für pathologische Anatomie und anschließend in der Abteilung für Psychiatrie. Letztere Tätigkeit sollte für seine spätere berufliche Karriere von entscheidender Bedeutung sein.

Die psychiatrische Abteilung der Deutschen Universität in Prag wurde damals von einem der führenden Verhaltensneurologen – Professor Arnold Pick – geleitet. Pick war ein hervorragender Arzt und begeisterter Wissenschaftler, ist aber gleichzeitig auch eine Art vergessener Held, da er eine andere Demenzform entdeckt hat – nämlich die frontotemporale Demenz. Somit strebte Pick für seine Abteilung eine führende Rolle in der Erforschung der präsenilen und senilen Demenz an. Genau dieser interessanten Institution gehörte auch Dr. Fischer an.

Ebenso wie Alzheimer betrachtete auch Fischer die Mikroskopie und die neuen Färbetechniken als wichtige Voraussetzungen für einen Durchbruch in der Erforschung präseniler und seniler psychiatrischer Erkrankungen. Vor Alzheimer und Fischer hatten bereits mehrere Wissenschaftler Beobachtungen über »hirsekorngroße« Plaques in den Gehirnen von Demenzpatienten veröffentlicht. Beispielsweise hatten Dr. Paul Blocq und Dr. Georges Marinesco vom Pariser Salpêtrière-Krankenhaus diese Veränderungen im Gehirn von Patienten mit Altersdemenz schon im Jahr 1892 beschrieben. Außerdem wurden hirsekorngroße Plaques im Gehirn von Altersdemenzpatienten sowohl von Dr. Emil Redlich an der Zweiten Psychiatrischen Klinik der Universität Wien im Jahr 1898 als auch von Dr. Koichi Miyake an der Psychiatrischen Klinik der Universität Tokio im Jahr 1906 beschrieben.

Was war denn dann an den Erkenntnissen von Alzheimer und Fischer so neu?

Der Schlüssel zur Definition der Alzheimer-Krankheit war die Beobachtung von Plaques und Fibrillen im Gehirn von Patienten mit dieser Erkrankung. Nur Alzheimer und Fischer beschrieben diese beiden Veränderungen und sollten daher zu Recht als Erstbeschreiber dieser Krankheit gelten. In Teil 3 meines Buches werden wir untersuchen, auf welche Weise diese beiden Phänomene – Plaques und Fibrillen – zur Entstehung der Alzheimer-Krankheit führen.

Doch statt Alzheimer und Fischer als einsame Genies zu betrachten, sollten wir an dieser Stelle vielleicht lieber Isaac Newtons Beobachtung zitieren, dass »wir nur deshalb weiter sehen können, weil wir auf den Schultern von Riesen stehen«. In der Wissenschaft ist der Glaube an das »einsame Genie« meiner Meinung nach ein Mythos, da wissenschaftliche »Entdeckungen« immer auf der Arbeit anderer Menschen beruhen. Sowohl Alzheimer als auch Fischer waren wahrscheinlich über die Entdeckungen von Blocq, Marinesco, Redlich und Miyake im Bilde. Trotzdem haben sie mit ihren Beobachtungen und den darauffolgenden Veröffentlichungen, in denen sie sowohl Plaques als auch Fibrillen beschreiben, einen einmaligen Beitrag zur Definition der Alzheimer-Krankheit geleistet.

Aber warum wurde diese Krankheit dann nicht nach Dr. Fischer benannt?

Über die Gründe dafür können wir nur spekulieren. Vielleicht glaubte Fischer, dass seine Plaque- und Fibrillenbefunde nur für eine Unterart der Demenz – nämlich die Presbyophrenie – typisch seien. Mit dem Begriff »Presbyophrenie« wurden damals Demenzpatienten beschrieben, die durch eine ungewöhnlich gehobene Stimmung auffielen und außerdem hyperaktiv und desorientiert waren. Im Lauf der Zeit stellte sich heraus, dass die Presbyophrenie möglicherweise gar keine Unterform der Demenz war; daher hat man diesen Begriff ab den 1920er-Jahren nur noch selten verwendet. Es kann aber auch sein, dass die Wissenschaft Fischers Entdeckung gar nicht zur Kenntnis nahm, weil viele Wissenschaftler seine Erkenntnisse aufgrund seiner Verwendung des schon kurze Zeit später veralteten Begriffs »Presbyophrenie« ablehnten.

Ein weiterer Grund, warum wir diese Demenzform heute unter dem Namen »Alzheimer-Krankheit« kennen, besteht darin, dass Alois Alzheimer ein Schützling von Professor Kraepelin war. Damit möchte ich den Beitrag von Dr. Alzheimer zur Erforschung dieser Krankheit keineswegs schmälern, doch die Aufnahme von Alzheimer-Fällen in Kraepelins Lehrbuch trug erheblich zur Verbreitung des Namens bei, da Kraepelins Bücher so weit verbreitet waren und auch in verschiedene Sprachen übersetzt wurden. Trotzdem frage ich mich, ob Kraepelin zum Zeitpunkt der Abfassung seines überarbeiteten Lehrbuchs von Fischers Erkenntnissen wusste und – falls ja – warum er sich trotzdem dagegen entschied, die neu entdeckte Erkrankung als »Alzheimer-Fischer-Krankheit« zu bezeichnen.

Die Tragik von Dr. Fischers Leben liegt nicht nur darin, dass seine wissenschaftlichen Erkenntnisse übersehen wurden, sondern auch darin, dass ein Großteil seines Arbeitslebens ein harter Überlebenskampf war. Im Jahr 1919 wurde ihm die Festanstellung an der Deutschen Universität Prag verweigert – angesichts der Tatsache, dass er so bedeutende wissenschaftliche Erkenntnisse veröffentlicht hatte, eine überraschende Entscheidung. Daraufhin eröffnete er eine Privatpraxis in Prag und hielt weiterhin Vorlesungen als »außerordentlicher Professor«. Im Jahr 1941 nahm Fischers Schicksal eine noch düsterere Wendung, denn jetzt wurde er von der Gestapo verhaftet und in Theresienstadt (heute Terezín, Tschechische Republik) inhaftiert – damals sowohl ein Ghetto als auch ein Durchgangslager für tschechische Juden, die in Konzentrationslager deportiert wurden. Man hielt Fischer in der »Kleinen Festung« innerhalb des Ghettos fest, die separat betrieben wurde und in der hauptsächlich politische Gefangene und Intellektuelle untergebracht waren. Warum er überhaupt verhaftet wurde, weiß man nicht. Er hatte jüdische Vorfahren, war aber während der 1920er- und 1930er-Jahre in Prag auch in linken Kreisen politisch sehr aktiv gewesen. Fischers Leben als brillanter Wissenschaftler fand ein brutales Ende, als er 1942 im Alter von 65 Jahren im Gefängnis Theresienstadt starb. Seine bahnbrechenden Beiträge zur »Alzheimer-Krankheit« wurden weitgehend übersehen – dabei sollte diese Demenzform eigentlich auch seinen Namen tragen.

Alzheimers Vermächtnis

Und wie steht es um das Vermächtnis von Dr. Alois Alzheimer? Sie haben nun erfahren, dass Dr. Fischers Beitrag zur Entdeckung der Alzheimer-Krankheit fast vollständig in Vergessenheit geraten ist. Ist denn dann wenigstens Alois Alzheimer zu seinen Lebzeiten durch seine Entdeckung der neuen Krankheit berühmt geworden? Weit gefehlt.

Trotz des Erfolges, den die Veröffentlichung seiner neuen Patientenberichte ihm einbrachte, und der Tatsache, dass Kraepelin die neue Krankheit nach ihm benannte, war Dr. Alzheimer viel zu beschäftigt, um die potenzielle zukünftige Bedeutung seiner Entdeckung zu erkennen. Der Hauptgrund für seine Arbeitsüberlastung bestand darin, dass er im Jahr 1912 nach Breslau (in das heutige Wrocław in Polen) gezogen war, um dort eine Professur anzunehmen und gleichzeitig auch noch eine eigene Klinik zu leiten. Breslau lag weit entfernt von München, sodass Alzheimer dort nicht mehr so gut über neue wissenschaftliche Entwicklungen informiert war. Trotzdem ging für ihn mit dieser Stelle in Breslau ein Traum in Erfüllung, weil er dort endlich die Möglichkeit hatte, eine Abteilung so zu gestalten und zu leiten, wie er sich das immer gewünscht hatte. Seine Begeisterung für die neue Position war ihm deutlich anzumerken, als er in Breslau ankam und dort ein neues histologisches Labor und einen klinischen Dienst einrichtete. Endlich hatte er sich seinen Traum von einer eigenen Klinik und einem eigenen Labor erfüllt – und was noch wichtiger war: Er konnte jetzt einen Großteil seiner Zeit der geliebten Mikroskopie widmen. Eigentlich hätte das der Beginn einer glanzvollen Zeit für Alzheimer werden und seinen Status als einer der damals führenden Psychiater Deutschlands festigen sollen. Doch leider war diese Lebensphase nur von kurzer Dauer.

Berichten von Kraepelin und anderen Kollegen zufolge war Alzheimer nämlich bereits während des Umzugs von München nach

Breslau erkrankt und verbrachte nach seiner Ankunft erst einmal einige Zeit in einem Breslauer Sanatorium, um sich dort zu erholen. In den nächsten dreieinhalb Jahren verschlechterte Alzheimers Gesundheitszustand sich immer mehr, und er musste öfters Pausen einlegen. Vor allem sein Herz schien geschwächt zu sein, sodass er unter Atemnot litt. Auch seine Nieren waren offenbar in einem schlechten Zustand. Trotz der Bemühungen von Kollegen wie Nissl und Kraepelin, die versuchten, ihm aus der Ferne zu helfen, starb Alzheimer am 19. Dezember 1915 im Alter von 52 Jahren.

Wie so oft bei Menschen, die relativ jung sterben, war sein Vermächtnis alles andere als gesichert. Obwohl er Frau Deter und die anderen Alzheimer-Fälle stets für »seltsam« und bemerkenswert gehalten hatte, schenkte er ihnen doch nicht mehr Aufmerksamkeit als seinen anderen interessanten Fällen, die er ebenfalls mit akribischer Genauigkeit verfolgte. Tatsächlich erwähnt keiner der damaligen Nachrufe auf Alois Alzheimer die Alzheimer-Krankheit oder Frau Deter. Stattdessen hoben die Kollegen in ihren Nachrufen andere psychiatrische Fälle hervor, über die Alzheimer berichtet hatte. Es ist eine bittere Ironie des Schicksals, dass wir nicht wissen, für welche Errungenschaften man uns später einmal in Erinnerung behalten wird. Alzheimer selbst wäre wahrscheinlich sehr verblüfft darüber gewesen, dass er sein wichtigstes Vermächtnis seiner schicksalhaften Begegnung mit Frau Deter verdankte.

Trotz gelegentlicher Fallberichte wurden (abgesehen von den bahnbrechenden Veröffentlichungen von Dr. Alzheimer und Dr. Fischer) in den darauffolgenden Jahrzehnten nur wenige Forschungsarbeiten über die Alzheimer-Krankheit veröffentlicht. Erst in den 1970er- und 1980er-Jahren erhielt die Erforschung dieser Demenzform wieder neuen Auftrieb, und zwar wahrscheinlich aus zwei Gründen: Aufgrund der immer älter werdenden Bevölkerung in Europa und Nordamerika begegneten Ärzte in ihren Praxen immer mehr Alzheimer-Patienten, sodass der Bedarf an einer besseren

Diagnostik, Pflege und Behandlung zunahm. Zweitens hat sich die Wissenschaft inzwischen weiterentwickelt, und man weiß jetzt mehr über die typischen Symptome der Alzheimer-Krankheit und über ihre Ursachen im Gehirn. Daher bringen wir mittlerweile auch bessere Voraussetzungen dafür mit, die wissenschaftlichen Hintergründe dieser Demenzerkrankung zu erforschen.

Doch nun möchte ich meine bisherigen Ausführungen erst einmal kurz zusammenfassen.

Zusammenfassung

In diesem ersten Teil meines Buches ging es um folgende Punkte:

- Die erste Person, bei der jemals eine Alzheimer-Krankheit diagnostiziert wurde, war Frau Auguste Deter.
- Die Diagnose wurde von Dr. Alois Alzheimer in einem Krankenhaus in Frankfurt am Main gestellt.
- Höchstwahrscheinlich wurden auch schon vor Frau Deter viele Patienten mit ähnlichen Symptomen von Ärzten untersucht und diagnostiziert.
- Der entscheidende Unterschied in Frau Deters Fall bestand jedoch darin, dass Alois Alzheimer nach ihrem Tod ihr Gehirn analysierte und spezifische Veränderungen beschrieb, die bis heute als typische Merkmale dieser Erkrankung gelten.
- Aufgrund der Kombination aus Frau Deters Symptomen und den Veränderungen in ihrem Gehirn wurde bei ihr als erster Person eine Alzheimer-Krankheit diagnostiziert.
- Dr. Alzheimer stellte seine Erkenntnisse bei einer wissenschaftlichen Konferenz in Tübingen vor, doch die meisten seiner Zeitgenossen hielten sie nicht für bemerkenswert.
- Die einzige Ausnahme bildete Professor Emil Kraepelin, der sich für Dr. Alzheimer einsetzte und die Krankheit in einem neuen Lehrbuch über Alterspsychiatrie nach ihm benannte.
- Ein Arzt namens Dr. Oskar Fischer veröffentlichte ungefähr zur selben Zeit wie Alois Alzheimer ähnliche Erkenntnisse, geriet jedoch in den darauffolgenden Jahrzehnten in Vergessenheit; daher trägt die Krankheit nicht den Namen »Fischer«, sondern »Alzheimer«.
- Alzheimer selbst hat nicht mehr miterlebt, welche Tragweite seine wichtigen Erkenntnisse hatten, da er kurz darauf starb und die Alzheimer-Forschung erst in den 1970er- und 1980er-Jahren wieder Fahrt aufnahm.

TEIL 2

GEDÄCHTNIS UND RAUM

Jeder Mensch glaubt zu wissen, was das Gedächtnis ist. Aber wissen wir das wirklich? Das Auswendiglernen einer Einkaufsliste oder das Einprägen der Namen neuer Bekanntschaften gehört zu unserem täglichen Leben. Doch wie wichtig das Gedächtnis für unser Ich und unsere Persönlichkeit ist, wird uns erst klar, wenn wir es verlieren – so wie bei der Alzheimer-Krankheit. Das Gedächtnis spielt also nicht nur für unseren Alltag eine wichtige Rolle, sondern definiert auch, wer wir sind.

Die Idee, dass das Gedächtnis ein zentraler Aspekt unserer Persönlichkeit ist, wurde bereits im 17. Jahrhundert von dem Philosophen John Locke vertreten. Denn unser Gedächtnis – so argumentierte er – lässt uns erkennen, dass wir immer noch dieselbe Person sind wie bisher. Im Wesentlichen bedeutet dies, dass wir uns daran erinnern können, dieselbe Person zu sein, die wir bereits in den vergangenen Jahrzehnten, Jahren, Wochen, Minuten oder sogar Sekunden gewesen sind. Auf dieser Basis erscheint unser Leben uns als eine kontinuierliche Entität. Und was noch wichtiger ist: Auch die Erinnerung ist ein wichtiger Bestandteil unseres Ichs. Wir fragen uns eigentlich nie, ob wir immer noch dieselbe Person sind wie früher – wir *sind* es einfach. Natürlich haben wir uns im Lauf unseres Lebens verändert, zum Beispiel haben wir mehr Erfahrung gesammelt und vielleicht auch ein paar Kilo zugenommen. Wir würden aber nie auf die Idee kommen, dass der Mensch, der zu einem früheren Zeitpunkt unseres Lebens etwas Bestimmtes erlebt hat, jemand anders war als unser heutiges Ich. Es scheint alles ein einziges Lebenserfahrungskontinuum zu sein.

Aber nun stellen Sie sich einmal vor, wir hätten im Lauf unseres Lebens unsere Erinnerungen verloren oder wären gerade dabei, sie zu verlieren. Andere Menschen könnten uns zwar von Ereignissen erzählen, die stattgefunden haben, aber wir selbst könnten uns nicht mehr daran erinnern. Waren wir dann damals, als das passiert ist, überhaupt anwesend, oder sprechen diese Leute von einer anderen Person? Wir würden anfangen, uns selbst und letztendlich auch unsere Identität infrage zu stellen: Wer bin ich, wenn ich mich nicht mehr daran erinnern kann, wer ich vorher war? Das ist keineswegs nur eine philosophische Frage, sondern für Alzheimer-Patienten ein sehr reales Szenario.

Um die Herausforderungen nachempfinden zu können, die der Gedächtnisverlust für solche Menschen bedeutet, müssen wir uns zunächst einmal klarmachen, was das Gedächtnis überhaupt ist und wie es funktioniert. Erst dann können wir die Gedächtnissymptome, zu denen es bei der Alzheimer-Krankheit kommt, auch nur annähernd verstehen und herausfinden, wie man Menschen, die unter diesen Symptomen leiden, am besten helfen kann. Dazu wollen wir uns als Erstes mit den verschiedenen Gedächtnisarten befassen.

Verschiedene Gedächtnisarten

Sie werden vielleicht erstaunt sein zu hören, dass es verschiedene Gedächtnisarten gibt – und nur einige davon sind von der Alzheimer-Krankheit betroffen. Die häufigste Gedächtnisart, die wir meinen, wenn wir von Gedächtnis sprechen, ist das »episodische Gedächtnis«. Dabei handelt es sich – wie der Name schon sagt – um unser Gedächtnis für Episoden oder Ereignisse unseres Lebens, zum Beispiel die Erinnerung an unseren Hochzeitstag oder daran, was wir letzten Sonntag gemacht haben. Im Grunde genommen ist das episodische Gedächtnis unser Gedächtnis für Ereignisse, die wir persönlich erlebt haben. Dieses episodische Gedächtnis leidet besonders stark unter der Alzheimer-Krankheit, daher werde ich sehr genau darauf eingehen, wie es funktioniert und inwiefern es durch die Erkrankung beeinträchtigt wird.

Es gibt aber auch noch andere Gedächtnisformen, die zwar genauso wichtig wie das episodische Gedächtnis, den meisten Menschen aber weniger bekannt sind. Zum Beispiel das »semantische Gedächtnis« – unser Wissen über Fakten, die die Welt betreffen. Im Gegensatz zum episodischen Gedächtnis ist das semantische Gedächtnis nicht an ein bestimmtes Ereignis gebunden, sondern es handelt sich dabei um ereignislose Informationen, die wir in unserem Gehirn speichern. Das hört sich ziemlich abstrakt an, doch einfacher ausgedrückt, umfasst das semantische Gedächtnis unser »Wissen« über allgemeine Regeln, die es auf der Welt gibt und die nichts mit einem bestimmten Ereignis zu tun haben. Zum Beispiel wissen wir, dass eine Tasse eine Tasse ist – egal wo wir sie sehen und welche Farbe oder Form sie hat. Oder wir wissen, dass die meisten Vögel zwei Beine, die meisten Säugetiere dagegen vier Beine haben (obwohl es natürlich – wie bei jeder Regel – auch hierbei Ausnahmen gibt).

Beim semantischen Gedächtnis geht es also um die Regeln und Gesetze dieser Welt. Es hat daher für unser Alltagsleben eine sehr wichtige Bedeutung. Trotzdem nehmen wir es oft als selbstverständlich hin, weil Fakten uns so einfach erscheinen. Eine Tasse ist eben einfach eine Tasse. Was ist da schon Besonderes dran? Doch denken wir einmal ein bisschen genauer darüber nach: Was macht eine Tasse eigentlich aus, und wie würden Sie jemandem, der noch nie eine Tasse gesehen oder berührt hat, erklären, was das ist? Ist eine Tasse einfach ein »kleines schalenförmiges Trinkgefäß, das normalerweise einen Henkel hat«, so wie es in den Wörterbüchern steht? Und was ist mit Tassen, die nicht schalenförmig sind oder keinen Henkel haben? Wir würden solche Gefäße sicherlich trotzdem immer noch als Tassen erkennen, auch wenn sie nicht alle Merkmale aufweisen, die wir normalerweise mit einer Tasse assoziieren. Aber wir kombinieren nun mal diese typischen Merkmale (schalenförmig, Henkel, Porzellan) miteinander, um die »Regeln« für die typischen Eigenschaften bestimmter Gegenstände oder Fakten in unserem Leben zu erlernen. Da wir im Lauf unseres Lebens schon viele Tassen gesehen haben, »kennen« wir die typische Bedeutung des Wortes »Tasse« einfach und werden eine Tasse daher auch nicht mit einem Gegenstand mit sehr ähnlichen Merkmalen und Verwendungsmöglichkeiten (beispielsweise einem Glas) verwechseln. Menschen, die Probleme mit dem semantischen Gedächtnis haben, fällt es normalerweise schwer, Gegenstände zu benennen, weil sie sie nicht von ähnlichen Gegenständen unterscheiden können: Ist das wirklich eine Tasse, oder ist es ein Glas? Zum Glück bleibt das semantische Gedächtnis bei der Alzheimer-Krankheit jedoch bis zu den späteren Stadien dieser Erkrankung relativ intakt. Wissen Sie noch, wie Dr. Alzheimer Frau Deter interviewte und wie schwer es ihr fiel, sich an bestimmte Ereignisse ihres Lebens zu erinnern (episodisches Gedächtnis), dass sie aber durchaus in der Lage war, ihm die Monate des Jahres und die Farben von Gegenständen korrekt zu nennen (semantisches Gedächtnis)? Es kann jedoch leicht Verwirrung entstehen, wenn ein Patient seinem Arzt berichtet, dass er

»sich nicht mehr an Wörter erinnern kann«, weil die fehlende Gedächtnisfunktion in diesem Fall sowohl episodisch als auch semantisch sein könnte. In solchen Fällen wird der Arzt prüfen, ob sich der Patient beispielsweise nicht mehr an die Namen von Personen erinnern kann, denen er vor Kurzem begegnet ist (episodisches Gedächtnis), oder ob er die Namen von Alltagsgegenständen vergessen hat (semantisches Gedächtnis).

Dass Ärzte das episodische Gedächtnis auf ähnliche Weise untersuchen wie das semantische, zeigt, wie eng diese beiden Gedächtnisformen in unserem Gehirn miteinander verflochten sind, obwohl es sich dabei doch um ganz unterschiedliche Arten von Erinnerungen handelt. Weil wir expliziten Zugriff auf das semantische und das episodische Gedächtnis haben, bezeichnet man sie in der wissenschaftlichen Fachsprache auch als »explizite Gedächtnisarten«. »Expliziter« Zugriff bedeutet, dass wir uns auf Wunsch jederzeit an bestimmte Ereignisse oder Fakten erinnern können.

Andere Gedächtnisfunktionen, auf die wir nicht so leicht zugreifen können, bezeichnet man als »implizites Gedächtnis«. Diese impliziten Erinnerungen nutzen wir in erster Linie für Bewegungen oder erlernte Fähigkeiten. Stellen Sie sich einmal vor, Sie müssten sich jedes Mal aufs Neue daran erinnern, wie man eine Tasse in die Hand nimmt! Das wäre sehr mühsam und würde uns bei unseren Alltagsaktivitäten ständig ausbremsen. Stattdessen umgeht das Gehirn unser Bewusstsein und »macht« die Bewegung einfach, ohne dass wir darüber nachdenken müssen. Das implizite Gedächtnis spielt daher bei vielen alltäglichen Fähigkeiten eine wichtige Rolle. Obwohl wir genau wissen, wie schwierig es ist, eine neue Fähigkeit zu erlernen, denken wir, sobald wir den Dreh einmal raus haben, nicht mehr weiter darüber nach, sondern »machen es einfach«. Ein klassisches Beispiel für so eine implizite Erinnerung ist die Fähigkeit, Fahrrad zu fahren. Radfahren zu lernen ist schwierig, denn dazu muss man viele verschiedene Körperfunktionen miteinander koordinieren: Wir brauchen dafür unsere Muskeln, unser Sehvermögen, unser vestibuläres System (Gleichgewichtssystem) usw.

Wenn wir anfangen, Fahrradfahren zu lernen, müssen wir uns ganz bewusst auf all diese Elemente konzentrieren. Die ersten Versuche führen oft zu Stürzen, die uns wichtige Rückmeldungen darüber geben, wie man beim Radfahren alle wichtigen Elemente (Bewegung, Sicht, Gleichgewicht usw.) richtig miteinander koordiniert. Es kann viele Stunden dauern, bis man Fahrradfahren gelernt hat. Wenn wir es aber einmal können, dann tun wir es einfach, ohne darüber nachdenken zu müssen. Noch erstaunlicher ist, dass wir uns auch dann noch daran erinnern, wie man Rad fährt, wenn wir es schon seit Jahren oder Jahrzehnten nicht mehr getan haben. Denn nach ihrem Erwerb werden implizite Erinnerungen für lange Zeit in unserem Gehirn gespeichert und sind ein Leben lang abrufbar. Es ist auch sehr schwierig, jemand anderem diese Aktivitäten zu erklären, weil wir sie instinktiv ausführen. Zum Beispiel ist es schwer, jemandem zu erklären, was man beim Fahrradfahren tun muss. Man tut es eben einfach. Wenn man Fahrradfahren lernen möchte, muss man es deshalb zunächst einmal üben. Andere implizite Gedächtnisfunktionen haben eher etwas mit Konditionierung, Gewohnheitsbildung und Bahnung (Priming) zu tun – alles Faktoren, die damit zusammenhängen, dass man etwas automatisch tut.

Implizite Erinnerungen bleiben bis in sehr späte Stadien der Alzheimer-Krankheit hinein intakt. Da diese Erinnerungen für die Alzheimer-Krankheit nicht so relevant sind, will ich hier nicht näher darauf eingehen – auch wenn sie faszinierend sind. Stattdessen werden wir uns auf das episodische Gedächtnis konzentrieren – eine wichtige Gedächtnisart, die bei der Alzheimer-Krankheit in Mitleidenschaft gezogen wird.

Als Nächstes wollen wir uns also damit beschäftigen, welche Faktoren sich auf unser episodisches Gedächtnis auswirken und was wir für eine Verbesserung dieses Gedächtnisses tun können.

Die Kunst des Gedächtnisses

In der Antike galt ein gutes episodisches Gedächtnis als wichtige Fähigkeit, ja sogar als »Kunst«. Das liegt hauptsächlich daran, dass diese Gedächtnisart im täglichen Leben eine wichtige Rolle spielte und dass Auswendiglernen für viele Menschen die einzige Möglichkeit war, sich Informationen einzuprägen, weil Papier damals noch ein seltener Luxus war. Man brauchte das episodische Gedächtnis nicht nur, um sich an Dinge zu erinnern, die für das tägliche Leben wichtig waren, sondern auch, um Geschichten zu erzählen und Reden zu halten.

Geschichten spielten für die Unterhaltung und Bildung der Menschen damals eine wichtige Rolle, und vor der Erfindung der Schrift waren Geschichtenerzähler bei ihrer Tätigkeit ausschließlich auf ihr Gedächtnis angewiesen. Um sich das Auswendiglernen von Geschichten zu erleichtern, griffen antike Schriftsteller oft auf bestimmte Gedächtnistricks zurück. Ein »Trick«, der in vielen epischen Geschichten aus der Antike – beispielsweise der *Odyssee* – verwendet wurde, waren Reime. Dadurch kann unser Gehirn sich Informationen besser einprägen, denn es ist leichter, auf Wörter zu kommen, die einem nicht auf Anhieb einfallen, wenn sie sich auf vorherige Wörter reimen. Ein anderer beliebter »Trick« waren Wiederholungen, denn dadurch können wir uns gehörte Informationen ebenfalls leichter merken.

Ich erinnere mich noch daran, dass ich nach der ersten Lektüre von Homers *Odyssee* dachte: »Ja, ja, ich weiß inzwischen schon, dass Achilles ›schnellfüßig‹ ist. Wann geht es denn endlich weiter?« Aber es war tatsächlich die Wiederholung, die mir viele Jahrzehnte später half, mich wieder an diesen Satz zu erinnern. Einfach ausgedrückt: Wenn wir ein Wort oder einen Satz oft gehört haben, ist es wahrscheinlicher, dass wir uns später noch daran erinnern. Wiederholungen sind vor allem dann hilfreich, wenn wir uns eine Information nicht aufschreiben können. Durch die Wiederholung gehörter Informationen können wir uns später wieder daran erinnern und sie schließlich in unserem

Gedächtnis abspeichern. Es ist also kein Wunder, dass wir uns so gut an die Lieblingsgeschichten aus unserer Kindheit erinnern können – weil wir sie damals immer wieder hören wollten. Als Nebeneffekt erinnern sich vielleicht auch unsere Eltern heute noch daran, weil sie sie uns dauernd vorlesen mussten. Auch ich kenne immer noch einige Geschichten auswendig, die ich meinen Kindern früher vorgelesen habe (zum Beispiel »Grünes Ei mit Speck«).

Einen ähnlichen Wiederholungseffekt findet man heute in besonders eingängigen Songs. Darin werden oft dieselben Sätze oder Wörter ständig wiederholt, vor allem in den Refrains. Wenn man diese Lieder in schriftlicher Form vor sich sieht, erscheint es einem oft lächerlich, wie häufig sich dieselben Elemente darin wiederholen. Doch dieser Wiederholungseffekt funktioniert tatsächlich, denn unser Gehirn ist für so etwas sehr empfänglich. Wenn man Ihnen nur den ersten Teil eines solchen Liedes – oder noch besser: nur den Refrain – vorspielen würde, könnten Sie sich mühelos an den Rest des Liedes erinnern oder ihn vielleicht sogar singen. Inzwischen ist wissenschaftlich erwiesen, dass Reime und Wiederholungen Schlüsselelemente unseres episodischen Gedächtnisses sind. Doch das wussten wir auch schon vorher, denn vieles von dem, was wir in unserer Kindheit gelernt haben, bestand aus Wiederholungen, und viele Reime oder Lieder haben uns damals dabei geholfen, uns das Alphabet, das Einmaleins oder die Namen von Königen und Königinnen einzuprägen.

Genau genommen sind es aber eigentlich nicht die Reime oder Wiederholungen selbst, mit deren Hilfe wir uns Informationen so gut merken können, sondern wir verdanken diesen Lerneffekt eher der Tatsache, dass solche Reime oder Wiederholungen eine gewisse Ordnung in die Informationen bringen, die wir lernen möchten. Indem wir immer wieder dieselben Informationen wiederholen, erlernen wir ihre Reihenfolge, und diese erleichtert uns wiederum das spätere Abrufen der Informationen. Denn anhand der Reihenfolge können wir vorhersagen, was als Nächstes kommt. Das Ordnen von

Informationen ist eine wichtige Voraussetzung für eine gute Abrufbarkeit und wird in unserem Unterrichtswesen daher schon seit Jahrhunderten als Lernhilfe eingesetzt. Paradoxerweise ist die Reihenfolge von Informationen gleichzeitig aber auch die »Achillesferse« unseres Gedächtnisses.

Jeder, der sich schon einmal etwas durch einfaches Wiederholen (sogenanntes Auswendiglernen) eingeprägt hat, weiß, dass wir uns auf diese Weise recht gut an Informationen erinnern können, solange sie später wieder in der gleichen Reihenfolge abgerufen werden. Wird die Reihenfolge jedoch verändert oder unterbrochen, so gerät unser Erinnerungsvermögen sehr leicht durcheinander. Versuchen Sie zum Beispiel einmal, das Einmaleins in umgekehrter Reihenfolge aufzusagen oder die Königinnen und Könige einer Abstammungslinie getrennt voneinander abzurufen! Wenn Sie diese Informationen einfach nur auswendig gelernt haben, wird Ihnen das sehr schwerfallen.

Für ein wirklich ausgezeichnetes episodisches Gedächtnis fehlen uns außerdem noch zwei weitere wichtige Elemente: nämlich Orte und Gegenstände.

Um die wichtige Bedeutung von Orten und Gegenständen für ein gutes episodisches Gedächtnis zu verstehen, müssen wir noch einmal einen kleinen Abstecher in die Antike machen, denn die alten Römer haben dies schon vor langer Zeit herausgefunden. Heute sind uns nur noch drei antike Texte erhalten, die die Kunst des Gedächtnisses beschreiben und genau erklären, was man tun muss, um ein besonders gutes Gedächtnis zu entwickeln: Ciceros *De oratore*, Quintilians *Institutio oratoria* und ein anonymes Werk mit dem Titel *Ad C. Herennium Libri IV*.

Zunächst einmal fällt auf, dass es in diesen Büchern nicht um die Kunst des Gedächtnisses, sondern um die Kunst der Rhetorik geht. Heute verstehen wir unter »Rhetorik« die Kunst des Redens, doch in der Antike galt sie als Kunst der Überzeugung und bestand aus fünf wichtigen Aspekten: Erfindung, Anordnung, Stil, Vortrag und

Gedächtnis. Wenn man seine Zuhörer überzeugte, konnte man dadurch ihre Meinung ändern, weshalb die Rhetorik in der Antike sehr geschätzt wurde. Sie war die wichtigste Methode, um Menschen von etwas zu überzeugen oder sie vielleicht auch einfach nur zu informieren oder zu unterhalten – das erinnert uns wieder an die antiken Geschichtenerzähler. Antike Redner konnten lange, anspruchsvolle Reden nur halten, indem sie die ganze Rede oder Geschichte auswendig lernten. Das ist ziemlich einfach, wenn eine Rede oder Geschichte nicht länger dauert als fünf Minuten. Aber stellen Sie sich einmal vor, etwas vorzutragen, das 45 Minuten, eine Stunde, zwei Stunden oder noch länger dauert, so wie die antiken Redner und Geschichtenerzähler es oft taten! Professionelle Geschichtenerzähler konnten sogar die ganze *Odyssee* auswendig.

Es ist unmöglich, sich so eine Geschichte durch Auswendiglernen einzuprägen. Das galt vor allem für die Redner oder Geschichtenerzähler der Antike, die bei jeweils unterschiedlichen Anlässen oft mehrere verschiedene Reden oder Geschichten vortragen mussten. Das scheint ein unmögliches Unterfangen zu sein – es sei denn, der Redner hat zumindest ein paar schriftliche Notizen zur Hand, die ihm beim Vortragen seiner Rede oder Geschichte helfen. Doch die antiken Redner und Geschichtenerzähler kannten ein paar »geheime« Gedächtnistechniken, die ihnen bei ihrer Arbeit halfen.

»Geheime« Gedächtnistechniken

Wir wissen zwar nicht, wer diese »geheimen« Techniken erfunden hat, aber wir wissen, dass es sie schon lange gab, bevor Cicero und Quintilian sie schriftlich festhielten.

Auch heute gibt es noch unzählige Bücher über solche »Gedächtnisgeheimnisse«, die erklären, wie man sein Erinnerungsvermögen verbessert. Titel wie *Boost Your Memory* oder *Limitless Memory* hören sich vielleicht so an, als beruhten sie auf modernen wissenschaftlichen Erkenntnissen. Doch dabei handelt es sich größtenteils um Neuauflagen der uralten Gedächtnistechniken, die bereits von Cicero und Quintilian erwähnt wurden – und auch diese zitierten wiederum nur ihre Vorgänger. Das ist also alles nichts Neues, aber es handelt sich zweifellos um altbewährte Methoden. Im Grunde liegt der Schlüssel zu einem außergewöhnlich guten episodischen Gedächtnis nicht nur in einer bestimmten Anordnung von Informationen (in Form von Wiederholungen oder Reimen), sondern auch in der Fähigkeit, diese mit visuellen Eindrücken wie beispielsweise Orten und Gegenständen zu verknüpfen.

Wir sind sehr visuell orientierte Geschöpfe, und man kann durchaus sagen, dass das Sprichwort »Ein Bild sagt mehr als tausend Worte« gut auf unsere geistige Informationsverarbeitung zutrifft. Wir können uns viel leichter an Informationen erinnern, wenn wir sie visuell wahrgenommen haben, und das visuelle System unseres Gehirns ist im Vergleich zu dem der anderen Sinne (beispielsweise Gehör oder Tastsinn) auch ziemlich groß. Das gilt übrigens auch für die meisten Tiere, die ein ausgezeichnetes episodisches Gedächtnis haben, ohne über eine Schriftsprache zu verfügen. Tiere merken sich beispielsweise, welche Nahrung sie gefahrlos zu sich nehmen können und wo es zuverlässige Wasser- und Nahrungsquellen gibt. Aus evolutionärer Sicht ist es ja auch sehr sinnvoll, dass unser Gehirn sich naturgemäß zu bestimmten Orten und Gegenständen hingezogen fühlt, weil diese für unser Überleben von besonderer Bedeutung sind. Diese evolutionäre Veranlagung können wir nutzen, um ein ausgezeichnetes episodisches Gedächtnis zu entwickeln.

Die Autoren der Antike wussten, dass visuelle und räumliche Informationen viel leichter zu merken sind als Wörter oder abstraktere Symbole. Der Trick, den Redner damals anwendeten, um sich große Mengen an Informationen zu merken, bestand darin, diese Informationen in realen Gegenständen und im Raum zu verankern. Denn dadurch kann man solche Informationen später viel leichter abrufen. Somit bedarf es zur Verbesserung unseres episodischen Gedächtnisses also nur noch eines letzten Schritts: Wir müssen unsere Fähigkeit, uns an Orte und Gegenstände zu erinnern, mit dem wichtigen Gedächtnistrick kombinieren, den wir zuvor bereits kennengelernt haben – der Anordnung. Das heißt, wir müssen die Orte und Gegenstände, die wir uns einprägen wollen, in eine bestimmte Reihenfolge bringen.

Jetzt kennen wir also alle »geheimen« Zutaten eines guten episodischen Gedächtnisses – aber wie setzt man diese Elemente in die Praxis um?

Dazu müssen wir unser angeborenes Talent, uns Gegenstände und dazugehörige Informationen zu merken, optimieren. Das ist gar nicht so schwierig: Man braucht die Informationen, die man sich merken möchte, einfach nur entlang einer bekannten Route zu platzieren und bestimmte Gegenstände als Markierungen für die Dinge zu verwenden, die man sich einprägen möchte.

Klingt ein bisschen abstrakt, nicht wahr?

Deshalb wollen wir diese Methode nun einmal anhand eines Beispiels veranschaulichen.

Angenommen, Sie treten eine neue Stellung an oder treten einem neuen Club bei und möchten sich die Namen aller Menschen merken, denen Sie begegnen. Sie werden dort viele neue Leute kennenlernen, und wahrscheinlich wird es Ihnen schwerfallen, sie alle im Gedächtnis zu behalten – oder noch schlimmer: Sie werden sie miteinander verwechseln. Glauben Sie mir, ich habe das selbst schon erlebt; meine Frau erzählt in unserem Freundeskreis noch heute mit Vorliebe davon, dass ich mich einem Gast auf ein und derselben Veranstaltung zwei- oder sogar dreimal vorgestellt habe.

Um uns alle Namen einzuprägen, könnten wir einfach eine Namensliste der betreffenden Personen ausdrucken und versuchen, sie auswendig zu lernen. Aber das wäre extrem zeitaufwendig – vor allem, wenn man sich viele neue Namen und Gesichter merken muss. Außerdem käme es wahrscheinlich auch bei dieser Methode zu Verwechslungen: »Moment mal, war Herr Peters eigentlich der kleine, dünne Mann mit der Brille oder der dünne Mann mit der Glatze?«

An diesem Beispiel sehen Sie bereits, dass wir instinktiv versuchen, den Namen mit einer visuellen Vorstellung der betreffenden Person zu verknüpfen. Jedes besondere Merkmal (Brille, Glatze) erleichtert es unserem Gedächtnis, diese vielen verschiedenen Personen und Namen auseinanderzuhalten.

Hier kommt die von Cicero und Quintilian beschriebene antike »Loci-Methode« (von lateinisch *locus* = »Ort«; wörtlich: »Methode der Orte«) ins Spiel. Dabei sollen wir uns die Merkmale der Personen in verzerrter oder grotesker Form vorstellen und sie dann entlang einer bestimmten Route platzieren. Das kann eine imaginäre oder auch eine reale Route sein. Es könnte sich dabei beispielsweise um bestimmte Zimmer unseres Hauses, einen unserer Lieblingswanderwege, unseren morgendlichen Weg zur Arbeit oder irgendeine andere Strecke handeln, die wir gut kennen. Sobald wir uns eine solche Route überlegt haben, können wir sie mit Gegenständen bevölkern, indem wir diese Gegenstände an verschiedenen Orten entlang unserer Route »platzieren«.

Zum Beispiel könnte unser imaginärer Herr Peters jemand sein, den wir uns mithilfe dieser Route einprägen wollen. Doch statt seinen Namen dort zu platzieren, setzen wir lieber ein Objekt dorthin, das uns an Herrn Peters erinnern soll. Das Erfolgsrezept besteht nun darin, ein möglichst absurdes oder groteskes Objekt zu wählen, da ungewöhnliche oder auffällige Objekte leichter zu merken sind. Angenommen, Herr Peters trägt eine Brille und hat einen Schnurrbart: Dann könnten wir entlang dieser Route eine riesige Brille aufstellen, an der wir auf unserem Weg vorbeigehen müssen – oder noch besser: Wir könnten eine dicke Brille, so wie Groucho Marx sie trug, an einem Schnurrbart befestigen. Mithilfe dieser Gedächtnisstütze werden wir uns ganz bestimmt an Herrn Peters erinnern.

Wir müssen unsere Route aber nicht unbedingt mit den körperlichen Merkmalen von Menschen »bestücken«, sondern können stattdessen auch andere Objekte verwenden, die uns an die betreffende Person erinnern. Angenommen, eine neue Kollegin hat Ihnen erzählt, dass sie gern Golf spielt. Um sich an sie zu erinnern, könnten Sie an Ihrer Route beispielsweise ein Tor aus riesigen Golfschlägern oder einen Minigolfplatz aufstellen. Dank dieser Information werden Sie sich bei Ihrer nächsten Begegnung mit dieser Frau nicht nur an ihren Namen erinnern, sondern könnten sie auch beiläufig fragen: »Wie hoch ist denn Ihr Handicap?« Wahrscheinlich wird es sie sehr beeindrucken, dass Sie sich noch an ihr Hobby erinnern. Politiker und andere Persönlichkeiten, die viel mit Menschen zu tun haben, nutzen solche Strategien, um persönliche Kontakte zu den vielen Leuten aufzubauen, denen sie begegnen. Denn selbst wenn wir uns nur an irgendeine Kleinigkeit im Zusammenhang mit der betreffenden Person erinnern, wird uns das bei ihr wahrscheinlich schon in ein gutes Licht rücken.

Vielleicht kommt Ihnen das alles ein bisschen mühsam und umständlich vor – sich zunächst Objekte auszudenken, die für bestimmte Informationen stehen, an die man sich erinnern möchte, und diese Gegenstände dann schließlich entlang von Routen zu platzieren? Aber so schlimm ist das eigentlich gar nicht: Bei bestimmten Lebensereignissen erledigt unser Gehirn einen Großteil dieser Arbeit bereits ganz von selbst. Nehmen wir zum Beispiel eine Geburtstagsparty. So ein Ereignis findet normalerweise an einem bestimmten Ort mit bestimmten Personen oder Gegenständen statt. Daher verknüpft unser Gehirn die Personen und Gegenstände (beispielsweise Geschenke) mit einem bestimmten Ort – zum Beispiel dem Restaurant, in dem Sie einen runden Geburtstag gefeiert haben. Wenn wir uns diese Erinnerungen ins Gedächtnis zurückrufen, können wir das Erlebnis in unserem Kopf »noch einmal erleben« und den Ort mitsamt allen Gästen vor unserem inneren Auge sehen.

Die Loci-Methode nutzt also das besondere Talent unseres Gehirns für das Lernen und Abrufen von Orten und Gegenständen. Doch trotz dieses angeborenen Talents kann sehr leicht Verwirrung entstehen, wenn man sich viele ähnliche Informationen merken muss (zum Beispiel die Namen neuer Leute, die man gerade erst kennengelernt hat). Hier kommt die Loci-Methode ins Spiel; denn dank diesem äußerst effizienten Verfahren kann man sich große Mengen an Informationen mit äußerst geringem Aufwand einprägen.

Um uns die mithilfe der Loci-Methode erlernten Informationen ins Gedächtnis zu rufen, brauchen wir nur an der Route in unserem Kopf entlangzugehen, und schon fallen uns die dort platzierten Objekte automatisch wieder ein. Daher wurde diese Methode von antiken Rednern und Geschichtenerzählern so gern genutzt: Sie ließen sich von bestimmten Objekten, die sie entlang ihrer Routen platziert hatten, an den nächsten Teil ihrer Rede oder Geschichte erinnern. Zum Beispiel könnte das geistige Bild eines Schiffbruchs für den Teil der *Odyssee* stehen, in dem Odysseus und seine Besatzungsmitglieder sieben Jahre lang auf der Insel der Calypso lebten.

Wenn es um das Einprägen einzelner Ereignisse (beispielsweise einer Hochzeit) geht, ist die Loci-Methode natürlich nicht sinnvoll, weil es sich dabei um einmalige Begebenheiten handelt, die unser Gehirn mit seiner normalen Gedächtniskapazität auch ohne zusätzliche Hilfe leicht bewältigen kann. Die Loci-Methode eignet sich nur für Informationen, die einander sehr ähneln und mithilfe von einfachem Auswendiglernen oder anhand der natürlichen Fähigkeiten unseres Gehirns nur schwer zu merken sind. Aber Vorsicht: Auch die Loci-Methode ist nicht perfekt! Wir müssen uns dabei vor allem vor zwei Fehlern hüten: 1) Wir sollten niemals ein und dieselbe Route für verschiedene Dinge verwenden, die wir uns merken wollen, weil wir diese Informationen sonst sehr leicht durcheinanderbringen. Also verwenden Sie für jeden »Lernstoff« eine neue Route! 2) Ihre Gedächtnisrouten sollten sich auch nicht kreuzen oder überlappen, denn das könnte ebenfalls dazu führen, dass Sie verschiedene Routen miteinander verwechseln. Also halten Sie Ihre Gedächtnisrouten sorgfältig voneinander getrennt!

Ich weiß noch genau, wie ich diese besondere Art des Auswendiglernens als Student für mich entdeckt habe. Damals las ich gerade das wunderbare Buch von Frances Yates über den italienischen Philosophen Giordano Bruno und auch ihr Buch über die Kunst des Erinnerns. Da ich mich im Rahmen meines Studiums bereits mit dem Gehirn beschäftigt hatte, staunte ich zunächst darüber, dass ich nichts über die Loci-Methode wusste. Niemand hatte diese Technik in meinen Vorlesungen jemals erwähnt, und natürlich zweifelte ich zunächst daran, dass es sie wirklich gab. Vielleicht handelte es sich dabei ja nur um irgendeinen albernen Hokuspokus! Doch dann siegte meine Neugier über meine Skepsis, und ich dachte mir: »Warum soll ich es nicht mal damit versuchen?«

Damals standen wir gerade vor einer schwierigen Prüfung in Neuroanatomie, vor der wir alle große Angst hatten. Und diese Angst war durchaus berechtigt, denn die Neuroanatomie ist nicht nur ein kompliziertes Fach, sondern man muss sich dafür auch eine große Menge an Informationen über verschiedene Gehirnstrukturen und Nerven einprägen. Wo tritt Nerv XY in den Schädel ein, wo zieht er zur anderen Gehirnhälfte hinüber, und mit welchem Gehirnkern steht er in Verbindung? Ein absoluter Albtraum für jeden Studenten – aber ein idealer Fall für die Loci-Methode.

Also dachte ich mir Routen aus, an denen ich diese Informationen platzieren konnte. Zum Beispiel bestückte ich den Weg von der

U-Bahn-Station an der Universität bis zu meinem Zuhause einfach mit den Informationen, die ich mir merken wollte. Ich stellte fest, dass bestimmte Straßenecken, Kreuzungen und ähnliche markante Punkte sich sehr gut als »Anker« für die Informationen eigneten, die ich mir einprägen wollte. Jede meiner Routen entsprach einem Nerv. Diesen Routen brauchte ich dann einfach nur noch zu folgen – und schon konnte ich mich an alle Informationen erinnern: wo der Nerv begann, mit welchen anderen Nerven er sich kreuzte oder in Verbindung trat usw.

Nachdem ich mir diese Routen eingeprägt hatte, staunte ich über die Effizienz dieser Methode. Es fiel mir überhaupt nicht schwer, mir auf diese Weise sämtliche Informationen über die einzelnen Nerven zu merken. Ich konnte beim Abruf der Informationen sogar entlang einer Route vor- und zurückgehen. Meinen Kommilitonen dagegen fiel es sehr schwer, sich alle Informationen zur Neuroanatomie mithilfe der üblichen Methode des Auswendiglernens (also des Lernens durch Wiederholen) einzuprägen. Einigen Studienkollegen erzählte ich von meiner »neuen« Methode, doch meines Wissens haben sie sie trotzdem niemals angewendet, weil sie lieber an ihrer altbewährten Methode des Auswendiglernens festhalten wollten. Ich fand die Prüfung zwar trotzdem immer noch schwierig, aber ich konnte dabei wenigstens an meinen Routen entlanggehen und mich auf diese Weise gut an die Informationen erinnern, nach denen der Prüfer fragte. Im Lauf der Jahre habe ich immer wieder mit dieser Methode gearbeitet, und sie hat nichts von ihrer Wirksamkeit verloren.

Das sind also die »geheimen Zutaten« für ein ausgezeichnetes Gedächtnis: Reihenfolge, Wiederholung, Gegenstände und Orte. Es gibt aber auch noch ein weiteres Element, das dem episodischen Gedächtnis »auf die Sprünge hilft« und mit dem wir uns im Zusammenhang mit den Gedächtnissymptomen der Alzheimer-Krankheit unbedingt beschäftigen sollten: Aufmerksamkeit.

»Achtung!«

Trotz meiner glorreichen Gedächtnisleistungen auf dem Gebiet der Neuroanatomie würde meine Frau Ihnen sicherlich sagen, dass mein episodisches Gedächtnis eine absolute Katastrophe ist. Wie kann das sein? Sollte ich dank meines Wissens über die Loci-Methode denn nicht eigentlich ein perfektes Gedächtnis haben? Ja, eigentlich schon. Leider hat meine Frau aber trotzdem recht: Ich erinnere mich oft nicht an Dinge, die ich eigentlich wissen sollte. Bedeutet das, dass ich an Alzheimer oder irgendeiner anderen neurologischen Erkrankung leide, die das Gedächtnissystem in meinem Gehirn beeinträchtigt?

Auf diese Frage gibt es eine ganz einfache Antwort: Nein. Das Problem besteht eher darin, dass ich häufig nicht darauf achte, was meine geliebte Frau sagt; und das liegt nicht nur an ihr. Ich habe schon immer in meiner eigenen Welt gelebt – oder wie einer meiner früheren Lehrer einmal tröstend zu meiner Mutter sagte: »Er ist halt ein Träumer.« Zum Leidwesen meiner Frau trifft das offenbar tatsächlich zu – und mit dieser Eigenschaft kann man seine Mitmenschen wirklich in den Wahnsinn treiben.

Aber das tun wir Träumer natürlich nicht in böser Absicht: Unser Geist beginnt einfach nur »wegzudriften«, und wir fangen an, über andere Dinge nachzudenken als die, mit denen wir uns gerade beschäftigen. Oder wir hören einfach auf, unserem Gesprächspartner zuzuhören. Nach einer Weile fällt uns dann auf, dass wir nicht mehr wissen, was wir eigentlich tun sollten, oder dass wir den Faden des Gesprächs mit unserem Gegenüber verloren haben. Diese Angewohnheit, abzuschweifen oder unaufmerksam zu sein, kann zu peinlichen Situationen führen, doch meiner Erfahrung nach wird sie erst bei älteren Menschen zu einem echten Problem, weil diese dann Angst bekommen, an Alzheimer erkrankt zu sein. Warum ist das so?

Im Lauf der Jahre habe ich schon viele ängstliche Berichte von Menschen gehört, die mir ihre Gedächtnisprobleme beschrieben:

»Ich gehe die Treppe hinauf, und wenn ich oben angekommen bin, kann ich mich nicht mehr daran erinnern, warum ich eigentlich dort hinwollte« oder »Ich gehe ins andere Zimmer und weiß hinterher nicht mehr, warum«.

Diese sogenannten »Gedächtnisprobleme« (bei denen es sich aber eigentlich um Aufmerksamkeitsprobleme handelt) gelten normalerweise als völlig harmlos und sind kein warnendes Anzeichen für das Vorliegen einer Alzheimer-Krankheit. Solche Gedächtnisprobleme treten auf, weil wir abgelenkt werden oder in Gedanken abschweifen – das heißt, wir denken schlicht und einfach an etwas anderes als daran, was wir gerade tun. Während wir die Treppe hinaufgehen, um irgendetwas zu holen, fällt uns beispielsweise ein, dass wir später den Müll hinunterbringen müssen, und dann kommt schon der nächste Gedanke: »War das nicht eine interessante Serie, die wir gestern Abend gesehen haben? Mit diesem Ausgang der Geschichte hätte ich nie gerechnet!« Und oben auf der Treppe angekommen, fragen wir uns dann: »Was wollte ich eigentlich hier?«

Ein weiteres Beispiel für meine »Gedächtnisprobleme« im Alltag ist meine Vorgehensweise, wenn ich die Kinder für die Schule fertig mache. Dabei gibt es immer tausend Dinge, an die man denken muss: Lunchpakete, Sporttaschen, Hausaufgaben usw. Und was noch schlimmer ist: Es bleibt so wenig Zeit, um alles fertig zu machen, weil wir immer zu spät dran sind. Diese Arbeit erfordert also meine ganze Konzentration. Der Nachteil ist nur, dass ich mich dann ganz auf die Bedürfnisse meiner Kinder konzentriere und nicht mehr an die Dinge denke, die ich für meine eigene Arbeit brauche – zum Beispiel meine Magnetkarte oder vielleicht sogar mein Vesperbrot für die Mittagspause. Das heißt, meine Aufmerksamkeit wird durch die Versorgung meiner Kinder so sehr abgelenkt, dass ich die Dinge vergesse, die ich für meinen eigenen Alltag brauche. Zugegeben: Meine leidgeprüfte Frau kommt mit solchen Situationen sehr viel besser zurecht und vergisst längst nicht so viel wie ich – weder in Bezug auf die Kinder noch auf sich selbst. Daran sieht man, dass es auch individuelle Unterschiede gibt: Manche Menschen scheinen besonders anfällig für Aufmerksamkeitsprobleme zu sein. Vielleicht sind das tatsächlich die Träumer dieser Welt?

Wie auch immer – wir sollten solche »Gedächtnisprobleme«, die in Wirklichkeit nur Aufmerksamkeitsprobleme sind, nicht so ernst nehmen. Aufmerksamkeitsprobleme sind normalerweise kein Grund zur Sorge und kein Warnsignal für eine Alzheimer-Krankheit, daher brauchen wir uns keine Gedanken darüber zu machen. Falls Sie aber trotzdem Bedenken haben sollten, ist es immer ratsam, mit einem Arzt zu sprechen, der dann bestimmte Gedächtnistests durchführen kann, um festzustellen, ob bei Ihnen womöglich erste Symptome einer Alzheimer-Krankheit vorliegen.

Wir kennen jetzt die wichtigsten Voraussetzungen für ein gutes episodisches Gedächtnis. Und was noch wichtiger ist: Wir wissen, dass wir uns über Probleme mit der Aufmerksamkeit keine Sorgen zu machen brauchen. Als Nächstes wollen wir untersuchen, in welchen Bereichen des Gehirns episodische Erinnerungen verarbeitet werden, denn diese Information brauchen wir, um zu verstehen, inwiefern diese Gehirnregionen von der Alzheimer-Krankheit in Mitleidenschaft gezogen werden und wie dadurch wiederum die typischen Gedächtnisverlustsymptome entstehen.

Und jetzt kommt das Seepferdchen ins Spiel

Der Papez-Kreis (in den 1930er-Jahren nach dem Neuroanatomen Dr. James Papez benannt) besteht aus verschiedenen miteinander verbundenen Gehirnstrukturen, die zur Bildung unseres episodischen Gedächtnisses sowie zur Speicherung und zum Abruf seiner Inhalte beitragen. Eine dieser Gehirnstrukturen spielt für das episodische Gedächtnis eine besonders wichtige Rolle: der Hippocampus.

Das Wort »Hippocampus« kommt aus dem Lateinischen und bedeutet »Seepferdchen«. Warum Seepferdchen? Ganz einfach: weil die Anatomen des 18. und 19. Jahrhunderts, die damals die meisten Hirnregionen zum ersten Mal beschrieben haben, die Gehirnstrukturen nach ihrem Aussehen benannten. Würde man den Hippocampus aus dem Gehirn herausoperieren und untersuchen, so würde man feststellen, dass er die Form eines Seepferdchens hat.

Der Hippocampus liegt in einer Gehirnregion namens Temporallappen, direkt hinter den Schläfen an beiden Seiten des Kopfes. Das bedeutet, dass wir eigentlich zwei Hippocampi haben – einen in der linken und einen in der rechten Gehirnhälfte. Beide Hirnhemisphären erfüllen ähnliche Funktionen für unser Gedächtnis, aber die linke Hälfte neigt eher dazu, sich verbale Informationen einzuprägen, während die rechte Hemisphäre sich eher an visuelle Informationen erinnert. Doch das ist ein ziemlich feiner Unterschied, und unter Wissenschaftlern wird auch heute noch darüber diskutiert, inwieweit der linke und der rechte Hippocampus tatsächlich auf das verbale beziehungsweise visuelle Gedächtnis spezialisiert sind.

Der Hippocampus nimmt die visuellen Informationen, die unser Gehirn erreichen, in Empfang und ist sehr stark auf die Verknüpfung von Objekt-, Orts- und Zeitinformationen spezialisiert. Somit eignet sich der Hippocampus ganz hervorragend für die Navigation im Raum, denn mit seiner Hilfe können wir die Objekte und Orte miteinander in Verbindung bringen, die wir brauchen, um uns in der

Welt zurechtzufinden und immer zu wissen, wo wir uns gerade befinden. Solche Objekt-, Orts- und Zeitinformationen sind aber auch für unser episodisches Gedächtnis von großer Bedeutung, da wir uns nur dann an Ereignisse erinnern können, wenn wir wissen, wann, wo und in wessen Beisein sie stattgefunden haben. Zum Beispiel: »Erinnerst du dich noch an den Tag, an dem wir meine Eltern besuchen wollten und unterwegs eine Reifenpanne hatten?« Der Hippocampus eignet sich also sehr gut für die Bildung episodischer Erinnerungen, weil er Objekt-, Orts- und Zeitinformationen miteinander verknüpft, die (wie wir dank der Loci-Methode ja inzwischen wissen) wichtige Voraussetzungen für ein ausgezeichnetes episodisches Gedächtnis sind.

Somit erscheint es durchaus plausibel, dass der Hippocampus durch die Alzheimer-Krankheit besonders stark in Mitleidenschaft gezogen wird. Auf die genauen Mechanismen, die während der Entstehung der Alzheimer-Krankheit im Hippocampus und in benachbarten Hirnregionen ablaufen, werden wir in Teil 3 dieses Buches noch näher eingehen; vorläufig brauchen Sie nur zu wissen, dass der Hippocampus für die Alzheimer-Krankheit eine wichtige Rolle spielt.

Und nun wollen wir untersuchen, inwiefern die Alzheimer-Krankheit unser episodisches Gedächtnis und unsere räumliche Orientierung beeinträchtigt.

Zunächst einmal müssen wir uns klarmachen, dass die Alzheimer-Krankheit im Hippocampus nicht über Nacht entsteht, sondern dass dieser Prozess Jahre, wenn nicht sogar Jahrzehnte dauern kann. Aufgrund des langsamen, schleichenden Beginns dieser Erkrankung sind die Gedächtnissymptome anfangs nur sehr schwach ausgeprägt: Die meisten Nervenzellen im Hippocampus funktionieren weiterhin völlig normal. Die Veränderungen im episodischen Gedächtnis treten also erst ganz allmählich auf. Theoretisch gilt: Je weiter die Alzheimer-Krankheit fortschreitet, umso mehr Nervenzellen sterben im Hippocampus ab und umso schlechter sollte unser episodisches Gedächtnis eigentlich funktionieren. In der Realität scheint der Hippocampus den Verlust von Nervenzellen allerdings über längere Zeit kompensieren zu können, sodass unser episodisches Gedächtnis weitgehend intakt bleibt. Sobald der Nervenzellabbau jedoch weit fortgeschritten ist, lässt das episodische Gedächtnis oft erheblich nach. Das passiert dann, wenn der Hippocampus nicht mehr richtig funktioniert – diese Fehlfunktion führt zu den typischen Gedächtnissymptomen der Alzheimer-Krankheit.

Rein theoretisch ist der langsame, schleichende Beginn dieser Erkrankung eigentlich etwas Gutes, weil wir etwaige Veränderungen des episodischen Gedächtnisses dann frühzeitig erkennen und behandeln können. In der Praxis sind diese Veränderungen des episodischen Gedächtnisses jedoch oftmals nur so leicht ausgeprägt, dass sie nur schwer erkennbar sind. Bei Patienten mit Alzheimer im Frühstadium kommt es normalerweise zunehmend zu »Gedächtnislücken« – zum Beispiel, dass man sich nicht mehr an bestimmte Termine, Informationen oder Namen erinnern kann. Mediziner bezeichnen diesen allmählichen Entwicklungsprozess oft als »beginnende« Alzheimer-Krankheit, was bedeutet, dass die Symptome sich im wahrsten Sinn des Wortes »langsam einschleichen«. Dadurch wird es nicht nur schwieriger, diese episodischen Gedächtnisprobleme zu erkennen, sondern es fällt einem dann auch schwerer, sie von den episodischen Gedächtnisproblemen zu unterscheiden, die im Rahmen des ganz normalen Alterungsprozesses auftreten.

Viele Menschen überrascht es, dass unser Hippocampus sich im Rahmen des gesunden Alterungsprozesses auch dann verändert, wenn keine Alzheimer-Krankheit vorliegt. Tatsächlich erreicht unser ganzes Gehirn (ebenso wie unsere körperliche Leistungsfähigkeit) sein Höchstleistungsniveau im Teenageralter und Anfang der Zwanzigerjahre. Nachdem dieser Höhepunkt in den Zwanzigern erreicht wurde, bleibt unsere Gehirnleistung auf einem Plateau; danach beginnt das Gehirn allmählich zu schrumpfen. Das bedeutet, dass bereits mit Ende dreißig und Anfang vierzig ein ganz leichtes Nachlassen unserer Gehirnfunktion (auch im Hippocampus) zu beobachten ist – ein Prozess, der sich, sobald wir das 60. Lebensjahr überschritten haben, beschleunigt.

Warum unser Hippocampus und andere Hirnregionen im Alter schrumpfen, weiß man noch nicht genau. Manchen Theorien zufolge ist unser Körper mit zunehmendem Alter einfach nicht mehr so gut in der Lage, seine Zellen zu reparieren oder durch neue zu ersetzen. Das macht sich übrigens auch in anderen Körperregionen bemerkbar. Im Gehirn führt es zu einer Abnahme der Nervenzellpopulationen und zum Schrumpfen verschiedener Hirnregionen.

Diese altersbedingte Schrumpfung des Hippocampus hat keine drastischen Auswirkungen auf unser episodisches Gedächtnis, doch es finden durchaus ein paar leichte Veränderungen statt. Die meisten Menschen stellen fest, dass ihnen das Erlernen von Informationen im Vergleich zu früher viel schwerer fällt, selbst wenn sie noch im mittleren Alter sind. Ich kann das auf jeden Fall bestätigen, wenn ich mich mit meinen Schülern vergleiche, die Informationen wie ein Schwamm »aufsaugen« und sich alles in atemberaubendem Tempo einprägen können, während ich dieselben Informationen erst ein paarmal wiederholen muss, bis ich sie endlich im Kopf habe. Informationen zu behalten, fällt uns mit zunehmendem Alter immer schwerer; wir vergessen neu erlernte Informationen einfach leichter. Deshalb ist es so schwierig, beispielsweise beim Spiel mit dem bezeichnenden Namen »Memory« gegen kleine Kinder zu gewinnen! Ihr Erinnerungsvermögen, das ihnen verrät, wo die Bildpaare beim »Memory« zu finden sind, ist sehr viel präziser als unseres; genau diese Gedächtnispräzision lässt nach, wenn unser Hippocampus altert.

Natürlich können wir dieses Defizit mit zunehmendem Alter durch unser größeres Allgemeinwissen über die Welt ausgleichen, doch das Erlernen neuer, detaillierter Informationen wird jetzt viel schwieriger. Dass es schwerfällt, »einem alten Hund neue Tricks beizubringen«, liegt also nicht nur an der Einstellung des »alten Hundes«, sondern auch an seinem Gedächtnis! Die naturgemäße Verschlechterung des episodischen Gedächtnisses im Alter hat übrigens auch großen Einfluss darauf, inwieweit wir die ersten Gedächtnissymptome einer Alzheimer-Krankheit bei uns selbst überhaupt erkennen. Da Probleme mit dem episodischen Gedächtnis als Schlüsselsymptom der Alzheimer-Krankheit gelten, sollte jeder, der glaubt, dass sein Gedächtnis sich in letzter Zeit schnell und in erheblichem Ausmaß verändert hat, einen Arzt aufsuchen. Da unser Gehirn jedoch von Natur aus altert, fällt es uns möglicherweise schwer, zu unterscheiden, ob unsere Gedächtnisprobleme erste Anzeichen einer Alzheimer-Krankheit oder einfach nur auf den ganz normalen Alterungsprozess zurückzuführen sind.

Aber gibt es denn nicht auch spezifischere Veränderungen des episodischen Gedächtnisses, anhand derer man normales Altern von Frühsymptomen der Alzheimer-Krankheit unterscheiden kann?

Um diese Frage beantworten zu können, müssen wir uns zunächst ein bisschen intensiver mit den neurowissenschaftlichen Grundlagen des episodischen Gedächtnisses beschäftigen und darauf eingehen, wie diese Gedächtnisform durch die Alzheimer-Krankheit beeinträchtigt wird.

Kodierung, Speicherung und Abruf

Unser Gedächtnis besteht aus drei voneinander unterscheidbaren, aber eng miteinander zusammenhängenden Prozessen: Kodierung, Speicherung und Abruf. Mit »Kodierung« ist schlicht und einfach die Bildung eines neuen Gedächtnisinhalts gemeint. Viele Hirnregionen kodieren Informationen, doch wie wir bereits gesehen haben, spielt der Hippocampus bei der Verknüpfung von Objekt-, Orts- und Zeitinformationen und der Schaffung unserer episodischen Erinnerungen eine besonders wichtige Rolle. Die Wissenschaft ist nach wie vor dabei, zu erforschen, wie neue episodische Erinnerungen im Hippocampus entstehen. Wir wissen jedoch, dass Aufmerksamkeit, Wiederholung und die Reihenfolge der Informationen für die Kodierung episodischer Gedächtnisinhalte eine wichtige Rolle spielen. Wenn diese Elemente mit Informationen über Ort, Zeit und bestimmte Gegenstände zusammenkommen, wird eine neue episodische Erinnerung kodiert und im Gehirn gespeichert.

Doch *wie* unsere Erinnerungen gespeichert werden, über diesen Prozess unserer Gedächtnisfunktion wissen wir bisher am wenigsten. Im Lauf der Jahre hat man verschiedene Theorien darüber aufgestellt und Modelle dazu entwickelt. Ich möchte an dieser Stelle nur auf eine führende Theorie eingehen, die für die Alzheimer-Krankheit von besonderer Bedeutung ist: die Multiple-Trace-Theorie. Diese Theorie besagt, dass die im Hippocampus verschlüsselten Informationen im Lauf der Zeit zum Zweck der Speicherung in andere Hirnregionen weitertransportiert werden. Das ist sehr wichtig, denn es bedeutet, dass der Hippocampus nicht der Ort ist, an dem unsere episodischen Erinnerungen gespeichert werden (obwohl andere Theorien vom Hippocampus als Speicherort ausgehen). Die Multiple-Trace-Theorie besagt, dass der Hippocampus lediglich verschiedene Spuren (oder Indizes) unserer Erinnerungen speichert, aber nicht das episodische Gedächtnis selbst.

Das klingt ein bisschen abstrakt, daher wollen wir uns diese Theorie nun einmal genauer anschauen.

Der Multiple-Trace-Theorie zufolge kann man sich den Hippocampus als Indexierungsmechanismus vorstellen, der nicht die eigentliche Erinnerung speichert, sondern lediglich einen Index, der verrät, an welcher Stelle des Gehirns die betreffende episodische Erinnerung zu finden ist. Letztendlich lässt sich der Hippocampus also mit einer Internetsuchmaschine vergleichen – denn diese Suchmaschine speichert ja auch nicht die eigentliche Webseite, aber wir können die gesuchte Webseite finden, indem wir bestimmte Schlüsselbegriffe eingeben. Diese Schlüsselwörter entsprechen den Indizes oder Spuren, die der Hippocampus von jeder unserer Erinnerungen hat. Wenn wir die richtigen Schlüsselwörter eingeben, erhalten wir die richtigen Informationen. Dieser Vergleich hinkt allerdings ein bisschen, weil dabei ein wichtiger Aspekt fehlt: Der Hippocampus kann nämlich Verbindungen zu mehreren verschiedenen Erinnerungsdetails haben. Je lebhafter wir uns noch an ein bestimmtes Ereignis erinnern, umso mehr Indizes oder Spuren sind im Gehirn für diese Erinnerung abgespeichert. Dann können wir uns nicht nur daran erinnern, wo und wann dieses Ereignis stattgefunden hat, sondern auch an winzig kleine Details wie Farben, Gerüche oder sonstige Sinneseindrücke. Die lebhaftesten episodischen Erinnerungen bieten uns sogar die Möglichkeit, ein Ereignis »noch einmal zu erleben«, indem wir es vor unserem inneren Auge ablaufen lassen wie einen Film.

Neben der Kodierung und der Speicherung gibt es auch noch den Abrufprozess, bei dem wir auf die gespeicherte Information zugreifen. Abrufprozesse sind in hohem Maße von sogenannten »Abrufhinweisen« abhängig. Einfach ausgedrückt: Der Abrufhinweis ist der Auslöser oder »Trigger«, der die gespeicherte Erinnerung abruft. Angenommen, wir möchten uns an irgendetwas erinnern. Normalerweise würden wir unsere Aufmerksamkeit einfach auf den Abruf dieser Information richten, indem wir uns fragen: »Hatten wir vereinbart, dass ich John heute anrufen soll?« Die Frage, die wir uns stellen, ist also unser Abrufhinweis. Sie gibt unserem Hippocampus das Signal dafür, entweder die Erinnerung selbst abzurufen oder aber die Indizes für diese Erinnerung zu finden und abzurufen. Ein solcher expliziter Abruf, bei dem man darüber nachdenkt, woran man sich erinnern möchte, kommt im Alltagsleben häufig vor. Doch manchmal können wir uns einfach beim besten Willen nicht an die gewünschte Information erinnern, auch wenn wir uns noch so sehr darum bemühen. Dann verwenden wir andere Hinweise (beispielsweise Notizen oder Terminkalender) oder fragen unseren Partner danach.

Manchmal können wir die erforderliche Information nicht abrufen, und uns kann auch niemand dabei helfen, doch dann scheint sie uns wie aus dem Nichts plötzlich doch wieder einzufallen, während wir mit etwas ganz anderem beschäftigt sind. In diesem Fall hat unser Bewusstsein vergessen, dass wir auf der Suche nach dieser Information sind, doch unser Unterbewusstsein sucht trotzdem weiter und liefert sie uns schließlich. Das erscheint uns dann manchmal wie ein Wunder, weil uns dieser Abrufprozess gar nicht bewusst war.

Manchmal haben wir für verschiedene Erinnerungen unterschiedliche Hinweise. Zum Beispiel kann der Geruchssinn ein sehr starker Abrufhinweis für episodische Erinnerungen sein: Uns steigt irgendein Geruch in die Nase, der uns in eine längst vergangene Situation hineinversetzt oder einfach ein gutes (oder schlechtes) Gefühl aus der Vergangenheit in uns weckt. Auch Musik kann ein starker Abrufhinweis sein. Man denke nur daran, wie lange »Ohrwürmer« oft in unserem Kopf hängen bleiben und wie wir uns häufig noch nach Jahren oder Jahrzehnten an die Refrains bestimmter Lieder erinnern. Das erklärt übrigens auch, warum Demenzpatienten im mittleren oder schweren Krankheitsstadium oft noch Lieder mitsingen können, obwohl die meisten anderen Erinnerungen für sie nicht mehr abrufbar sind.

Das hängt mit dem »Zugriff« zusammen. Die Tatsache, dass wir selbst bei fortgeschrittener Alzheimer-Krankheit noch bestimmte

Informationen abrufen können, verdeutlicht, dass ein großer Unterschied zwischen dem Verlust einer tatsächlichen Erinnerung und dem »bloßen« Verlust des *Zugriffs* auf eine Erinnerung besteht. Dieser Unterschied ist der Schlüssel zum Verständnis der Gedächtnisprobleme bei der Alzheimer-Krankheit.

Auf den Zugriff kommt es an

Um den wichtigen Punkt, auf den ich vorher hingewiesen habe, noch einmal zu wiederholen: Die episodischen Gedächtnissymptome bei der Alzheimer-Krankheit sind hauptsächlich auf Probleme beim Zugriff auf Erinnerungen und nicht auf deren Speicherung zurückzuführen – zumindest in den Anfangsstadien der Erkrankung. Anders ausgedrückt: Bei Menschen im Frühstadium der Alzheimer-Krankheit sind die episodischen Erinnerungen zwar noch im Gehirn gespeichert, aber der Patient kann nicht mehr darauf zugreifen.

Um Ihnen das ein bisschen näher zu erläutern, möchte ich noch einmal auf unsere Analogie mit der Internet-Suchmaschine zurückkommen: Vielleicht suchen wir nach einer Webseite, haben aber ihren Namen und auch bestimmte Schlüsselwörter vergessen, die wir in die Suchmaschine eingeben könnten, oder die Suchmaschine selbst ist fehlerhaft. Daher fällt es uns schwer, auf die Webseite zuzugreifen, obwohl sie noch irgendwo existiert. Die Informationen, die wir in die Suchmaschine eingeben, entsprechen dem Abrufhinweis, den wir benötigen, um bestimmte Informationen in unserem Gehirn zu finden. Wenn wir nicht über den richtigen Abrufhinweis verfügen oder der Gedächtnisindex im Hippocampus fehlerhaft ist, haben wir keinen Zugriff mehr auf die episodische Erinnerung, obwohl sie noch irgendwo im Gehirn gespeichert ist. Auf diese Probleme beim Zugriff auf bestimmte Erinnerungen sind die Gedächtnissymptome im Frühstadium der Alzheimer-Krankheit zurückzuführen.

Somit können Alzheimer-Patienten zwar durchaus noch Erinnerungen an bestimmte Ereignisse haben (zum Beispiel daran, was sie am Wochenende gemacht haben), aber die fehlerhaften Indizes ermöglichen ihnen lediglich einen eingeschränkten Zugriff auf diese Erinnerungen. Die Betroffenen können nur noch bestimmte Kerninformationen dieser Erinnerungen abrufen (zum Beispiel: »Wir waren in einem Restaurant«), aber es fällt ihnen schwer, sich an nähere Details ihres Restaurantbesuchs zu erinnern – zum Beispiel, was sie dort gegessen haben. Denn die fehlerhaften Hippocampus-Indizes führen zu einer Abnahme des Detailreichtums oder der Lebendigkeit der Erinnerungen von Alzheimer-Patienten im Frühstadium.

Bedeutet das, dass alle Erinnerungen im Gehirn von Alzheimer-Patienten intakt bleiben, es sich also »lediglich« um ein Problem beim Zugriff auf die Erinnerungen handelt? Für die ersten Krankheitsstadien trifft das tatsächlich weitgehend zu. In den späteren Stadien der Erkrankung sind jedoch auch viele andere Hirnregionen vom Nervenzellverlust betroffen, was dann dazu führt, dass auch die eigentlichen Erinnerungen beeinträchtigt werden und nicht nur der Zugriff darauf.

Dieses Problem beim Zugriff auf Erinnerungen erklärt die meisten Gedächtnissymptome im Frühstadium der Alzheimer-Krankheit: Dass Alzheimer-Patienten sich an bestimmte Dinge erinnern können, an andere aber nicht, liegt beispielsweise daran, dass nur der Gedächtnisindex für bestimmte Erinnerungen intakt geblieben ist, während die Indizes für andere Erinnerungen beschädigt worden sind.

Ein weiteres sehr häufiges Gedächtnissymptom, das Angehörige von Alzheimer-Patienten vor ein Rätsel stellt, ist die Tatsache, dass solche Patienten ein sehr schlechtes Gedächtnis für aktuelle Ereignisse haben, sich aber immer noch gut an Geschehnisse aus der Vergangenheit erinnern können. Dieses Phänomen bezeichnen Angehörige oft als »Leben in der Vergangenheit«, zum Beispiel: »Sein Gedächtnis für das, was er als junger Mann getan hat, ist vollkommen intakt, aber er kann sich kaum noch daran erinnern, was er letztes Wochenende getan hat.« Auch hier liegt der Schlüssel zum Verständnis dieses Phänomens im Indexierungsmechanismus des Hippocampus für den Zugriff auf episodische Erinnerungen.

Ein Aspekt dieses Indexierungsprozesses, den wir noch nicht erwähnt haben, ist, dass der Index für episodische Erinnerungen umso stärker wird, je öfter wir uns eine Erinnerung ins Gedächtnis zurückrufen. Jedes Mal, wenn wir eine Erinnerung abrufen, wird der Index beziehungsweise werden die Indizes für diese Erinnerung reaktiviert. Diese Reaktivierung macht Erinnerungen normalerweise stärker, kann sie unter bestimmten Umständen aber auch schwächen. Da wir im Lauf unseres Lebens immer öfter und immer mehr Ereignisse aus längst vergangener Zeit abrufen müssen, sind auch die Indizes für diese Erlebnisse sehr viel stärker und besser in unserem Gehirn verankert als diejenigen für Ereignisse aus neuerer Zeit. Wir haben also viel stärkere Indizes für ältere oder weiter zurückliegende Geschehnisse.

Sobald der Hippocampus durch die Alzheimer-Krankheit beeinträchtigt ist, sind unsere neueren Erinnerungen besonders anfällig für das Fortschreiten der Erkrankung, weil wir sie viel seltener abgerufen haben, was zu einer schwächeren Indexierung geführt hat. Hinzu kommt, dass die Indizes für aktuelle Ereignisse entweder gar nicht oder fehlerhaft angeordnet sind, da der Hippocampus bereits durch die Alzheimer-Krankheit in Mitleidenschaft gezogen wurde. All diese Faktoren machen es sehr viel wahrscheinlicher, dass Alzheimer-Patienten »in der Vergangenheit leben«, da sie sich viel deutlicher an diese früheren Ereignisse erinnern können als an Erlebnisse aus neuerer Zeit.

Diese Probleme bei der Indexierung neuer Ereignisse führen übrigens auch dazu, dass Alzheimer-Patienten immer wieder dieselben Fragen stellen, weil sie keine Gedächtnisspur mehr davon haben, was ihnen vor Kurzem gesagt wurde oder was sie vor ein paar Tagen erlebt haben.

Diese Probleme bei der Indexierung neuer Erinnerungen sind natürlich nicht nur für die Alzheimer-Patienten selbst, sondern häufig auch für ihre Angehörigen sehr frustrierend. Oft stellt so ein Patient im Lauf eines Tages immer wieder die gleichen Fragen – gelegentlich durchsetzt mit Erinnerungen oder Geschichten aus längst vergangenen Zeiten, die er schon unzählige Male erzählt hat. In solchen Situationen ist es wichtig, daran zu denken, dass Alzheimer-Patienten das nicht absichtlich tun: Ihr geschädigter Hippocampus ist schuld daran, dass sie den Zugang zu einigen (aber eben nicht allen) Erinnerungen verlieren.

Mit diesen Erläuterungen möchte ich Angehörigen und Betreuungspersonen klarmachen, dass es keinen Sinn hat, einem Alzheimer-Patienten zu sagen: »Das habe ich dir doch schon x-mal gesagt.« Denn der Patient vergisst ja nicht absichtlich, was Sie ihm gesagt haben, sondern sein Hippocampus hat ihn im Stich gelassen, und daher findet er in seinem Gedächtnis keine Spur mehr von Ihrer Mitteilung. Wenn wir diesen Unterschied verstehen, kann das zu einer erheblichen Veränderung im Umgang mit den Gedächtnisproblemen führen, die bei Alzheimer-Patienten auftreten, und das Wohlbefinden aller Beteiligten verbessern.

***

Bisher ging es in diesem Teil meines Buches in erster Linie um ziemlich abstrakte Gedächtniskonzepte. Um diesen Konzepten ein bisschen Leben einzuhauchen, wollen wir nun eine fiktive Alzheimer-Patientin (Frau A.) und deren Ehemann kennenlernen. Ich habe mich aus zwei Gründen für eine fiktive Patientin entschieden:

1. Um die Identität der Alzheimer-Patienten zu schützen, die ich im Lauf der Jahre kennengelernt habe. Frau A. soll als Archetyp aller Alzheimer-Patienten betrachtet werden, die wir im Rahmen unserer jahrelangen Forschung gesehen haben.
2. Um alle typischen Symptome der Alzheimer-Krankheit aufzuzeigen. Alzheimer-Patienten weisen oft sehr vielfältige Symptome auf, daher habe ich Frau A. zu Veranschaulichungszwecken als »Paradebeispiel« einer Alzheimer-Patientin gewählt.

Die imaginäre Frau A.

Frau A. ist 72 Jahre alt, hat einen Hochschulabschluss und drei erwachsene Kinder. Ihr Ehemann, der sie zu ihrem Besuch bei mir begleitete, begrüßte mich mit einem freundlichen: »Schön, Sie wiederzusehen«, was ein fast unmerkliches Stirnrunzeln auf Frau A.s Gesicht auslöste. Nach kurzem Zögern sagte sie: »Ja, ich freue mich auch, Sie wiederzusehen.« Ich bat die beiden, sich zu setzen, und erklärte ihnen den Ablauf des Untersuchungstermins, bei dem ich ihnen ein paar Fragen stellen würde.

Bei unserem Termin im Vorjahr hatte ich die beiden um eine genaue Schilderung des Krankheitsbeginns und der damaligen Probleme von Frau A. gebeten. Bei unserem zweiten Untersuchungstermin fragte ich sie nun, ob diese Symptome sich verbessert oder verschlechtert hätten. Hatte sie immer noch die gleichen Probleme wie vorher, oder waren andere Symptome in den Vordergrund getreten?

Schauen wir uns an, wie Frau A. auf meine Fragen zu ihrem Gedächtnis reagiert hat.

Ich wandte mich ihr zu und fragte sie: »Wie war Ihr Jahr?«

»Nicht schlecht, nicht schlecht.«

»Können Sie mir irgendetwas Bestimmtes erzählen, was seit unserem letzten Termin passiert ist – zum Beispiel ein Urlaub oder irgendwelche Familienereignisse?«

Sie wandte sich an ihren Ehemann und fragte: »Hm, wir waren doch im Urlaub, oder?«

Dass Frau A. bereits bei ihrem Ehemann nachfragen musste, war ein eindeutiges Zeichen dafür, dass ihr Gedächtnis sich verschlechtert hatte, denn bei unserem vorigen Termin hatte sie mir noch ohne fremde Hilfe in groben Zügen von neueren Ereignissen wie beispielsweise Ferien erzählen können. Wenn jemand sich an eine Begleitperson wendet, deutet das darauf hin, dass er sich nicht auf sein eigenes Gedächtnis verlassen kann, sondern fremde Hilfe benötigt, um die gestellte Frage zu beantworten. Normalerweise ist das der erste Hinweis darauf, dass mit dem Gedächtnis der betreffenden Person etwas nicht stimmt.

Zum Glück erinnerte Herr A. sich noch von unserem letztjährigen Untersuchungstermin daran, dass er schweigen sollte, weil ich herausfinden wollte, an wie viel Frau A. sich ohne seine Hilfe erinnern konnte. Daher zuckte er nur mit den Schultern.

Frau A. wandte sich wieder an mich und fuhr fort: »Ich glaube, wir waren in Frankreich im Urlaub.«

»Wann war das denn?«, fragte ich.

»Ich bin mir nicht sicher, aber es war heiß, also muss es im Sommer gewesen sein.« Das ist ein gutes Beispiel dafür, wie Menschen Lücken in ihren Erinnerungen füllen können, ohne sich tatsächlich an die betreffende Information zu erinnern: Da Frau A. noch wusste, dass es heiß gewesen war, schloss sie daraus, dass ihr Urlaub im Sommer stattgefunden haben musste, obwohl sie sich nicht mehr an die Jahreszeit oder den Monat erinnern konnte.

»Und sind Sie während Ihres Frankreichurlaubs irgendwo hingefahren?«

»Wir waren am Strand – an einem Ort, an dem wir früher schon mal waren – und hatten eine schöne Zeit.«

»Erinnern Sie sich noch an etwas anderes aus diesem Urlaub?«

»Nein, es war einfach sehr schön.«

Beachten Sie, wie ich mehr Details aus ihr herauszulocken versuche, den Abrufhinweis aber trotzdem sehr allgemein halte (»Erinnern Sie sich noch an etwas anderes aus diesem Urlaub?«) und ihr keine weiteren Informationen liefere. Damit möchte ich ihr die Möglichkeit geben, sich an möglichst viele Details aus ihrem Urlaub zu erinnern.

Bisher wissen wir nur, dass Herr und Frau A. im Sommer in den Urlaub gefahren sind, aber wir wissen nicht genau, wann und wohin (Frankreich ist ein großes Land), für wie lange, ob noch andere Personen mitgefahren sind, welche Orte sie besucht oder welche Höhepunkte sie während dieses Urlaubs erlebt haben. Jede Person mit einem intakten Gedächtnis hätte ihrem Gesprächspartner eine kurze Zusammenfassung mit zumindest einigen dieser Informationen gegeben.

Sich jedoch nur auf eine einzige Erinnerung zu verlassen, ist ein bisschen heikel. Vielleicht *möchte* Frau A. sich aus irgendwelchen Gründen nicht an diesen Urlaub erinnern?

Daher änderte ich meine Taktik und fragte sie nach anderen aktuellen Informationen.

»Ich erinnere mich auch daran, dass Sie Enkelkinder haben. Haben Sie die im letzten Jahr oft gesehen?«, fragte ich sie.

»Oh ja, wir haben sie oft gesehen. Das ist so schön, obwohl ich immer ganz erschöpft bin, wenn sie wieder gehen. Sie sind so energiegeladen«, lachte sie.

»Können Sie mir ihre Namen und ihr Alter nennen?«

»Also, Sophie ist neun, George ist sechs, und Harry ist vier – oder?« Wieder wandte Frau A. sich an ihren Mann.

Diesmal sah er sie fragend an und zog eine Augenbraue hoch, woraufhin sie schnell antwortete: »Oh, ich hätte ja fast das neueste Mitglied unserer Familie vergessen. Jules wurde vor zwei Monaten geboren.«

Die Namen und das Alter der Enkelkinder zu erfragen, ist eine weitere gute Möglichkeit, sich einen Einblick in den Zustand der neuesten Erinnerungen eines Patienten zu verschaffen. Aus Frau A.s zögerlicher Antwort können wir entnehmen, dass sie das zuletzt geborene Enkelkind beinahe vergessen hätte, was sich dadurch erklären lässt, dass der Erinnerungsindex für dieses Ereignis am neuesten und daher auch am schwächsten ist. Schließlich bat ich sie, mir die Ereignisse aus den Nachrichten des vergangenen Jahres aufzuzählen, an die sie sich noch erinnerte. Doch auch auf diese Frage fielen Frau A. nicht viele Informationen ein, und wenn sie sich doch noch an ein Ereignis erinnerte, konnte sie es mir nur in groben Zügen – ohne besondere Details – beschreiben.

Als Nächstes bat ich ihren Mann, mir von ihrem gemeinsamen Urlaub und ihren Enkelkindern zu erzählen. Diese Aussagen liefern uns nicht nur eine Bestätigung der vom Patienten erhaltenen Informationen, sondern wir können dadurch auch einen direkten Vergleich zwischen dem Informationsstand von Patient und Angehörigem in Bezug auf diese Erinnerungen anstellen.

»Darf ich Sie nun bitten, mir zu erzählen, was Sie während Ihres Urlaubs gemacht haben, und mir die Namen und das Alter Ihrer Enkelkinder zu nennen?«, fragte ich Herrn A.

Daraufhin gab er mir eine genaue Beschreibung ihres Urlaubs in Italien (!), einschließlich der Orte und Kirchen, die sie besucht hatten. (Die Besichtigung von Kirchen war schon immer ihre große Leidenschaft gewesen.) Außerdem erklärte er mir, dass ihre Enkelkinder in Wirklichkeit elf, sieben, fünf und zwei Jahre alt waren; die »neugeborene« Enkelin war 18 Monate alt.

Im Großen und Ganzen erinnerten Herr und Frau A. sich an dieselben Ereignisse aus der jüngsten Vergangenheit. In ihrer Detailgenauigkeit unterschieden diese Erinnerungen sich jedoch ziemlich stark voneinander. Frau A. konnte sich zwar noch an manche Ereignisse erinnern, schien dabei jedoch einiges zu verwechseln: Zum Beispiel wusste sie nicht mehr genau, in welches Land sie wann gereist waren. Auch auf die Frage nach ihren Enkelkindern konnte Frau A. nur sehr allgemeine Informationen liefern. Sie wusste, wer sie waren, und erkannte sie auch wieder, doch bestimmte Details wie beispielsweise ihr Alter konnte sie nicht so ohne Weiteres abrufen. Im Gegensatz dazu erhielt ich von Herrn A. ausführliche Informationen über die Reise und die Enkelkinder der beiden, und wenn ich ihn danach gefragt hätte, so hätte er sich bestimmt auch an die gesamte Reiseroute erinnern und mir eine genaue Beschreibung ihrer täglichen Unternehmungen geben können. Wie wir ja inzwischen bereits wissen, sind diese fehlenden Details hauptsächlich auf den bei Alzheimer-Patienten in Mitleidenschaft gezogenen Hippocampus zurückzuführen. Da die Indizes zu den Erinnerungen fehlerhaft sind, sind die Erinnerungen nicht mehr richtig angeordnet oder lassen sich nicht mehr in allen Einzelheiten abrufen, sodass am Ende nur noch ein paar rudimentäre Erinnerungen übrig bleiben. Es ist also nicht so, dass Alzheimer-Patienten im Frühstadium ihrer Erkrankung sich an gar nichts mehr erinnern können, sondern ihre Erinnerungen werden lediglich ungenauer oder »skizzenhafter«, und sie bringen auch manchmal ähnliche Ereignisse durcheinander.

Und wie steht es mit Erinnerungen an länger zurückliegende Ereignisse? Hören wir dazu noch einmal Frau A.

»Können Sie mir etwas über Ihren Hochzeitstag erzählen?«, fragte ich sie.

»Oh Gott, das ist schon so lange her, aber klar kann ich das. Wir haben in einer schönen kleinen Kirche auf dem Land in Norfolk geheiratet. Es war keine schicke Hochzeit, wie es heutzutage so oft üblich ist, aber trotzdem wunderschön. Ich weiß noch, dass mein Kleid ein Vermögen gekostet hat und ich es sofort schmutzig gemacht habe, als ich bei der Kirche aus dem Auto meines Vaters ausstieg.« Sie lachte. »Meine Familie war fast vollständig anwesend und ziemlich groß, während die Familie meines Mannes nur aus ein paar Leuten bestand. Am Ende haben wir die Angehörigen der beiden Familien in der Kirche miteinander vermischt, weil es sehr komisch ausgesehen hätte, wenn auf der Seite der Braut eine große Menschenmenge und auf der Seite des Bräutigams nur ein paar Angehörige gestanden hätten. Nach der Kirche fand in einem Gemeindehaus in der Nähe ein Empfang statt. Freunde spielten schöne Musik, und die Gäste wurden größtenteils mit selbst gekochtem Essen bewirtet. Ich sehe noch genau vor mir, wie meine Mutter vor unserem Hochzeitstag in ihrer Küche bis spät in die Nacht hinein verschiedene Gerichte zubereitete. Es war einfach ein wunderschöner Tag!«

Erkennen Sie den Unterschied?

Frau A. hat noch sehr lebhafte Erinnerungen an ihren Hochzeitstag, der viele Jahrzehnte zurückliegt. Aufgrund ihrer Erzählungen können wir uns genau vorstellen, wie sie aus dem Auto steigt und wie es in der Kirche aussah. Sicherlich hätte sie mir auf Nachfrage auch die Musik und das Essen, das bei der Hochzeitsfeier serviert wurde, beschreiben können – sie konnte sich also noch genau an ein Ereignis erinnern, das vor Jahrzehnten stattgefunden hatte.

Aber an ihren Urlaub vom letzten Jahr oder daran, was sie in den letzten zwei Wochen gemacht hat, hat sie keine genaue Erinnerung mehr. Wie wir bereits wissen, ist das ein typisches Symptom der Alzheimer-Krankheit: Solchen Patienten bleiben weiter zurückliegende Erlebnisse besser im Gedächtnis haften, während neuere Erinnerungen längst nicht so lebendig sind. Beachten Sie auch den Unterschied in ihrem Verhalten: Bei den neueren Erinnerungen zögerte Frau A. ziemlich oft und warf ihrem Mann immer wieder hilfesuchende Blicke zu, während sie bei dem Bericht über ihren Hochzeitstag völlig entspannt war und gar keine Informationen von ihm brauchte.

Diese zögerliche Beantwortung von Fragen ist oft ein weiteres Anzeichen dafür, dass es sich bei den vorliegenden Gedächtnisproblemen nicht einfach nur um »Gedächtnislücken«, sondern um eine echte Gedächtnis*veränderung* handelt. Angenommen, Sie hätten im Gespräch mit einem Freund plötzlich eine Gedächtnislücke. Fast jeder, dem so etwas passiert, würde einfach nur darüber lachen und denken: »Wie dumm von mir, dass ich mich daran nicht mehr erinnern konnte!« Aber nun stellen Sie sich einmal vor, Sie hätten ständig solche Gedächtnislücken. Sie könnten sich nicht mehr an bestimmte Ereignisse oder Termine erinnern, obwohl die Leute Ihnen versichern würden, dass Sie bei dieser Veranstaltung dabei waren oder dass sie Ihnen den betreffenden Termin genannt haben. Wenn Ihnen so etwas immer wieder passieren würde, könnten Sie das Problem nicht mehr so ohne weiteres mit einem Lachen abtun, sondern würden bei Ihren Gesprächen mit anderen Menschen wahrscheinlich vorsichtiger oder zögerlicher agieren, weil Sie sich Ihres eigenen Erinnerungsvermögens nicht mehr sicher sein könnten.

Dieses Szenario, das ich gerade beschrieben habe, kann Ihnen einen ungefähren Eindruck davon vermitteln, wie es sich anfühlen muss, solche Gedächtnisprobleme zu haben wie ein Alzheimer-Patient. Eigentlich ist es kein Wunder, dass Menschen mit solchen Gedächtnisdefiziten immer größere Angst davor haben, überhaupt noch irgendetwas zu sagen, weil sie sich nicht mehr auf ihr Erinnerungsvermögen verlassen können. Diese Gedächtnisprobleme wären nicht nur für Sie selbst ein Problem, sondern würden auch Ihr tägliches Leben und das Ihrer Mitmenschen erheblich stören. Wenn Sie ein paar Einzelheiten von Ihrem letzten Urlaub oder vielleicht sogar das Alter Ihrer Enkelkinder vergessen, können Sie vielleicht noch darüber lachen und den Kopf schütteln. Doch wenn es jemandem schwerfällt, sich an Ereignisse zu erinnern, die vor Kurzem stattgefunden haben, wird es für ihn sehr schwierig, Termine im Auge zu behalten, seine Rechnungen rechtzeitig zu bezahlen oder womöglich sogar nach dem Kochen den Herd auszuschalten. Diese durch Gedächtnisprobleme verursachten Veränderungen des Alltagslebens sind oft das Belastendste an einer Alzheimer-Krankheit, weil sie Aufgaben betreffen, die die Menschen jahrzehntelang tagtäglich ohne fremde Hilfe erledigen konnten.

Und tatsächlich berichtete Herr A. mir, dass seine Frau schon oft vergessen hatte, den Herd auszuschalten, oder das Geschirr in den falschen Schrank geräumt hatte. Er klagte auch darüber, dass er an manchen Tagen das Gefühl hatte, verrückt zu werden, weil sie immer wieder die gleichen Fragen stellte – »Was machen wir heute?«, »Was gibt es zum Mittagessen?« Solche Fragen ein- oder zweimal zu stellen, ist völlig normal, doch bei Alzheimer-Patienten passiert das oft mehrmals am Tag, und damit stellen sie die Geduld ihrer Mitmenschen auf eine harte Probe. Am besten ist es, einem Alzheimer-Patienten nicht zu widersprechen, wenn er immer wieder die gleichen Fragen stellt, weil er sich aufgrund seines krankhaft veränderten Hippocampus einfach nicht mehr an diese Informationen erinnern kann. Selbst wenn Sie einem Alzheimer-Patienten erklären, dass Sie ihm bereits fünfmal gesagt haben, wann es Mittagessen gibt, wird er das innerhalb kürzester Zeit wieder vergessen und Sie erneut danach fragen. Statt ihn zur Rede zu stellen, ist es daher besser, ihm einfach noch einmal die gleiche Antwort zu geben. Das ist natürlich leichter gesagt als getan, wenn man mit einem Alzheimer-Patienten zusammenlebt, der womöglich rund um die Uhr immer wieder die gleichen Fragen stellt.

Kehren wir nochmals zu Frau A. zurück, um uns einen noch genaueren Eindruck von den Veränderungen im Alltagsleben zu verschaffen, zu denen eine Alzheimer-Krankheit führt, und herauszufinden, welche Strategien man als Angehöriger im Umgang mit solchen Gedächtnisproblemen entwickeln kann.

»Wie klappt es denn bei Ihnen mit Terminen oder Aufgaben, die Sie tagsüber erledigen müssen?«, fragte ich Frau A.

»Das kriege ich immer noch sehr gut hin«, antwortete sie.

»Sie haben also keine Probleme damit, sich an Termine zu erinnern?«, fragte ich erstaunt nach.

»Natürlich erinnere ich mich an meine Termine. Ich bin vielleicht dement, aber nicht verrückt – jedenfalls *noch* nicht«, gab sie scherzhaft zurück.

Sie holte einen kleinen Terminkalender aus ihrer Handtasche. »Natürlich hilft das hier auch«, setzte sie mit einem verschmitzten Lächeln hinzu.

Wie Frau A.s Beispiel zeigt, finden Menschen im Frühstadium der Alzheimer-Krankheit sehr rasch Kompensationsstrategien (wie beispielsweise das Führen eines Terminkalenders), um mit ihren Gedächtnisproblemen zurechtzukommen. Da Frau A. einen Terminkalender und zusätzlich auch noch einen Wandkalender hatte, der gut sichtbar in der Küche hing, konnte sie wichtige Ereignisse und Termine im Auge behalten, doch ohne diese Alltagshilfen wäre es ihr schwergefallen, sich Termine einzuprägen. Und selbst *mit* diesen beiden Kalendern käme sie auf die Dauer in ihrem täglichen Leben nicht zurecht, weil sie wahrscheinlich irgendwann nicht mehr daran denken würde, hineinzuschauen, oder die Existenz dieser Hilfsmittel vielleicht sogar völlig vergäße. Trotzdem konnten Herr und Frau A. ihre Gedächtnisprobleme durch die gemeinsame Entscheidung, einen Terminkalender zu führen und einen großen Wandkalender in der Küche aufzuhängen, vorübergehend in den Griff bekommen: Statt dass Frau A. immer wieder nachfragen musste, was es denn zum Mittagessen gebe, konnten sie diese Informationen in den Kalender eintragen, und wenn sie es vergaß, konnte er sie einfach auffordern: »Schau doch in den Kalender!«, statt es ihr noch einmal sagen zu müssen. Solche Kompensationsstrategien waren eine hervorragende Möglichkeit für das Paar, mit den Alzheimer-Symptomen von Frau A. umzugehen (statt sich darüber zu streiten) und sich im Kampf gegen diese Krankheit miteinander vereint zu fühlen. Auch wenn solche Kompensationsstrategien keine dauerhafte Lösung sind, haben sie doch sicherlich einen gewissen Wert.

Dank dieser Strategien scheint Frau A. – zumindest oberflächlich betrachtet – keine großen Probleme zu haben: Sie ist ganz einfach eine Frau über siebzig, die einen Kalender führt, um ihre Termine im Auge zu behalten. Viele Alzheimer-Patienten erwecken im Frühstadium ihrer Erkrankung diesen Eindruck; bei flüchtiger Untersuchung erscheinen sie den Ärzten oft völlig normal. Bei einer ersten Begegnung mit Frau A. würde einem also wahrscheinlich gar nicht auffallen, dass sie Probleme hat. Sie wäre einfach nur eine charmante Frau mit gelegentlichen Gedächtnislücken. Menschen, die sie schon seit Langem gut kennen, würde allerdings sofort auffallen, dass bei ihr etwas nicht stimmt, weil ihre Erinnerungen an aktuelle Ereignisse etwas lückenhaft sind und sie immer wieder die gleichen alten Geschichten erzählt. Das würde ihnen seltsam vorkommen, weil Frau A. früher eigentlich ein ganz gutes Gedächtnis hatte, niemals wichtige Termine oder Ereignisse vergaß und ihren Bekannten bei ein und demselben Besuch auch nicht mehrmals die gleiche Geschichte erzählte.

»Oh, eines hätte ich fast vergessen«, sagte Herr A. »Mir ist aufgefallen, dass sie immer öfter die Orientierung verliert und manchmal gar nicht mehr zu wissen scheint, wo sie sich befindet. Das ist ziemlich merkwürdig, denn wir wohnen schon seit vielen Jahren im selben Haus. Aber inzwischen ist sie manchmal schon so verwirrt, dass sie sich sogar im Haus verläuft und nicht mehr weiß, welche Tür in welches Zimmer führt.«

»Wie wäre es, wenn wir einmal nach draußen gehen würden, zum Beispiel in einen Laden oder Supermarkt? Macht sie solche kleinen Einkäufe immer noch allein?«, fragte ich.

»Allein? Oh nein! Wir haben vor einiger Zeit einen furchtbaren Schrecken bekommen, als sie zu Fuß in den Laden ging, um Milch zu kaufen, und nicht wiederkam. Ich machte mir große Sorgen, dass ihr etwas zugestoßen sein könnte, und begann in unserem Bekanntenkreis herumzutelefonieren. Schließlich machten wir uns zusammen mit ein paar Nachbarn auf die Suche nach ihr und fanden sie am anderen Ende des Dorfes. Seitdem lasse ich sie nicht mehr aus den Augen, und wir verlassen das Haus nur noch gemeinsam. Ich hatte einfach zu große Angst um meine Frau, als sie plötzlich weg war. Ich habe auch einen GPS-Tracker für sie gekauft, den ich ihr jedes Mal, wenn wir das Haus verlassen, in die Tasche stecke, damit sie nicht verloren geht.«

Das letzte von Herrn A. erwähnte Symptom – räumliche Desorientierung – ist ein weiteres sehr häufiges Symptom bei Patienten im Frühstadium der Alzheimer-Krankheit. Es wird jedoch nur selten darüber berichtet, obwohl es schwerwiegende, manchmal sogar tödliche Folgen haben kann. Um dieses Symptom soll es in den nächsten Kapiteln gehen.

Räumliche Desorientierung

Neben Problemen mit dem episodischen Gedächtnis ist die räumliche Desorientierung ein weiteres Hauptsymptom der Alzheimer-Krankheit. Zwar machen alle Menschen sich Sorgen um ihr Gedächtnis, wenn sie älter werden, doch nur wenige wissen, dass auch Orientierungsprobleme ein erstes Alzheimer-Symptom sein können.

Was ist räumliche Desorientierung?

Räumliche Desorientierung bedeutet, dass wir nicht mehr genau wissen, wo wir uns befinden. Das kann uns allen manchmal passieren – zum Beispiel, wenn wir an einen neuen Ort reisen, also beispielsweise in den Urlaub fahren. In einer Stadt, die man nicht kennt, verirrt man sich leicht, weil man weder ihren Grundriss noch irgendwelche Orientierungspunkte kennt. Da kann einem nur ein Stadtplan, eine Navigations-App oder ein GPS-Gerät weiterhelfen. Es ist also völlig normal, sich in einer unbekannten Umgebung nicht zurechtzufinden oder zu verirren. Alzheimer-Patienten finden sich jedoch auch in vertrauter Umgebung – zum Beispiel in der Stadt oder Wohngegend, in der sie schon lange leben – nicht mehr zurecht. Es kann sogar passieren, dass sie sich in ihrem eigenen Haus verlaufen und erst einmal alle Türen öffnen müssen, um zu sehen, welches Zimmer hinter welcher Tür liegt.

Ein solches Szenario wird in dem Film »Still Alice – Mein Leben ohne Gestern« sehr gut beschrieben. In diesem Film geht es um eine Frau mit früh einsetzender Demenz, die von Julianne Moore ganz hervorragend gespielt wird. In einer Szene muss Alice, die Hauptfigur des Films, auf die Toilette, weiß aber nicht mehr, wo diese sich befindet, und macht sich daher in die Hose. So etwas kommt bei Demenzpatienten ziemlich häufig vor und wird in dem Film sehr genau dargestellt.

Es ist wichtig zu wissen, dass bei Alzheimer-Patienten jederzeit eine räumliche Desorientierung auftreten kann – selbst an vertrauten Orten, weil solche Patienten auch dort die Orientierung verlieren und sich verirren können. Allerdings ist dieses Risiko an unbekannten Orten naturgemäß noch sehr viel höher.

Warum wird die räumliche Desorientierung so selten erwähnt, obwohl sie doch ein so wichtiges Symptom der Alzheimer-Krankheit ist?

Dafür gibt es mehrere Gründe. Zum Beispiel sind die Gedächtnisprobleme bei Alzheimer-Patienten einfach stärker ausgeprägt und überschatten alle anderen Symptome wie beispielsweise die räumliche Desorientierung. (Tatsächlich haben viele Menschen mehr Angst davor, ihr Gedächtnis zu verlieren, als sich zu verirren.) Außerdem ist die räumliche Desorientierung eher ein »privates« Symptom: Das heißt, dass diese Orientierungsprobleme den Menschen im Umfeld des Patienten vielleicht gar nicht auffallen, wenn sie nur leicht ausgeprägt sind. Möglicherweise zögert der Demenzpatient bei einem Ausflug nur ganz kurz, aber man merkt ihm nicht genau an, woran das liegt: Weiß er nicht mehr, wo er sich befindet, oder hat er vielleicht nur gerade an irgendetwas anderes gedacht? Schließlich kann unser Gehirn räumliche Desorientierungssymptome ziemlich lange kompensieren. Wir können – zumindest in den Frühstadien der Erkrankung – andere räumliche Orientierungsfunktionen unseres Gehirns nutzen, die nicht so stark auf den Hippocampus angewiesen sind, und uns auf diese Weise trotzdem immer noch ganz gut zurechtfinden.

Die räumliche Desorientierung wird für andere Menschen meistens erst dann erkennbar, wenn die Krankheit weiter fortgeschritten ist und der Patient diese Defizite nicht mehr ausgleichen kann. Mit anderen Worten: Die räumliche Desorientierung ist zwar auch vorher schon vorhanden, aber das Gehirn kann diesen Verlust eine Zeit lang ausgleichen. Wissenschaftlichen Erkenntnissen zufolge haben 70 Prozent aller Demenzpatienten sich im Lauf ihrer Erkrankung schon mindestens einmal verirrt. Auch das zeigt, dass die räumliche Desorientierung ein wichtiges Element dieser Erkrankung ist.

Diese Desorientierung wird oft als »Folgeerscheinung« der allgegenwärtigen Gedächtnisprobleme bei der Alzheimer-Krankheit betrachtet – man sagt dann eben, dass Patienten mit dieser Erkrankung sich nicht mehr an Orte erinnern können oder nicht wissen, wie man von einem Ort zum anderen kommt. Zwar trägt auch das durch die Alzheimer-Krankheit in Mitleidenschaft gezogene Gedächtnis zur räumlichen Desorientierung dieser Patienten bei, da sowohl das Gedächtnis als auch die räumliche Orientierung stark vom Hippocampus abhängen, doch in erster Linie sind Veränderungen des räumlichen Navigationssystems im Gehirn, die durch die Alzheimer-Krankheit entstehen, an diesen Orientierungsproblemen schuld.

Um zu verstehen, wie das räumliche Navigationssystem im Gehirn durch die Alzheimer-Krankheit beeinträchtigt wird, müssen wir uns zunächst einmal klarmachen, wie dieses Navigationssystem im gesunden Gehirn funktioniert. Dass der Hippocampus für das episodische Gedächtnis eine wichtige Rolle spielt, wissen wir ja bereits, aber er ist auch für unsere räumlichen Navigationsfunktionen von entscheidender Bedeutung. Die zentrale Bedeutung des Hippocampus für die Navigation wurde erst in den 1970er-Jahren entdeckt, als wissenschaftliche Untersuchungen zeigten, dass die verschiedenen Nervenzellen im Hippocampus jeweils nur an bestimmten Orten aktiv waren. Genau deshalb nennen wir diese Nervenzellen »Ortszellen«: weil sie den Ort, an dem wir uns befinden, abzuspeichern scheinen. In den 2000er-Jahren wurde eine weitere Art von navigationsspezifischen Nervenzellen entdeckt, die sogenannten Gitterzellen, die für unser Verständnis der Alzheimer-Krankheit von großer Bedeutung sind. Diese Gitterzellen befinden sich im entorhinalen Kortex, neben dem Hippocampus. Im Gegensatz zu den Ortszellen speichern Gitterzellen nicht unseren Standort, sondern speichern und messen unsere Bewegung im Raum.

Dank der Entdeckung von Orts- und Gitterzellen konnten Wissenschaftler erstmals feststellen, wie unser Gehirn den Überblick darüber behält, wo wir uns befinden und bewegen – so ähnlich wie ein GPS in unserem Auto. Die räumlichen Navigationsfunktionen unseres Gehirns beschränken sich jedoch nicht nur auf den Hippocampus und den entorhinalen Kortex: An unseren räumlichen Navigationsprozessen ist ein ganzes Netzwerk von Gehirnregionen beteiligt. Ich möchte an dieser Stelle jedoch ganz besonders auf den Hippocampus und den entorhinalen Kortex eingehen, weil diese beiden Hirnregionen zuallererst von den Proteinablagerungen in Mitleidenschaft gezogen werden, die bei der Alzheimer-Krankheit entstehen. Da diese Gehirnregionen für unsere räumliche Navigation von entscheidender Bedeutung sind, ist es also kein Wunder, dass Alzheimer-Patienten öfters die Orientierung verlieren oder sich sogar verirren.

Dass der Hippocampus und seine Nachbarregionen von der Alzheimer-Krankheit betroffen sind und dies zu erheblichen Gedächtnisproblemen führen kann, wissen wir ja bereits. Da diese Hirnregionen gleichzeitig auch für unsere räumliche Navigation und Orientierung wichtig sind, ist es nicht weiter verwunderlich, dass Alzheimer-Patienten Probleme mit der Navigation und Orientierung haben. Viel überraschender ist die Tatsache, dass solche räumlichen Navigations- und Orientierungssymptome bereits auftreten können, *bevor* der Patient Gedächtnisprobleme entwickelt. Das liegt daran, dass der entorhinale Kortex, der für die Funktion der Gitterzellen bei der Navigation verantwortlich ist, als eine der ersten Hirnregionen – noch vor dem Hippocampus – von der Alzheimer-Krankheit in Mitleidenschaft gezogen wird. In Teil 3 dieses Buches werde ich genauer darauf eingehen, wie diese Hirnregionen durch die Alzheimer-Krankheit geschädigt werden, aber wir wissen, dass die für diese Erkrankung verantwortlichen Proteine (Amyloid und Tau) sich bereits im entorhinalen Kortex ablagern, bevor sie sich auf den angrenzenden Hippocampus ausbreiten. Das bedeutet, dass die Nervenzellen im entorhinalen Kortex (insbesondere die Gitterzellen) wahrscheinlich bereits vor den Zellen geschädigt werden, die für die Indizes unserer Erinnerungen im Hippocampus zuständig sind.

Bedeutet dies, dass wir dem entorhinalen Kortex und der räumlichen Navigationsfunktion in den Frühstadien der Alzheimer-Krankheit bei der Erforschung dieser Demenzform mehr Aufmerksamkeit schenken sollten, statt uns nur auf den Hippocampus und das episodische Gedächtnis zu konzentrieren?

Das ist eine gute Frage, auf die wir zurzeit noch keine Antwort haben. Die Alzheimer-Forschung konzentriert sich unter anderem deshalb besonders stark auf die krankhaften Veränderungen im Hippocampus und im episodischen Gedächtnis, weil diese seit den Publikationen von Alois Alzheimer und Oskar Fischer im Jahr 1907 bekannt sind und schriftlich dokumentiert wurden. Die Erkenntnisse über den entorhinalen Kortex hat man dagegen erst Anfang des 21. Jahrhunderts gewonnen. Das könnte erklären, warum wir uns in der Alzheimer-Forschung immer noch zu einseitig auf das episodische Gedächtnis konzentrieren und die räumliche Navigation vernachlässigen. Tatsächlich wurden räumliche Orientierung und Navigation in kognitiven diagnostischen Untersuchungen von Alzheimer-Patienten bisher nur sehr selten getestet. Die Zeit wird zeigen, ob die räumliche Desorientierung sich in Zukunft zu einem wichtigen diagnostischen Kriterium für die Alzheimer-Krankheit entwickelt, das die Früherkennung dieser Demenzform erleichtern könnte, noch bevor die Patienten Gedächtnissymptome entwickeln.

Unabhängig davon weiß man jedoch, dass diese räumliche Desorientierung für Alzheimer-Patienten und deren Familien erhebliche Alltagsprobleme mit sich bringt. Vor allem die Tatsache, dass diese Patienten sich so oft verirren, ist ein häufig übersehenes, aber potenziell gefährliches Symptom.

Verschollen zwischen fremden Welten ...

Dass Alzheimer-Patienten sich verlaufen oder plötzlich verschwinden, kommt leider sehr häufig vor. In Großbritannien verirren sich alljährlich rund 40 000 Alzheimer-Patienten. Die meisten werden jedoch zum Glück kurze Zeit später wieder aufgefunden. Trotzdem kommt es jedes Jahr zu besonders tragischen Fällen, in denen Alzheimer-Patienten sich auf ihren Irrwegen verletzen oder sogar erfrieren.

Zu diesen Patienten gehörte auch George Herbert, der in der englischen Grafschaft Norfolk vermisst wurde und dann leider verstarb. Sein Tod war jedoch nicht umsonst, da die anschließende Untersuchung zur Einführung eines Protokolls geführt hat, das der Polizei sowie Such- und Rettungstrupps dabei helfen kann, Demenzpatienten schneller zu finden oder zu verhindern, dass sie sich überhaupt erst verirren. Bei diesem sogenannten Herbert-Protokoll, das mittlerweile bei Polizeidienststellen in ganz Großbritannien im Einsatz ist, füllen Demenzpatienten und deren Angehörige ein Formular aus, das die wichtigsten Informationen über den Patienten enthält (unter anderem, auf welchen Straßen und Wegen er sich normalerweise bewegt und an welchen Orten – beispielsweise früheren Arbeits- oder Wohnorten – er sich oft aufgehalten hat). Dieses Herbert-Protokollformular geben die Angehörigen bereits an die Polizei oder den zuständigen Such- und Rettungsdienst weiter, bevor ihr Schutzbefohlener womöglich verloren geht. Dadurch kann man Demenzpatienten, die sich verirrt haben, später leichter wieder auffinden.

Wann und warum verirren sich Erkrankte?

Es gibt ein paar wichtige Aspekte, über die man sich im Klaren sein sollte, wenn es darum geht, wann und wie Alzheimer-Patienten sich verirren. Das kann ihren Betreuern und Angehörigen helfen, sich besser auf solche Situationen vorzubereiten. Wenn so etwas zum ersten Mal passiert, kommt es natürlich oft ganz unerwartet. Da die räumliche

Desorientierung des Alzheimer-Patienten einer Betreuungsperson oder seinen Angehörigen oft nicht bekannt ist, gehen sie naturgemäß davon aus, dass ihr Schützling noch in der Lage ist, allein das Haus zu verlassen. Wir wissen ja bereits, dass die räumliche Desorientierung schon zu Beginn dieser Erkrankung vorliegt, Alzheimer-Patienten sie jedoch über längere Zeit ganz gut kompensieren können. Doch sobald diese Kompensation nicht mehr funktioniert, können sie sich selbst bei gewohnheitsmäßigen Aktivitäten außer Haus – zum Beispiel beim Gassigehen mit dem Hund oder beim Einkauf in einem nahe gelegenen Geschäft – verlaufen. Und da solche Aktivitäten den Großteil unseres täglichen Lebens ausmachen, verirren Alzheimer-Patienten sich auch am häufigsten in solchen Situationen.

Das zweite häufige Desorientierungs-Phänomen bezeichnet man als »Warten an Ort und Stelle«. Dabei handelt es sich in Wirklichkeit um eine Kombination aus mehreren Problemen, die sich aus den Gedächtnis- und räumlichen Orientierungsdefiziten von Alzheimer-Patienten ergeben. Das Phänomen »Warten an Ort und Stelle« tritt oftmals in Situationen auf, in denen Alzheimer-Patienten und deren Betreuer gemeinsam unterwegs sind und der Betreuer den Patienten bittet, irgendwo zu warten, während er kurz etwas erledigt. Zum Beispiel soll der Patient vor einem Geschäft warten, während der Betreuer schnell hineingeht, um etwas zu kaufen. In so einer Situation kann es passieren, dass der Alzheimer-Patient vergisst, was er tun sollte, und sich von dem Ort entfernt, an dem er warten sollte. Das allein wäre noch nicht einmal so schlimm, wenn der Patient sich dabei aufgrund seiner räumlichen Orientierungsprobleme nicht verlaufen würde. Wenn die Betreuungsperson dann aus dem Geschäft kommt, ist der demenzkranke Angehörige bereits verschwunden und nirgends mehr zu finden.

Diese beiden Probleme – dass sie sich bei gewohnheitsmäßigen Aktivitäten außer Haus verirren und dass sie nicht an einem bestimmten Ort auf ihre Betreuungsperson warten, sondern »sich selbstständig machen« – bilden die überwiegende Mehrheit der Vermisstenfälle bei Alzheimer-Patienten, daher empfiehlt es sich, in solchen Situationen besondere Vorsicht walten zu lassen. Es gibt aber auch noch zwei weitere Szenarien, in denen ein Alzheimer-Patient sich verirren kann, obwohl diese viel seltener vorkommen. Das erste Szenario wird durch Aufregung verursacht – zum Beispiel, wenn der Patient verärgert oder wütend auf seine Betreuungsperson oder sich selbst ist. Diese Aufregung führt dazu, dass er das Haus verlassen möchte. Der zweite, seltenere Fall tritt ein, wenn die Betreuungsperson schläft oder sich nicht in unmittelbarer Nähe des Patienten befindet und dieser in der Zwischenzeit das Haus verlässt, weil er das Gefühl hat, irgendwo hingehen zu müssen. Zum Beispiel sind Alzheimer-Patienten in späteren Krankheitsstadien oft so verwirrt, dass sie glauben, sie müssten »nach Hause« (das heißt, in ihr Elternhaus) oder zur Arbeit gehen, obwohl sie schon längst im Ruhestand sind. Der Hauptunterschied zwischen den häufigeren und den selteneren Fällen, in denen Alzheimer-Patienten sich verirren, besteht darin, dass die Patienten sich in den häufigeren Situationen bereits außer Haus befinden, während die selteneren Szenarien auftreten, wenn sie ihr »Zuhause« verlassen.

Was tun, wenn die Situation eintritt?

Zunächst einmal ist es wichtig, Ruhe zu bewahren. Die meisten Demenzpatienten werden innerhalb einer Stunde und innerhalb eines Radius von drei Kilometern um ihren Wohnort herum gefunden. Polizei und Rettungsdienste bezeichnen diese erste Stunde nach dem Verschwinden als »goldene Stunde«, da Patienten, die innerhalb dieser Zeitspanne aufgefunden werden, mit geringerer Wahrscheinlichkeit zu Schaden kommen. Wenn also jemand vermisst wird, müssen wir schnell handeln und sollten immer die Polizei verständigen – auch wenn die Wahrscheinlichkeit, dass der Patient innerhalb von fünf Minuten (zum Beispiel im Garten eines Nachbarn) wieder auftaucht, noch so groß ist.

In Großbritannien sollte man sich bei allen Alzheimer-Patienten und deren Familienangehörigen an das Herbert-Protokoll halten, um nach Möglichkeit zu verhindern, dass es überhaupt zu solchen Vorfällen kommt. Füllen Sie das Formular einfach aus und bewahren Sie es an einem sicheren, aber leicht zugänglichen Ort auf! Auch in anderen Ländern verfügt die Polizei über verschiedene Systeme und Mechanismen im Umgang mit solchen Situationen. In den USA überträgt das öffentliche Benachrichtigungssystem Silver Alert beispielsweise Informationen über vermisste Personen im Rundfunk, sodass sie leichter wieder aufgefunden werden können.

Gibt es eine Möglichkeit, solche Vorkommnisse zu verhindern?

Es gibt sogar mehrere Vorbeugungsmöglichkeiten, doch keine kann das Risiko, dass ein Alzheimer-Patient verschwindet, vollständig ausschließen. Verschiedene technische Maßnahmen wie Türalarme oder -sensoren können die Betreuungsperson darüber informieren, dass der Patient gerade das Haus verlässt. Sie sind eine gute zusätzliche Möglichkeit, Alzheimer-Patienten im Auge zu behalten und Pflegepersonen mehr Sicherheit zu geben. Türalarme gehören auf fast allen Demenzstationen von Krankenhäusern oder Pflegeheimen zur Standardausstattung, daher überrascht es nicht, dass Insassen solcher Einrichtungen mittlerweile immer seltener verloren gehen. Es lohnt sich also, auch zu Hause über die Installation solcher Alarme beziehungsweise Sensoren nachzudenken.

Die beste Möglichkeit, zu verhindern, dass Demenzpatienten sich verirren, wenn sie draußen unterwegs sind, ist ein GPS-Gerät. Demenzspezifische GPS-Geräte kann man entweder als Apps auf einem Smartphone installieren oder in Form kleiner Boxen in die Tasche oder Hosentasche des Patienten stecken. Mit solchen GPS-Geräten können Betreuer oder Familienangehörige den genauen Standort des Alzheimer-Patienten bestimmen. Vielleicht werden manche Patienten das als zu starken Eingriff in ihre Privatsphäre empfinden, aber es gibt Betreuern oder Angehörigen ein Gefühl der Sicherheit, weil sie dann immer wissen, wo der Patient sich gerade befindet (vorausgesetzt, er trägt den Tracker).

Und genau das ist der entscheidende Punkt: Der Alzheimer-Patient muss das GPS-Gerät bei sich tragen! Wenn er sein Mobiltelefon oder den Tracker zu Hause lässt, funktioniert das System nicht. Und natürlich kann man den Patienten auch nicht orten, wenn er das GPS-Gerät im Freien entfernt, fallen lässt oder wegwirft. Doch trotz dieser Sicherheitslücken können GPS-Geräte äußerst hilfreich sein, weil sie nicht nur dazu beitragen, den Alzheimer-Patienten zu finden, sondern auch die Einrichtung sogenannter Geofences ermöglichen. Ein Geofence ist ein virtueller Zaun rund um einen vorher festgelegten Bereich, in dem sich der Träger des GPS-Geräts frei bewegen kann. Sobald er diesen Bereich jedoch verlässt und den virtuellen Geofence somit durchbricht, wird ein Alarm oder eine Textnachricht an die Pflegekraft gesendet, um sie darauf aufmerksam zu machen, dass der Patient den festgelegten Bereich verlassen hat. Dieser etwas ausgefeiltere Ansatz bietet Alzheimer-Patienten mehr Freiraum; ihre Betreuungspersonen können sie damit aber trotzdem immer noch davor schützen, dass sie sich unterwegs verlaufen.

Wenn ein Alzheimer-Patient sich verirrt, hat das nicht nur negative Auswirkungen auf den Patienten selbst, sondern auch auf seine Betreuer und Angehörigen. Wissenschaftliche Untersuchungen zeigen, dass Betreuer von Demenzpatienten, die öfters vermisst werden, im Vergleich zu anderen Betreuungspersonen viel mehr Stress haben und die Pflege ihres Schützlings auch als belastender empfinden. Demenzpatienten, die sich immer wieder verirren, werden auch siebenmal häufiger in Pflegeheimen untergebracht, was ihre Selbstständigkeit noch weiter einschränkt. Daher ist es wichtig, im Umgang mit solchen Situationen einen vernünftigen Mittelweg zwischen der Sicherheit und der Autonomie des Demenzpatienten zu finden.

Wie wir gesehen haben, ist die räumliche Desorientierung von Alzheimer-Patienten also nicht nur ein wichtiger Faktor bei der Früherkennung signifikanter kognitiver Veränderungen, sondern spielt auch insofern eine wichtige Rolle, als Maßnahmen ergriffen werden müssen, um die Patienten zu schützen und Betreuern und Angehörigen ein Gefühl der Sicherheit zu geben.

Zusammenfassung

In diesem Teil des Buches sind wir auf folgende Aspekte eingegangen:

- Es gibt verschiedene Gedächtnisarten. Das episodische Gedächtnis – also der Teil unseres Gedächtnisses, mit dem wir uns an persönliche Erlebnisse erinnern – ist in den Frühstadien der Alzheimer-Krankheit am stärksten beeinträchtigt.
- Das episodische Gedächtnis erzeugt durch eine Kombination aus Informationen über Objekte, Orte und Zeit (was, wo, wann?) lebhafte Erinnerungen.
- Der Hippocampus ist eine wichtige Hirnregion, die an unserem episodischen Gedächtnis beteiligt ist. Er speichert jedoch nicht die Erinnerungen selbst, sondern erstellt Indizes für alle Details, aus denen unsere Erinnerungen bestehen.
- Der Hippocampus schrumpft nicht nur bei einer Alzheimer-Demenz, sondern auch im Rahmen des ganz normalen Alterungsprozesses; daher verschlechtert unser Gedächtnis sich in der Regel, wenn wir älter werden.
- Die Alzheimer-Krankheit zieht den Hippocampus direkt in Mitleidenschaft: Sie führt zum Absterben von Nervenzellen in dieser Hirnregion und beeinträchtigt somit die Gedächtnisindizes.
- Durch fehlerhafte Gedächtnisindizes verschlechtert sich das Gedächtnis – das heißt, es sind dann weniger Details zu den Ereignissen abrufbar. Oft bleibt nur noch der Kern einer Erinnerung erhalten.
- In den Frühstadien der Alzheimer-Krankheit haben die Patienten eher ein Problem mit dem Zugriff auf das Gedächtnis; das heißt, sie können aufgrund der fehlerhaften Indizes im Hippocampus nicht mehr in allen Einzelheiten auf ihre Erinnerungen zugreifen.
- Die Indizes für ältere Erinnerungen sind viel stärker als diejenigen für neuere. Daher können die Patienten Erinnerungen an Er-

eignisse, die lange zurückliegen, oft viel detaillierter abrufen als an Ereignisse, die erst kürzlich stattgefunden haben. Das erweckt häufig den Eindruck, als würden Alzheimer-Patienten »in der Vergangenheit leben«.

- Räumliche Desorientierung ist ein häufiges, aber nach wie vor unterschätztes Symptom der Alzheimer-Krankheit im Frühstadium. Diese Orientierungsprobleme entstehen durch Proteine, die sich im räumlichen Navigationsnetzwerk des Gehirns ablagern, welches sich teilweise mit dem Gedächtnisnetzwerk überlappt.
- Manche Teile des räumlichen Orientierungsnetzwerks scheinen zuallererst – noch vor dem Gedächtnisnetzwerk – von der Alzheimer-Krankheit in Mitleidenschaft gezogen zu werden.
- Die räumliche Desorientierung kann daher sogar als erstes Symptom einer Alzheimer-Krankheit (noch vor den Gedächtnisproblemen) auftreten.
- Die räumliche Desorientierung hat auch starke Auswirkungen auf das Alltagsleben von Alzheimer-Patienten, denn aufgrund ihrer Orientierungsprobleme laufen sie Gefahr, sich zu verirren und zu verletzen. Man muss also einen vernünftigen Mittelweg zwischen der Autonomie und dem Schutz des Alzheimer-Patienten finden.

TEIL 3

AMYLOID UND TAU

Lassen Sie uns nun kurz rekapitulieren, was wir bisher über die Alzheimer-Krankheit gelernt haben, bevor wir uns eingehender mit der Entstehung dieser Erkrankung in unseren Gehirnzellen befassen.

In Teil 1 des Buches habe ich Ihnen ein paar Hauptakteure in der Geschichte der Alzheimer-Forschung vorgestellt, vor allem Dr. Alois Alzheimer und Frau Auguste Deter. Heute wissen wir, dass Fälle von Alzheimer-Demenz auch schon vor Dr. Alzheimer beschrieben wurden. Der entscheidende Fortschritt, der Dr. Alzheimer gelang, besteht jedoch darin, dass er nicht nur die beobachtbaren Veränderungen in Frau Deters Gedächtnis erkannte, sondern auch die physischen Veränderungen in ihrem Gehirn identifizierte, die mit ihrer Demenz einhergingen. Die Mikroskopie war der Schlüssel zur Entdeckung von zwei »unbekannten Substanzen« in Frau Deters Gehirn, von denen Alzheimer annahm, dass sie mit ihren Symptomen und ihrer Erkrankung zusammenhängen mussten. Über diese Proteinablagerungen berichtete Alzheimer erstmals auf einer Tübinger Konferenz, fand damit bei seinen Zuhörern allerdings keine große Resonanz.

In Teil 2 des Buches haben wir erfahren, dass Proteinablagerungen die typischen Gedächtnisprobleme verursachen, die bei der Alzheimer-Krankheit auftreten. Durch Proteine, die sich im Hippocampus ablagern, wird der Indexierungsmechanismus dieser Hirnregion beeinträchtigt, was zu Problemen beim Zugriff auf Erinnerungen führt.

Neuere Erinnerungen sind besonders anfällig für die schädlichen Auswirkungen dieser Proteinablagerungen, daher fällt es Alzheimer-Patienten besonders schwer, auf diese neuen Gedächtnisinhalte zuzugreifen, während weiter zurückliegende Erinnerungen bei ihnen weitgehend intakt bleiben. Es scheint, als würden diese Menschen »mehr in der Vergangenheit als in der Gegenwart leben«.

Was sind das für Proteinablagerungen oder »unbekannte Substanzen«, die Alzheimer (und Fischer) beschrieben haben? Und wie hängen sie mit den Gedächtnisproblemen zusammen, unter denen Alzheimer-Patienten leiden? Zunächst einmal wollen wir darauf eingehen, was Proteine eigentlich sind und warum sie für unseren Körper eine so wichtige Rolle spielen.

Die wunderbare Welt der Proteine

Proteine (auf Deutsch: Eiweiße) sind große, komplexe Moleküle, die aus Aminosäuren bestehen. Aminosäuren werden oft als »Bausteine des Lebens« bezeichnet. Die Reihenfolge und Anzahl der Aminosäuren in einem Protein bestimmen seine Struktur. Diese Struktur ist wichtig, weil sie darüber entscheidet, welche Rolle Proteine in unserem Körper spielen. Proteinstrukturen sind so etwas Ähnliches wie Schlüssel: Der Schlüssel muss genau ins Schloss passen, sonst lässt sich die Tür nicht öffnen. Außerdem hängt es von der Struktur der Proteine ab, wie sie an verschiedene Zellstrukturen andocken oder in diese eingebettet werden, damit die Zelle ihre Funktion erfüllen kann. In den Zellen unseres Körpers spielen Proteine verschiedene Rollen für die Struktur, die Funktionen und die Regulation unserer Gewebe und Organe.

Somit ist es eigentlich kein Wunder, dass verheerende Schäden im Körper entstehen können, wenn mit diesen Proteinen irgendetwas »schiefläuft«. Das gilt auch für unser Gehirn, wo Veränderungen an Proteinen zu großen Problemen führen können und die Ursache für die meisten neurodegenerativen Erkrankungen wie beispielsweise Alzheimer, Parkinson, Morbus Huntington und verschiedene Motoneuronerkrankungen sind. Obwohl diese Krankheiten sich in ihrer Symptomatik stark voneinander unterscheiden, haben sie alle eines gemeinsam: Es handelt sich dabei um sogenannte »Proteinopathien«. Eine Proteinopathie ist eine Krankheit, die mit Veränderungen an Proteinen einhergeht.

Bei manchen Proteinopathien werden die Proteine nicht richtig aufgebaut, bei anderen nicht richtig abgebaut, und bei wieder anderen werden Proteine »über-« oder »unterexprimiert«, was bedeutet, dass entweder zu viel oder zu wenig von dem betreffenden Protein produziert wird. Das führt zu erheblichen Veränderungen im Gehirn. Es ist wichtig zu wissen, dass nicht nur ein einziger Prozess zur Fehlfunktion von Proteinen führen kann. So gibt es verschiedene Fehlfunktionen (beispielsweise falscher Aufbau, Abbau oder Über- beziehungsweise Unterexpression), die zu unterschiedlichen Proteinopathien führen.

Und es gibt noch einen weiteren Punkt, der im Zusammenhang mit Proteinopathien wichtig ist: Jedes Protein verursacht andere Demenzerkrankungen. So entsteht die Alzheimer-Krankheit beispielsweise durch eine andere Proteinopathie als die frontotemporale Demenz oder die Lewy-Körperchen-Demenz. Um die Sache noch komplizierter zu machen, können manche Demenzformen sich in sehr unterschiedlichen Symptomen äußern, die aber alle durch ein und dieselbe Proteinopathie verursacht werden.

Schwirrt Ihnen inzwischen schon der Kopf, weil das alles so kompliziert ist?

Keine Sorge! Selbst Experten auf diesem Gebiet fällt es schwer, zwischen den verschiedenen Demenzarten und den ihnen zugrunde liegenden Proteinopathien zu unterscheiden. Vorläufig genügt es, wenn Sie wissen, dass Proteine unterschiedliche Fehlfunktionen entwickeln, diese Funktionsstörungen sich bei verschiedenen Demenzarten aber auch überlappen können. Das ist nicht nur rein theoretisch interessant, sondern hat auch wichtige Auswirkungen auf die Entwicklung von Behandlungsmethoden für solche Proteinopathien, auf die ich an späterer Stelle noch näher eingehen werde.

Aber welche Proteinopathien verursachen denn nun die Alzheimer-Krankheit?

Bei der Alzheimer-Krankheit werden die wichtigsten Proteinopathien durch zwei Proteine verursacht: Amyloid und Tau.

Amyloid

Amyloid ist eines der beiden wichtigen Proteine, die an der Alzheimer-Krankheit beteiligt sind.

Gehen wir noch einmal in das Jahr 1906 zurück, als Alois Alzheimer berichtete, dass er bei seiner Patientin außerhalb von Nervenzellen Proteinbündel oder »Plaques« entdeckt habe. Er bezeichnete diese Plaques als hirsekorngroße Flecken, die »mit einer unbekannten Substanz« gefüllt waren. Erst in den 1960er-Jahren, mit dem Aufkommen der Elektronenmikroskopie, wurde klar, dass es sich bei diesen Flecken um Plaques handelte, die Proteinfäden enthielten. Allerdings wusste man damals noch nicht, um was für ein Protein es sich dabei handelte und warum es sich in diesen Plaques ansammelte. Erst nach weiteren 20 Jahren gelang es mehreren Forschungsgruppen, dieses Protein als Amyloid zu identifizieren. Genauer gesagt, handelt es sich dabei um eine ganz bestimmte Amyloid-Art namens Beta-Amyloid. Man kann sich diese Amyloid-Plaques so vorstellen wie die Staub- und Haarknäuel, die sich oft unter unseren Sofas ansammeln. In ähnlicher Weise sind Amyloid-Plaques »Knäuel« aus Beta-Amyloid, das sich im Gehirn abgelagert hat.

Aber warum sammeln sich Proteine in Knäueln oder Plaques außerhalb von Nervenzellen an? Worin besteht die Funktion dieser Plaques? Nun ja, eigentlich handelt es sich dabei um Abfallprodukte der Nervenzellen. So wie »Staubmäuse« sich hinter unseren Sofas ansammeln, hat sich das Amyloid außerhalb der Nervenzellen abgelagert.

Aber warum sammelt sich dieser Abfall außerhalb von Nervenzellen an? Ist das nicht schlecht für den Körper?

Ja, es ist tatsächlich nicht gut für den Körper, wenn sich solche Proteinabfälle ansammeln. Deshalb verfügt unser Gehirn auch über mehrere Mechanismen, um überschüssiges Beta-Amyloid loszuwerden.

Doch sobald dieses Beta-Amyloid anfängt, Plaques zu bilden, ist es für das Gehirn ein sehr mühsamer Prozess, diese wieder abzubauen und zu entsorgen.

Warum treten diese Amyloid-Plaques mit zunehmendem Alter häufiger auf und können dann unter Umständen eine Alzheimer-Krankheit verursachen?
Das ist eine gute Frage. Theoretisch können Amyloid-Plaques sich in jedem Lebensalter bilden, wenn zu viel Beta-Amyloid im Gehirn vorhanden ist. Doch solange wir noch jünger sind, kann unser Gehirn das Amyloid viel effizienter beseitigen. Das ändert sich mit zunehmendem Alter, da der Prozess der Entsorgung von Amyloid-Plaques in unserem Gehirn sich dann zu verlangsamen beginnt. Wie und warum es zu dieser Verlangsamung kommt, wird zurzeit noch untersucht. Jedenfalls führt das dazu, dass unser Risiko, Amyloid-Plaques im Gehirn zu entwickeln, mit zunehmendem Alter steigt.

Bedeutet das denn nicht, dass jeder Mensch in vorgerückterem Alter irgendwann an Alzheimer erkrankt, weil sich im Lauf der Zeit immer mehr Amyloid-Plaques in seinem Gehirn ansammeln?
Um diese Frage zu beantworten, müssen wir uns zunächst einmal darüber klar werden, wie Beta-Amyloid und Amyloid-Plaques überhaupt entstehen. Dieser Entstehungsprozess erklärt nämlich, warum manche Menschen Amyloid-Plaques im Gehirn haben, ohne an Alzheimer zu erkranken.

Wie entsteht Beta-Amyloid?

Um zu verstehen, wie Beta-Amyloid gebildet wird, müssen wir uns die Proteine anschauen, die die Entstehung, Aktivität und den Abbau von Amyloid beeinflussen. Eines davon spielt eine besonders wichtige Rolle: nämlich das Amyloid-Vorläuferprotein (APP). Wie der Name schon sagt, ist dieses Protein die Ausgangssubstanz für die Bildung von Beta-Amyloid in unserem Gehirn. Dieses große Vorläuferprotein befindet sich in den Zellmembranen, wo es mehrere Funktionen erfüllt – unter anderem ist es für das Wachstum und die Reparatur von Nervenzellen zuständig. Das Amyloid-Vorläuferprotein ist so eine Art »Dr. Jekyll und Mr. Hyde«: Als Dr. Jekyll ist es für das Wachstum und die Reparatur gesunder Nervenzellen unerlässlich. Es hat aber auch seine dunklere Mr.-Hyde-Seite: Wenn es zerfällt, kann ein Teil davon Beta-Amyloid erzeugen.

Wie kommt es dazu? Proteine haben nur eine begrenzte Lebensdauer und werden danach von anderen Proteinen (den sogenannten Sekretasen) abgebaut. Man kann sich diese Sekretasen wie Scheren vorstellen, die andere Proteine in Stücke schneiden, um sie abzubauen. Das ist jedoch kein willkürlicher, sondern ein hochspezifischer Prozess: Jede Sekretase zerschneidet jedes Protein immer nur an ganz bestimmten Stellen. Die daraus entstehenden kleineren Proteinreste können dann entweder für andere Zwecke in der Zelle verwendet werden, oder sie werden zu Abfallmaterial.

Es gibt drei verschiedene Sekretasen, die das Amyloid-Vorläuferprotein abbauen: Alpha-Sekretase, Beta-Sekretase und Gamma-Sekretase. Für die Alzheimer-Krankheit spielt die Beta-Sekretase die wichtigste Rolle. Sie zerschneidet das Amyloid-Vorläuferprotein in zwei Bestandteile: einen Amyloid-Vorläuferprotein-Beta-Teil und ein Beta-Fragment. Dieses Beta-Fragment wird dann von der Gamma-Sekretase weiter kleingeschnitten, sodass Beta-Amyloid entsteht.

Nachdem die Sekretasen ihre Schneidearbeit verrichtet haben, verbleibt das Beta-Amyloid zunächst in der Zellmembran, wird aber bald darauf als Abfallmaterial aus der Nervenzelle ausgeschieden, weil es jetzt keine sinnvolle Funktion mehr erfüllt. Außerhalb der Nervenzelle wartet das Beta-Amyloid dann darauf, als Abfallstoff aus dem Gehirn abtransportiert oder herausgespült zu werden. So wie wir den Müll zur Abholung in den Hof hinausstellen, wartet das Beta-Amyloid darauf, über den Liquor oder das Blut abtransportiert und dann vom Körper weiter abgebaut und recycelt zu werden.

Wir wissen bereits, dass dieser Prozess des Herausspülens von Beta-Amyloid aus dem Gehirn sich im Alter verlangsamen kann. Das bedeutet, dass dieses Beta-Amyloid sich mit der Zeit außerhalb der Nervenzellen ansammelt, wo die Beta-Amyloid-Moleküle anfangen können, miteinander zu verkleben oder zu verklumpen und auf diese Weise Beta-Amyloid-Schichten zu bilden – ungefähr so, wie wenn man Lasagneblätter übereinanderschichtet. Unter dem Mikroskop sehen diese Schichten wie Fäden aus. Der wissenschaftliche Fachbegriff für solche Fäden lautet »Fibrillen«. Obwohl diese Schichten noch keine Amyloid-Plaques sind, bezeichnet man sie als Amyloid-Fibrillen oder -Oligomere.

Die zwei häufigsten Arten von Beta-Amyloid-Fibrillen sind Beta-Amyloid 40 und Beta-Amyloid 42. Die Zahlen 40 und 42 beziehen sich auf die Anzahl der Proteine in den jeweiligen Fibrillen. Der wichtige Unterschied zwischen Beta-Amyloid 40 und 42 besteht darin, dass Beta-Amyloid 42 das Risiko erhöht, an Alzheimer zu erkranken. (Warum das so ist, wird zurzeit noch wissenschaftlich untersucht.) Das liegt daran, dass die Nervenzellen bei einer höheren Anzahl von Beta-Amyloid-Fibrillen anfangen, Amyloid-Plaques zu bilden, die man unter dem Mikroskop erkennen kann. Wenn man versucht, eine große klebrige Masse zu entsorgen oder zu recyceln, ist das viel schwieriger und dauert viel länger, als wenn man jedem Bestandteil dieser Masse einzeln zu Leibe rücken würde. Das Gleiche gilt auch für das Gehirn, daher können Amyloid-Plaques dort lange Zeit verbleiben, ohne abgebaut zu werden. Manche Plaques werden womöglich gar nicht abgebaut und bleiben ein Leben lang bestehen. Das erklärt, warum wir mit zunehmendem Alter immer mehr Amyloid-Plaques im Gehirn haben – weil sie im Lauf der Jahre einfach mehr Zeit haben, sich dort anzusammeln, und es dann schwieriger ist, sie loszuwerden.

Inzwischen dürfte Ihnen klar sein, dass die Ablagerung von Amyloid-Plaques im Gehirn ein langsamer Prozess ist: Es dauert lange, bis sich Beta-Amyloid-Proteine dort ansammeln und zu Amyloid-Fibrillen verklumpen und bis sich aus diesen Fibrillen anschließend Amyloid-Plaques bilden. Das erklärt, warum die Entstehung der Alzheimer-Krankheit oft so lange – Jahre oder sogar Jahrzehnte – dauert: weil die Ablagerung von Amyloid eben ein langsamer, schleichender Prozess ist. Wir bemerken erst dann, dass wir zu viel Amyloid im Gehirn haben, wenn sich bereits erste Symptome zeigen.

Leider ist unser Gehirn, wenn wir diese Symptome entwickeln, oft schon ziemlich voll mit Amyloid-Fibrillen und -Plaques. Aber das muss nicht unbedingt nur ein Nachteil sein. Aus der Perspektive der Vorbeugung oder Therapie bietet uns diese langsame Anhäufung von Amyloid-Plaques ein ziemlich großes »Behandlungsfenster«: Das bedeutet nämlich, dass wir oft jahre-, wenn nicht sogar jahrzehntelang Zeit haben, die Ablagerung von Beta-Amyloid im Gehirn zu stoppen oder zumindest einzudämmen. Wir brauchen das Beta-Amyloid dann nur (wenigstens teilweise) aus dem Gehirn zu entfernen, und schon können wir die Alzheimer-Krankheit behandeln oder womöglich sogar heilen.

Diese Idee steckte hinter der Amyloid-Kaskaden-Hypothese aus dem Jahr 1990, die (was damals durchaus vernünftig, ja sogar brillant erschien) besagte, dass die Wahrscheinlichkeit, an Alzheimer zu erkranken, umso höher ist, je mehr Beta-Amyloid wir in unserem Gehirn haben. Dieser Theorie zufolge löst das Beta-Amyloid im Gehirn also eine Kaskade aus, die schließlich zum Ausbruch der Alzheimer-Krankheit führt.

Diese Hypothese galt jahrzehntelang als Schlüssel zur Erforschung der Alzheimer-Krankheit und zu den Arzneimittelstudien, die damals durchgeführt wurden. Nur leider stellte sich dann heraus, dass diese Hypothese zu simpel war. Bei der Alzheimer-Krankheit ist nämlich noch eine weitere mysteriöse Substanz im Spiel.

Eine seltsame Entdeckung

In den 2000er-Jahren machten Wissenschaftler eine rätselhafte Entdeckung, die zeigte, dass der Hippocampus (die Hirnregion, die wir am stärksten mit der Alzheimer-Krankheit und ihren Gedächtnissymptomen in Verbindung bringen) im Vergleich zum restlichen Gehirn *am wenigsten* von Amyloid-Fibrillen und -Plaques betroffen zu sein scheint – zumindest zu Beginn der Erkrankung. Das bereitete der Wissenschaft großes Kopfzerbrechen. Denn wenn Beta-Amyloid wirklich die Ursache der Alzheimer-Krankheit war, sollte es sich dann nicht hauptsächlich im medialen Temporallappen und im Hippocampus ablagern – den ersten Hirnregionen, in denen bei Alzheimer-Patienten Nervenzellen absterben und Gedächtnissymptome auftreten?

Stattdessen sind andere Hirnregionen – zum Beispiel der frontale Kortex und der mediale parietale Kortex – zumindest in den Anfangsstadien der Krankheit stärker von Beta-Amyloid-Fibrillen und -Plaques betroffen. Und was noch verwirrender ist: In den von Beta-Amyloid-Ablagerungen betroffenen Hirnregionen findet nicht der typische Nervenzelltod statt, der zu erwarten wäre, wenn nur das Beta-Amyloid die Alzheimer-Krankheit verursachen würde.

Verständlicherweise brachten diese anatomischen Befunde viele Wissenschaftler dazu, darüber nachzudenken, ob Beta-Amyloid wirklich die einzige Ursache für die Alzheimer-Krankheit ist.

Als man dann später in der Lage war, die Beta-Amyloid-Werte bei lebenden Personen zu messen, zeigte sich sehr bald, dass manche ältere Menschen mit recht hohen Beta-Amyloid-Werten im Gehirn gesund blieben und keinerlei Alzheimer-Symptome entwickelten. Zunächst ging man davon aus, dass diese Menschen irgendwann vielleicht doch an Alzheimer erkranken würden und dass ihr Gehirn offenbar einfach besonders resistent gegen hohe Beta-Amyloid-Werte war. Doch bald stellte sich heraus, dass manche dieser Menschen nie an Alzheimer erkrankten. Das sprach eindeutig gegen die Amyloid-Kaskaden-Hypothese.

Den endgültigen Todesstoß erhielt diese Hypothese in den 1990er-Jahren durch eine Arzneimittelstudie, als ein Pharmaunternehmen einen Impfstoff gegen die Alzheimer-Krankheit entwickelte (auf die Frage, wie dieser funktioniert, werden wir später noch eingehen). Der Impfstoff sollte dem Körper helfen, das Beta-Amyloid effizienter aus dem Gehirn zu entsorgen und so die Entstehung einer Alzheimer-Krankheit zu verhindern. Die ersten Ergebnisse der Studie waren insofern vielversprechend, als der Impfstoff wirkte und dadurch tatsächlich mehr Beta-Amyloid aus dem Gehirn beseitigt wurde. Zur allgemeinen Überraschung erkrankten einige Studienteilnehmer, bei denen die Beta-Amyloid-Mengen im Gehirn durch die Impfung abgenommen hatten, aber trotzdem an Alzheimer. Der Amyloid-Kaskaden-Hypothese zufolge hätte das nicht passieren dürfen, weil diese Hypothese ja davon ausging, dass Beta-Amyloid die einzige Ursache für die Alzheimer-Krankheit ist. Wie kam es also, dass die Teilnehmer dieser an und für sich recht erfolgreichen Studie trotzdem an Alzheimer erkrankten?

Für eine andere Gruppe von Demenzforschern waren diese Ergebnisse hingegen gar nicht so überraschend. Denn diese Forscher hatten bereits vor vielen Jahrzehnten ein anderes Protein untersucht, das mit der Alzheimer-Krankheit in Verbindung gebracht wurde und das auch schon von Alois Alzheimer und Oskar Fischer beschrieben worden war: Tau.

Tau

An dieser Stelle wollen wir uns daran erinnern, dass Alois Alzheimer (und Oskar Fischer) damals nicht nur über hirsekorngroße Ablagerungen außerhalb von Nervenzellen berichteten. Alzheimer erwähnte auch »zerfallene« Nervenzellen, von denen nur noch Nervenzellfasern (sogenannte Fibrillen) übrig geblieben waren. Allerdings müssen wir hier sehr genau zwischen Amyloid-Fibrillen und Tau-Fibrillen unterscheiden. Wir wissen ja inzwischen bereits, dass Amyloid-Fibrillen sich außerhalb der Nervenzelle ansammeln, wenn ein Überschuss an Beta-Amyloid im Gehirn vorliegt. Tau-Fibrillen sind jedoch etwas ganz anderes: Dabei handelt es sich, wie Dr. Alzheimer bereits richtig beobachtet hatte, um Überreste abgestorbener Nervenzellen. Zusammenfassend kann man sagen, dass Beta-Amyloid sich außerhalb von Nervenzellen ablagert, Tau dagegen innerhalb von Nervenzellen oder deren Überresten. Bevor wir untersuchen, welchen Beitrag Tau zur Alzheimer-Krankheit leistet, wollen wir uns zunächst einmal die Rolle dieses Eiweißes in gesunden Nervenzellen anschauen.

Tau ist ein im Gehirn weit verbreitetes Protein. Seine Hauptfunktion besteht darin, die Mikrotubuli in Nervenzellen zu stabilisieren und zu deren Aufbau beizutragen. Bei diesen Mikrotubuli handelt es sich, wie der Name schon sagt, um winzige Röhrchen, die in den Nervenzellen in großer Menge vorkommen und dort zwei Hauptaufgaben erfüllen. Ihre erste Aufgabe besteht darin, der Nervenzelle Struktur zu verleihen: Da Mikrotubuli recht starr sind, bilden sie eine Art Rückgrat für die Nervenzelle. Tatsächlich betrachten viele Wissenschaftler sie als Teil des Zytoskeletts, also des Skeletts der Zelle (vom griechischen Wort *zyto* für »Zelle«).

Die zweite Hauptfunktion von Mikrotubuli besteht darin, verschiedene Materialien innerhalb der Nervenzellen zu transportieren. Mikrotubuli sind wie Speditionen, die so ziemlich alles transportieren, was innerhalb einer Nervenzelle von einem Ort zum anderen gebracht werden muss: Proteine, Nährstoffe oder sonstige Moleküle. Diese Substanzen werden normalerweise in Transportboxen (sogenannten Vesikeln) verpackt. Aber Mikrotubuli können noch mehr: Sie können sogar ganze Zellorgane (sogenannte Organellen) wie beispielsweise Mitochondrien, ja sogar genetisches Material – zum Beispiel Chromosomen – transportieren. Kurz gesagt: Wenn innerhalb einer Zelle irgendetwas transportiert werden muss, sind die Mikrotubuli dafür zuständig.

Mikrotubuli sind überall in den Nervenzellen zu finden; in einem Gebilde namens »Axon«, über das Nervenzellen miteinander kommunizieren, sind sie jedoch in besonders stark konzentrierter Form vorhanden. Eine Nervenzelle kann ein oder mehrere Axone haben, die für die Kommunikation zwischen den Nervenzellen unentbehrlich sind. Letztendlich sorgen viele Tausende oder gar Millionen von Nervenzellen, die miteinander kommunizieren, für unsere gesunde Gehirnfunktion. Axone spielen somit eine entscheidende Rolle für unser Gehirn, und wenn sie nicht mehr richtig funktionieren, kann das Gehirn dadurch ernsthaft geschädigt werden.

Mikrotubuli brauchen Tau, um richtig funktionieren zu können. Dieses Tau gehört zu einer Klasse von Proteinen, die man als Mikrotubuli-assoziierte Proteine (MAP) bezeichnet. Wie trägt Tau dazu bei, dass die Mikrotubuli richtig funktionieren?

Um das zu verstehen, müssen wir uns zunächst einmal anschauen, wie die Mikrotubuli Substanzen von einem Ort zum anderen transportieren. Da Mikrotubuli winzig kleine Röhren sind, sollte man eigentlich annehmen, dass die zu transportierenden Substanzen durch diese Röhrchen hindurchfließen. Das würde zwar durchaus Sinn ergeben, ist aber trotzdem falsch. Der Hauptgrund, warum das zu transportierende Material nicht durch die Röhren hindurchfließt, besteht darin, dass ihr Durchmesser zu klein dafür ist. Zellorganellen sind beispielsweise um ein Vielfaches größer als die Mikrotubuli und würden daher nicht durch diese winzigen Röhrchen hindurchpassen.

Die Natur hat aber eine geniale Methode entwickelt, um trotzdem Substanzen aller Formen und Größen transportieren zu können, indem sie die Mikrotubuli wie Förderbänder gestaltete. An dieser Stelle müssen wir unsere Vorstellungskraft ein bisschen strapazieren, weil es keine einfache Beschreibung dafür gibt, wie dieses Förderband funktioniert. (Zumindest habe ich bisher noch keine gefunden.) Sich dieses »Mikrotubuli-Förderband« vorzustellen, ist deshalb so schwierig, weil es nicht statisch ist wie ein normales Förderband, sondern sich ständig weiterentwickelt.

Ein statisches Förderband würde einfach an Ort und Stelle bleiben, sodass Substanzen daran entlangtransportiert werden können. Doch es wäre sehr zeitaufwendig und ineffizient für die Nervenzellen, lange, statische Förderbänder zu bauen, und so ein statisches Förderband würde auch nicht besonders gut funktionieren. Zum Beispiel wäre es nicht in der Lage, Materialien genau an ihrem Ausgangspunkt aufzunehmen und genau dort hinzubringen, wo sie hinmüssen. Die Nervenzellen bräuchten dann also noch einen weiteren Transportmechanismus, um die Materialien erst einmal bis zum Förderband zu bringen. Aus diesem Grund hat die Natur ein flexibleres, kleineres Förderband konstruiert, das sich zwischen beliebigen Stellen innerhalb der Nervenzelle hin und her bewegen kann.

Und jetzt brauchen wir ein bisschen Fantasie, denn wir müssen uns ein Szenario vorstellen, in dem dieses Mikrotubuli-Förderband sich ständig auf- und abbaut. In der Biologie bezeichnet man so etwas als dynamisches Stabilitätssystem, weil sich das gesamte System permanent auf- und wieder abbaut, um seine Position zu verändern. Klingt unglaublich, nicht wahr?

Wenn wir die Analogie vom Förderband weiterdenken, bekommen wir einen genaueren Eindruck davon, was da vor sich geht. Nehmen wir also an, wir würden ständig neue Förderbandteile auf einer Seite unseres Bandes anbauen: Dann würde dieses Band sich in eine bestimmte Richtung »bewegen«. Und würden wir auf der anderen

Seite des Förderbands Teile abbauen, würde es sich von dieser Richtung wegbewegen. Genau so funktioniert das Mikrotubuli-System: Es baut ständig neue Teile an das Förderband an (je nachdem, wohin es sich bewegen soll) und entfernt dafür Teile aus der Richtung, aus der es gekommen ist.

Die Mikrotubuli-assoziierten Proteine wie beispielsweise Tau (es gibt auch noch andere) sind für den Auf- und Abbau dieses magischen, sich bewegenden Mikrotubuli-Förderbands von entscheidender Bedeutung, weil sie die Förderbandteile auf der einen Seite des Bandes aneinanderheften und auf der anderen Seite abtrennen, sodass sie wiederverwendet werden können. Mikrotubuli-assoziierte Proteine helfen also dabei, das Förderband zu bilden und in die richtigen Bahnen zu lenken. Sie erfüllen aber auch noch eine weitere Funktion: Wenn wir die Seiten dieses Förderbands betrachten, sehen wir, dass das Protein Anhängsel hat, die seitlich aus dem Band herausragen. Mithilfe dieser Anhängsel können die Vesikel (Transportboxen) an ihrem Platz fixiert und am Förderband entlangbewegt werden.

Zusammenfassend kann man also sagen, dass die Mikrotubuli-assoziierten Proteine drei wichtige Funktionen erfüllen: 1) Sie helfen beim Auf- und Abbau des Mikrotubuli-Förderbands. 2) Sie halten das Förderband stabil und sorgen dafür, dass seine Einzelteile miteinander verbunden bleiben. 3) Sie helfen beim Transport von Materialien entlang des Förderbands.

Und nun wollen wir uns mit der Frage beschäftigen, was bei der Alzheimer-Krankheit mit diesem Tau passiert. Es gibt da nämlich einen Prozess, der für die Entwicklung der Alzheimer-Krankheit eine besonders wichtige Rolle spielt: die Hyperphosphorylierung von Tau. Das Wort »Hyperphosphorylierung« ist zwar ein Zungenbrecher, aber wir können seine Bedeutung trotzdem ohne allzu große Mühe verstehen.

»Wer hat denn bloß das viele Phosphat bestellt?«

»Hyperphosphorylierung von Tau« bedeutet schlicht und einfach, dass sich übermäßig viel (also Hyper-)Phosphat an die Tau-Moleküle anlagert. Tau benötigt zwar schon ein bisschen Phosphat, um zu funktionieren, doch wenn zu viel Phosphat vorhanden ist, funktioniert das Protein nicht mehr richtig.

Woher kommt dieses überschüssige Phosphat, und warum lagert sich überhaupt zu viel Phosphat an Tau an?
Die genauen Mechanismen sind leider noch nicht erforscht. Vorläufig müssen wir also einfach akzeptieren, dass zu viel Phosphat vorhanden ist und dass dieser Phosphat-Überschuss die normale Funktion von Tau stört.

Wie wirkt sich das überschüssige Phosphat auf die Funktion von Tau aus?
Wir wissen ja inzwischen bereits, dass Tau drei Hauptfunktionen erfüllt, mit denen es die Mikrotubuli bei ihrer Arbeit unterstützt (Aufbau/Abbau des Mikrotubuli-Förderbands, Stabilität und Transport). Bis zu einem gewissen Grad beeinträchtigt übermäßiges Phosphat das Tau in allen drei Funktionen; am negativsten wirkt es sich jedoch auf den Aufbau des Förderbands aus. Das liegt daran, dass das überschüssige Phosphat sämtliche Bindungspunkte »blockiert«, die Tau benötigt, um sich an die Mikrotubuli anzuheften.

Dadurch kann Tau die verschiedenen Teile des Mikrotubuli-Förderbands nicht mehr miteinander verbinden oder aneinanderheften. Selbst wenn doch etwas Tau am Mikrotubulus haften bleibt, ist die Struktur zu wackelig, da nicht mehr alle Tau-Bindeglieder oder »-Heftklammern« vorhanden sind. Das Mikrotubuli-Förderband ist also nicht mehr funktionstüchtig. Außerdem verlangsamt diese schwächere Verbindung der einzelnen Teile das Mikrotubuli-Förderband in seiner Bewegung. Wie Sie aus dem vorigen Kapitel sicherlich noch wissen, müssen die Mikrotubuli ständig neu zusammengesetzt und wieder zerlegt werden, um sich fortbewegen zu können. Wenn dieser Prozess jedoch gestört wird, können die Mikrotubuli-Förderbänder sich entweder gar nicht mehr oder nur noch sehr langsam bewegen. Das beeinträchtigt den Transport von lebenswichtigem Material, das die Nervenzelle möglicherweise benötigt – es können dann nicht mehr so viele wichtige Stoffe an den Mikrotubuli entlangtransportiert werden.

Und als wäre das allein nicht schon schlimm genug, macht das überschüssige Phosphat das Tau auch »klebriger«: Ähnlich wie beim Beta-Amyloid beginnen jetzt auch die Tau-Moleküle Fibrillen oder Oligomere zu bilden, indem sie aneinander kleben bleiben. Deshalb wird jetzt auch ein größerer Teil von Tau funktionsuntüchtig: Da das Protein völlig verklebt ist, kann es seine drei Aufgaben auf dem Förderband nicht mehr erfüllen. Solange dieser Prozess nur bei einem oder einigen wenigen Mikrotubuli eintritt, kann die Nervenzelle das verkraften, denn es gibt ja noch viele andere Mikrotubuli. Wir müssen uns jedoch vorstellen, dass diese Hyperphosphorylierung in viel größerem Umfang stattfindet und letzten Endes fast die ganze Nervenzelle betrifft. Somit ist also ein erheblicher Teil des Transportmechanismus der Nervenzellen beschädigt.

Wir wollen uns nun einmal kurz überlegen, was dieser Prozess für unsere Gesellschaft bedeuten würde. Angenommen, unsere ganze Transportbranche würde in den Streik treten: Die Auswirkungen auf das Land wären verheerend. Das Gleiche gilt auch für das Transportsystem in unseren Nervenzellen, weil wichtige Nährstoffe oder Zellbestandteile dann kaum noch oder gar nicht mehr transportiert werden könnten. Einige Teile der Nervenzelle würden dann nicht mehr mit Nährstoffen versorgt, während andere Teile vielleicht nicht mehr das Material erhalten würden, das sie für Reparaturarbeiten benötigen.

Dadurch beginnt das ganze Nervenzellsystem zu kollabieren. Am deutlichsten zeigt sich dieser Zusammenbruch im Axon der Nervenzelle, da dieses besonders viele Mikrotubuli und auch besonders viel Tau enthält. Axone helfen Nervenzellen bei ihrer Kommunikation. Der Zusammenbruch des Mikrotubulussystems im Axon hat also unmittelbare Auswirkungen auf die Kommunikation zwischen Nervenzellen, die für eine gesunde Funktion unseres Gehirns von entscheidender Bedeutung ist.

Sobald die Nervenzelle kollabiert und abgestorben ist, löst sie sich auf, und die verbleibenden Trümmer werden von unserem Körper größtenteils beseitigt oder recycelt. Ebenso wie die Beta-Amyloid-Fibrillen sind aber auch die Tau-Fibrillen ein klebriges, für den Körper nur schwer zu entsorgendes oder zu recycelndes »Kuddelmuddel« – und leider oft das Einzige, was von den kollabierten und aufgelösten Nervenzellen übrig bleibt.

Nun wissen wir, aufgrund welcher physiologischen Prozesse Tau die Nervenzellen zum Absterben bringt. Ein Rätsel gibt es aber doch noch: Wenn nur wenige Nervenzellen von der Tau-Hyperphosphorylierung betroffen sind, warum greift dieser krankhafte Prozess dann allmählich auf das ganze Gehirn über, sodass daraus schließlich die Alzheimer-Krankheit entsteht? Mit dem Verlust von ein paar Nervenzellen könnte das Gehirn doch eigentlich noch ganz gut zurechtkommen, ohne dass dadurch gleich eine Demenzerkrankung entsteht. Warum spielt Tau dann für die Entstehung der Alzheimer-Krankheit eine so wichtige Rolle?

Um zumindest ein paar dieser Fragen zu beantworten, müssen wir uns einen letzten – bisher übrigens noch umstrittenen – Aspekt dieses Prozesses vor Augen führen: nämlich die bemerkenswerte Fähigkeit des hyperphosphorylierten Tau, andere Nervenzellen zu »infizieren«.

Tau-»Infektion«

Normalerweise verstehen wir unter einer Infektion eine Reaktion des Immunsystems auf einen externen Krankheitserreger, der unseren Körper bedroht – zum Beispiel ein Virus oder Bakterium, das den Körper schädigt, so wie das SARS-CoV-2-Virus, das Covid-19 verursacht. Das Immunsystem versucht diese »infektiöse Invasion« abzuwehren. Das ist eine ziemlich zutreffende Beschreibung der meisten Infektionsprozesse.

Es gibt aber auch seltenere Arten von Infektionen, die ohne Bakterien oder Viren ablaufen. Diese Infektionen entstehen durch falsch gebaute Proteine. Wenn so ein fehlerhaftes Protein eine Infektion verursacht, bezeichnet man es als »Prion«. Der »Rinderwahnsinn« oder die bovine spongiforme Enzephalopathie (wörtlich: poröse Hirnschädigung bei Kühen) wird zum Beispiel durch so ein falsch gebautes Protein verursacht. Beim Menschen ist die häufigste Prionenkrankheit die sogenannte Creutzfeldt-Jakob-Krankheit – sie ist zum Glück äußerst selten, kann aber tödlich verlaufen.

Aber bitte geraten Sie jetzt nicht in Panik bei dem Gedanken, dass die Alzheimer-Krankheit ebenfalls ansteckend sein könnte! Sie können ganz unbesorgt sein: Eine menschliche Prionenkrankheit kann nicht durch ganz normale Alltagskontakte oder Geschlechtsverkehr, über das Blut oder durch Tröpfchen in der Luft (die häufigsten Ansteckungsarten) übertragen werden. Untersuchungen haben gezeigt, dass selbst Menschen, die regelmäßig mit Hirngewebe von Alzheimer-Patienten zu tun haben – beispielsweise Neuropathologen oder Neurochirurgen – keinem höheren Risiko ausgesetzt sind, sich mit der Alzheimer-Krankheit zu »infizieren«.

Was für Beweise gibt es dafür, dass die Alzheimer-Krankheit eine Prionenkrankheit sein könnte?

Tatsächlich gibt es hierfür noch keinen eindeutigen Beweis. Laborexperimente haben jedoch gezeigt, dass die Tau-Phosphorylierung sich auf benachbarte Nervenzellen auszubreiten scheint, die dann ebenfalls absterben. Zurzeit weiß man aber noch nicht genau, auf welche Weise die Tau-Hyperphosphorylierung benachbarte Nervenzellen »infizieren« kann. Daher haben einige Wissenschaftler die Theorie aufgestellt, dass der Tau-Hyperphosphorylierungsprozess »prionenähnliche« Eigenschaften aufweist. Grundsätzlich scheint hyperphosphoryliertes Tau sich wie ein Prion zu verhalten, aber wir wissen immer noch nicht, ob Tau wirklich ein Prion ist und ob es tatsächlich den Ausbruch der Alzheimer-Krankheit verursacht.

Plausibel ist es allerdings schon, dass hyperphosphoryliertes Tau diese Demenzform verursachen könnte. Man kann die durch Tau-Phosphorylierung verursachte Nervenzellschädigung nämlich an Nervenzellen entlangverfolgen, die miteinander in Verbindung stehen und kommunizieren. Dieser Phosphorylierungsprozess »infiziert« nach und nach immer mehr Nervenzellen, die alle miteinander verbunden sind, bis der größte Teil des Gehirns von der Tau-Hyperphosphorylierung betroffen ist und schließlich Nervenzellen absterben. Schon Alois Alzheimer war scharfsinnig genug, das zu erkennen, und beschrieb, dass im Gehirn von Auguste Deter »ein bis drei Viertel der Nervenzellen« von dieser »unbekannten Substanz« in Mitleidenschaft gezogen waren. Bei dieser Substanz handelt es sich, wie wir heute wissen, um hyperphosphoryliertes Tau. Bei Frau Deter waren zum Zeitpunkt ihres Todes fast drei Viertel des Gehirns von dieser Tau-Phosphorylierung betroffen, obwohl sie nur in einer einzigen Nervenzelle begonnen haben kann. Und wir wissen, dass die Wahrscheinlichkeit, an Alzheimer zu erkranken, umso größer ist, je höher der Anteil an phosphoryliertem Tau im Gehirn einer Person ist.

Bedeutet das also, dass die Alzheimer-Krankheit eigentlich gar nicht durch Beta-Amyloid, sondern durch die Tau-Hyperphosphorylierung verursacht wird?
Sowohl hyperphosphoryliertes Tau als auch Beta-Amyloid stehen in engem Zusammenhang mit der Alzheimer-Krankheit. Tatsächlich ist sich die Wissenschaft inzwischen darüber einig, dass bei den meisten Menschen beide Faktoren – Beta-Amyloid und phosphoryliertes Tau – im Gehirn vorhanden sein müssen, damit eine Alzheimer-Krankheit entstehen kann.

Ich wünschte, wir könnten es einfach dabei belassen, doch der Vollständigkeit halber muss ich erwähnen, dass das gleichzeitige Auftreten von übermäßig vielem Beta-Amyloid und übermäßig vielem phosphoryliertem Tau zwar bei den meisten Menschen die Entstehung der Alzheimer-Krankheit erklärt (oder zumindest zu erklären scheint) – aber eben leider nicht bei allen. Bei einigen wenigen Menschen kann sich die Alzheimer-Krankheit auch ohne übermäßig viel Beta-Amyloid im Gehirn entwickeln.

Was für ein Durcheinander, werden Sie jetzt vielleicht denken. Und da haben Sie recht. Aber es ist trotzdem wichtig, Ihnen eine umfassende Vorstellung von diesem »Chaos« zu vermitteln, damit Sie verstehen, weshalb das »Warum« der Entstehung der Alzheimer-Krankheit Wissenschaftlern schon seit Jahrzehnten Rätsel aufgibt. Wie die Alzheimer-Krankheit entsteht, das weiß man dagegen ziemlich genau.

Wie entsteht diese Erkrankung?

Wissenschaftler haben inzwischen ein ziemlich genaues Modell für die Entstehung der Alzheimer-Krankheit entwickelt. Dieses neue Modell beinhaltet zwar immer noch eine Kaskade verschiedener Schritte, die erforderlich sind, damit diese Erkrankung entstehen kann, doch inzwischen wurde auch eine Zeitachse eingefügt, die zeigt, »wann« diese Veränderungen auftreten.

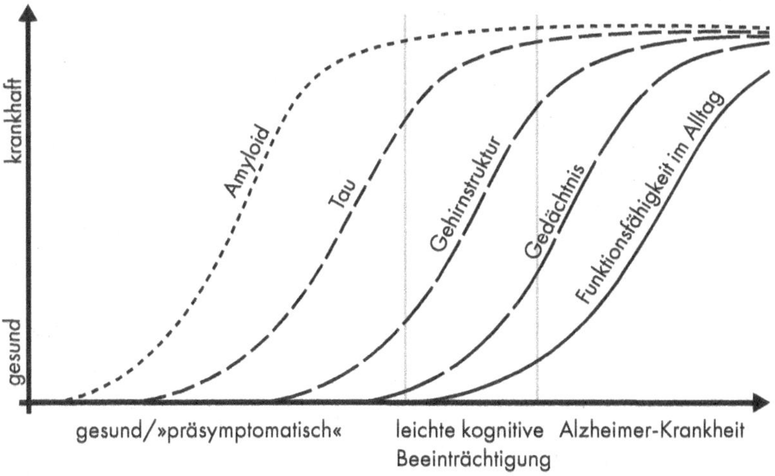

Dieses Modell veranschaulicht die Kaskade der krankheitsspezifischen Prozesse, die letztendlich zu Gedächtnissymptomen und Veränderungen der Funktionsfähigkeit im Alltag führen. Allerdings handelt es sich hierbei lediglich um das neueste Modell – es gibt sowohl Daten, die seine Richtigkeit bestätigen, als auch Daten, die sie widerlegen. Wie alle Modelle ist es zwar durchaus hilfreich, aber nicht unbedingt zutreffend. Denn letztendlich zeigen wissenschaftliche Modelle lediglich ein »ideales« Szenario, das durch die vorliegenden Daten erhärtet wird. Wir dürfen dabei aber nicht vergessen, dass auch andere, externe Faktoren – zum Beispiel Lebensstil und Umwelt – den Verlauf der Krankheitsentstehung beeinflussen können und dass dieser Prozess sich von Individuum zu Individuum unterscheiden kann. Als allgemeines Modell der Alzheimer-Krankheit bietet dieses Diagramm uns jedoch einen sehr guten Überblick darüber, wie diese Krankheit bei den meisten Menschen entsteht.

Wir wollen dieses Diagramm nun einmal miteinander durchgehen. Wie Sie sehen, zeigt die x-Achse (waagerechte Linie) den Verlauf der Krankheit von gesund/»präsymptomatisch« bis hin zur Alzheimer-Krankheit. Mit dem Begriff »präsymptomatisch« meinen wir Patienten, bei denen bereits erste Alzheimer-typische Veränderungen im Gehirn vorliegen, die aber bisher noch keine Symptome entwickelt haben: Deshalb bezeichnet man sie als präsymptomatisch (lateinisch *prae-* = »vor-«). Die y-Achse (senkrechte Linie) zeigt uns, wie der Schweregrad der Erkrankung allmählich zunimmt: Ganz unten auf der Achse sind »gesunde« und ganz oben »krankhafte« Werte angesiedelt. Der genaue Schwellenwert, ab dem gesunde Werte für die in dem Modell aufgeführten Variablen in krankhafte Werte umschlagen, ist noch umstritten; einstweilen müssen wir eben einfach davon ausgehen, dass die Werte an irgendeinem Punkt »krankhaft« werden. Die hellgrauen senkrechten Linien zeigen mögliche Übergangspunkte von gesund/»präsymptomatisch« zu leichter kognitiver Beeinträchtigung und schließlich zur Alzheimer-Krankheit. Diese Markierungen sollen lediglich einen Hinweis darauf geben, wann bei einem Patienten wahrscheinlich eine leichte kognitive Beeinträchtigung oder eine Alzheimer-Krankheit diagnostiziert wird. Auch das kann jedoch von Patient zu Patient verschieden sein, denn der eine berichtet seinem Arzt vielleicht früher, der andere später von seinen Symptomen, sodass die Ärzte dann auch dementsprechend früher oder später eine Alzheimer-Diagnose stellen.

Und nun wollen wir diese Grafik noch ein bisschen genauer interpretieren. In der Grafik sehen wir fünf Kurven, die jeweils einen

Schlüsselfaktor für den Verlauf der Alzheimer-Krankheit und ihre letztendliche Diagnose darstellen. Die ersten beiden Kurven beziehen sich auf die Proteine, die sich im Verlauf der Alzheimer-Krankheit im Gehirn ansammeln: Amyloid und Tau (je höher die Kurve ansteigt, umso höher ist der jeweilige Proteinwert). Die dritte Kurve bezieht sich auf die Gehirnstruktur: Sie ist ein Maß dafür, wie stark die Gehirnzellen bereits von dem durch diese beiden Proteine verursachten Krankheitsprozess betroffen sind. Denn wir wissen ja: Je mehr Amyloid und Tau sich im Gehirn abgelagert haben, umso stärker sind das Gehirn und bestimmte Nervenzellen von der Erkrankung betroffen, da eine hohe Konzentration dieser Proteine für die Nervenzellen toxisch ist und sie dann schließlich absterben. Wenn viele Nervenzellen absterben, kommt es zu Veränderungen der Gehirnstruktur, da das Gehirn durch den Verlust der vielen Nervenzellen schrumpft (ein Vorgang, den man in der Medizin als Atrophie bezeichnet, abgeleitet vom altgriechischen Wort *atrophia* = »verkümmern«). Die in der Grafik dargestellten Veränderungen der Gehirnstruktur deuten also auf ein vermehrtes Absterben von Nervenzellen hin, was sich in bildgebenden Untersuchungen des Gehirns als Atrophie zeigt. Die vierte Kurve zeigt die typischen Gedächtnissymptome, die bei einer Alzheimer-Krankheit auftreten: Das bedeutet, dass es den Patienten schwerfällt, sich noch an vor Kurzem stattgefundene Ereignisse zu erinnern, oder dass sie nicht mehr wissen, wo sie irgendetwas hingelegt haben. Je höher die Kurve ansteigt, umso mehr Gedächtnisprobleme liegen vor. Die fünfte Kurve schließlich zeigt, wie die Funktionsfähigkeit der Patienten im Alltag durch die Krankheit beeinträchtigt wird, und auch hier gilt: Je höher sie steigt, umso stärker ist die Funktionsfähigkeit beeinträchtigt.

Da wir nun wissen, wofür die Kurven stehen, sehen wir, dass zunächst einmal eine ganze Kaskade von Ereignissen eintritt, bevor die Patienten Gedächtnissymptome entwickeln und der Arzt bei ihnen die Diagnose »Alzheimer« stellt. Als Erstes nimmt die Menge der Amyloid-Ablagerungen im Gehirn zu. Man geht davon aus, dass dieser Prozess ein Jahr bis mehrere Jahrzehnte dauern kann, sodass diese Kurve im Diagramm von Patient zu Patient unterschiedlich steil verlaufen kann. Wir sehen auch, dass die Amyloid-Werte bereits sehr hoch sind, bevor sich das nächste Protein (Tau) in nennenswerten Mengen im Gehirn ansammelt. Einigen Theorien zufolge sind bei der Alzheimer-Krankheit zunächst einmal hohe Amyloid-Werte erforderlich, damit sich überhaupt Tau im Gehirn ablagern kann. Die Wechselwirkungen zwischen Amyloid und Tau sind jedoch ziemlich kompliziert und noch nicht eindeutig geklärt.

Die dritte Kurve (Veränderungen der Gehirnstruktur) setzt erst ein, wenn Ablagerungen beider Proteine (Amyloid und Tau) sich bereits im Gehirn ausgebreitet haben. Das ist auch durchaus plausibel, denn es müssen sich zunächst einmal erhebliche Mengen an Amyloid und Tau im Gehirn angesammelt haben, um für die Nervenzellen toxisch zu werden. Sobald die Zellen abzusterben beginnen, setzt die Atrophie ein, die auf Gehirnscans sichtbar ist, und kurz nachdem diese Veränderungen im Gehirn eingetreten sind, machen sich Gedächtnisprobleme bemerkbar. Auch das ist plausibel, da für ein normales Funktionieren unseres Gedächtnisses intakte Nervenzellen erforderlich sind. Sobald eine größere Anzahl von Nervenzellen abzusterben beginnt, funktioniert unser Gedächtnis nicht mehr richtig, und unsere Vergesslichkeit wird zum Problem. Normalerweise berichten wir in diesem Stadium einem Arzt von unseren Gedächtnissymptomen, der dann die Diagnose einer leichten kognitiven Beeinträchtigung stellt, sofern wir alle hierfür erforderlichen diagnostischen Kriterien erfüllen.

Und schließlich, wenn unsere Gedächtnissymptome sich allmählich immer mehr verschlimmern, leidet darunter natürlich auch unsere Funktionsfähigkeit im Alltag. Zusätzlich können auch noch weitere kognitive Symptome auftreten, die dann schließlich dazu führen, dass der Arzt die Diagnose »Alzheimer« stellt.

Dieses Modell soll verdeutlichen, dass bei den meisten Menschen, die an Alzheimer erkranken, eine klar definierte Kaskade zu beobachten ist. Doch der entscheidende Faktor für die Entstehung dieser Krankheit ist nicht einfach nur die Amyloid-Kaskade, sondern die Interaktion zwischen Amyloid und Tau. Dieses Modell wird durch viele wissenschaftliche Daten erhärtet, die zeigen, dass die Amyloid- und Tau-Ablagerungen zunächst einmal zunehmen, bevor sichtbare Veränderungen im Gehirn und die daraus resultierenden Veränderungen des Gedächtnisses und der Funktionsfähigkeit im Alltag zu beobachten sind. Die typischen Gedächtnissymptome, aufgrund derer die Alzheimer-Krankheit normalerweise diagnostiziert wird, treten also erst relativ spät im Krankheitsverlauf auf. Für viele Menschen ist das eine ernüchternde Erkenntnis, denn es bedeutet, dass die Krankheit sich bereits im Gehirn ausgebreitet hat, wenn erste Gedächtnissymptome auftreten. Außerdem erklärt es, warum viele Behandlungen in diesem Krankheitsstadium keine große Wirkung mehr zeigen, da der Schaden am Gehirn bereits entstanden ist.

Es liegt also auf der Hand, dass wir diese Erkrankung sehr viel früher erkennen sollten – am besten schon dann, wenn Amyloid und Tau erst noch dabei sind, sich im Gehirn abzulagern, und die Nervenzellen noch nicht so stark geschädigt sind. Denn in diesem Stadium ließe sich die Alzheimer-Krankheit viel besser behandeln. Doch bis vor Kurzem verfügten wir leider noch nicht über die notwendige Technologie, um Amyloid und Tau bei lebenden Personen zu messen. Inzwischen können wir das zum Glück.

Biomarker-Technologie

Wissenschaftliche Entdeckungen wurden schon immer durch technologische Fortschritte vorangetrieben. Solche neuen Technologien ermöglichen es normalerweise, natürliche Prozesse zu messen, die vorher nicht messbar waren. Man denke zum Beispiel an das Aufkommen der Mikroskopie, dank der Alois Alzheimer und Oskar Fischer ihre bahnbrechenden Entdeckungen machen konnten. Noch bis vor wenigen Jahren war es ziemlich schwierig, Amyloid- und Tau-Werte bei lebenden Personen zu messen. Die wissenschaftlichen Untersuchungen zur Erforschung der Krankheitsursache wurden an Menschen durchgeführt, die bereits an Alzheimer gestorben waren, so wie die von Dr. Alzheimer zu Beginn des 20. Jahrhunderts durchgeführten Autopsien. Vor allem in den 1980er-Jahren zeigten mehrere Autopsien, wie Amyloid und Tau sich im Gehirn ausbreiten; zu diesem Zweck verglich man die Gehirne von Alzheimer-Patienten, die in verschiedenen Stadien der Krankheit verstorben waren, miteinander. Diese Untersuchungen haben unser Verständnis für die Entstehung und Ausbreitung dieser Erkrankung zwar deutlich verbessert, doch den Ausbruch und das Fortschreiten der Alzheimer-Krankheit bei lebenden Menschen konnten wir erst in den 1990er-Jahren verfolgen, nachdem Alzheimer-Biomarker entwickelt worden waren.

Was sind Biomarker?

Einfach ausgedrückt, handelt es sich dabei um biologische Marker für eine bestimmte Erkrankung. Bei der Alzheimer-Krankheit ermöglichen Biomarker den Nachweis von Beta-Amyloid und phosphoryliertem Tau bei lebenden Patienten. Eine wichtige Erkenntnis, die wir der Entdeckung von Alzheimer-Biomarkern bei lebenden Patienten verdanken, ist die Tatsache, dass Beta-Amyloid und phosphoryliertes Tau möglicherweise nicht nur im Gehirn verbleiben, sondern auch auf das Blut und den Liquor übergreifen können, die unser Gehirn und unser Rückenmark umfließen (wodurch unser zentrales Nervensystem geschützt und ernährt wird und Abfallprodukte wie Amyloid und Tau weggespült werden). Neue molekulare Verfahren wie ELISA (Enzyme-Linked Immuno Sorbent Assay) sind in der Lage, diese geringen Mengen an Beta-Amyloid und phosphoryliertem Tau zuverlässig zu messen. Das bedeutet, dass wir Amyloid und Tau bei Alzheimer-Patienten bereits messen können, noch bevor sie Symptome entwickeln und bevor ein Arzt diese Demenzerkrankung bei ihnen diagnostiziert. Wie wir gesehen haben, kann die Ansammlung dieser beiden Proteine bereits viele Jahre, wenn nicht sogar Jahrzehnte vor dem Auftreten der ersten Symptome beginnen. Daher ist der Nachweis von erhöhten Beta-Amyloid- und phosphorylierten Tau-Spiegeln bei Patienten, bevor sie Symptome entwickeln (solange sie sich also noch im präsymptomatischen Stadium der Alzheimer-Krankheit befinden), der Schlüssel zu einer frühzeitigen Prävention oder Behandlung dieser Erkrankung.

Aber wenn es diese Techniken gibt, warum werden sie dann im Rahmen der Demenzdiagnostik nicht flächendeckend eingesetzt?

Der naheliegendste Grund, warum Liquoruntersuchungen nicht routinemäßig für die Demenzdiagnostik angeboten werden, besteht darin, dass sie eine Lumbalpunktion erfordern. Das ist eine medizinische Untersuchung, bei der man eine lange Nadel zwischen die Rückenwirbel einführt, um eine sehr kleine Menge Liquor zu entnehmen. Obwohl es sich dabei heutzutage um eine Routineuntersuchung handelt, ist die Lumbalpunktion doch ein recht invasiver Eingriff, der normalerweise einen kurzen Krankenhausaufenthalt erfordert und von einem Facharzt durchgeführt werden muss. Es handelt sich dabei also nicht um einen einfachen »Test«, den jeder Hausarzt oder jede Krankenschwester durchführen kann, sondern um einen Eingriff, der eine Krankenhauseinweisung erfordert. Das mag kein Problem sein, solange man das nur einmal machen muss, doch um über längere Zeit ansteigende Amyloid- und Tau-Werte zu messen, sind möglicherweise mehrere Lumbalpunktionen erforderlich. Das ist eindeutig nicht machbar, daher wurden Liquoruntersuchungen auf Amyloid und Tau bisher meist nur im Rahmen wissenschaftlicher Studien durchgeführt, um den Verlauf der Alzheimer-Krankheit zu untersuchen. Für die alltägliche klinische Diagnose ist es zu riskant, jemanden wiederholten Lumbalpunktionen zu unterziehen (ganz zu schweigen von den Kosten und der Infrastruktur, die dafür erforderlich wären).

Aber warum brauchen wir eine komplizierte Lumbalpunktion, um Beta-Amyloid und phosphoryliertes Tau zu messen, wenn wir diese Werte doch auch im Blut untersuchen können?

Das wäre natürlich viel einfacher, da sogar der Hausarzt oder eine Krankenschwester eine Blutprobe entnehmen und zur Analyse ins Labor einsenden könnte. Dann müsste man nicht ins Krankenhaus gehen und sich einem Eingriff unterziehen, der weitaus riskanter ist als eine Blutabnahme. Doch leider entstehen erst jetzt allmählich Bluttests, mit denen man Beta-Amyloid und phosphoryliertes Tau zuverlässig messen kann. Diese Tests befinden sich noch in der Entwicklung, anscheinend handelt es sich dabei aber um sehr vielversprechende Möglichkeiten, Amyloid und Tau in den präsymptomatischen Stadien der Alzheimer-Krankheit zu erkennen. Dass die Entwicklung solcher Bluttests so lange gedauert hat, liegt daran, dass die Beta-Amyloid- und phosphorylierten Tau-Spiegel im Blut noch schwerer nachweisbar sind als im Liquor. Man braucht also neue Technologien, um diese Spiegel verstärken und zuverlässig messen zu können.

Solche Bluttests werden die Diagnostik von Alzheimer-Patienten im präsymptomatischen Stadium deutlich verbessern. Mit ihrer Hilfe wird es erstmals möglich sein, die Alzheimer-Krankheit bei Menschen zu behandeln oder womöglich sogar zu verhindern, noch bevor sich erste Symptome zeigen. Da wir jetzt wissen, dass Symptome erst dann auftreten, wenn die Krankheit sich bereits im Gehirn ausgebreitet hat, bietet die Früherkennung von Amyloid und Tau uns eine viel bessere Chance, die Entwicklung und das Fortschreiten der Erkrankung zu bekämpfen.

Die Amyloid- und Tau-Werte im Blut oder Liquor sind jedoch keine präzisen Messwerte, sondern lediglich ein Indikator für die Amyloid- und Tau-Werte im Gehirn. Ein weiteres Problem ist, dass Blutuntersuchungen uns nicht verraten, an welchen Stellen des Gehirns Amyloid und Tau sich ansammeln. Mit bildgebenden Untersuchungen dagegen kann man Beta-Amyloid und phosphoryliertes Tau im Gehirn tatsächlich nachweisen und messen. Zu diesen Verfahren gehört die Positronenemissionstomografie (PET). Dazu erhält man eine Injektion oder einen Tropf mit einer Lösung, an deren Moleküle radioaktive Tracer gebunden sind. Sobald sich diese Lösung im Körper befindet, kann man spezifische Veränderungen in den Organen erkennen, die dann über das radioaktive Signal aus dem betreffenden Organ im PET-Scanner gemessen werden können. Einer der am häufigsten verwendeten Tracer für das Gehirn ist Fluorodeoxyglukose. Dabei handelt es sich um einen Zucker (Glukose), der ein modifiziertes radioaktives Fluoridmolekül enthält. Da unsere Zellen für ihre Aktivität Glukose nutzen, können wir mit diesem Tracer die Zellaktivität messen. Wenn uns dieser Tracer injiziert wird und wir dann in einem PET-Scanner untersucht werden, können die Ärzte unsere Gehirnaktivität messen. Weniger aktive (hypoaktive) Bereiche deuten darauf hin, dass die Nervenzellen in den betreffenden Hirnregionen abzusterben beginnen, und geben uns somit Aufschluss darüber, wie stark die Alzheimer-Krankheit das Gehirn bereits in Mitleidenschaft zieht.

In den 2010er-Jahren begannen mehrere Forschungsgruppen PET-Tracer zu entwickeln, die spezifisch auf Beta-Amyloid und phosphoryliertes Tau zugeschnitten sind, sodass wir nun messen können, wie viel Amyloid und Tau sich im Gehirn eines Patienten angesammelt haben und wo. Ähnlich wie die Blutuntersuchungen auf Beta-Amyloid und phosphoryliertes Tau befinden sich allerdings auch diese PET-Scans noch im experimentellen Stadium und werden nicht für klinische Zwecke, sondern hauptsächlich für wissenschaftliche Studien eingesetzt. Trotz der vielversprechenden Ergebnisse ist es unwahrscheinlich, dass PET-Scans jemals routinemäßig für die Demenzdiagnostik eingesetzt werden, da solche Untersuchungen nur in spezialisierten Zentren durchgeführt werden können und ziemlich teuer sind. Trotzdem könnten PET-Scans bei der Diagnostik ungewöhnlicher oder seltener Demenzformen eine Alternative zu Blutuntersuchungen darstellen.

Technologische Fortschritte bei der Entwicklung von Biomarkern haben sich bei der Erkennung von Beta-Amyloid und phosphoryliertem Tau offenbar als sehr hilfreich erwiesen und werden die zukünftige Diagnose von Alzheimer-Patienten oder Menschen, die ein erhöhtes Alzheimer-Risiko haben, verbessern. Na und?, werden sie jetzt vielleicht sagen. Wenn es immer noch keine Behandlungsmöglichkeit für diese Erkrankung gibt, was für einen Sinn hat es dann, abnormale Beta-Amyloid- und phosphorylierte Tau-Werte festzustellen, bevor die Krankheit ausbricht? Ist es nicht ein bisschen grausam oder vielleicht sogar unethisch, Menschen mitzuteilen, dass sie wahrscheinlich an Alzheimer erkranken werden, ohne ihnen eine Behandlung anbieten zu können?

All das sind berechtigte Fragen. Wir sollten jedoch nicht unterschätzen, inwieweit bereits existierende Präventionstechniken und Medikamente unser Risiko, an Alzheimer zu erkranken, senken können. Darauf werden wir in Teil 4 des Buches, in dem es um die Risikofaktoren geht, noch näher eingehen. Immerhin können bereits vorhandene Präventionstechniken und Medikamente unser Risiko, an Alzheimer zu erkranken, dem jetzigen wissenschaftlichen Konsens zufolge um bis zu 40 Prozent reduzieren – und das ist schon eine ganze Menge. Der Schlüssel zu einer erfolgreichen Risikominimierung oder Prävention liegt jedoch darin, die Krankheit so früh wie möglich zu erkennen, weil diese Techniken und Medikamente dann am wirksamsten sind. Wenn wir also wissen, dass wir ein erhöhtes Alzheimer-Risiko haben, erhöhen die neuen Biomarker unsere Chance, die Entstehung dieser Erkrankung durch eine Veränderung unseres Lebensstils und bestimmte Medikamente zumindest verlangsamen zu können. Inzwischen können wir auch bei lebenden Patienten messen, ob eine neue Alzheimer-Therapie die Beta-Amyloid- und/oder phosphorylierten Tau-Spiegel senkt und ob sie das Fortschreiten der Erkrankung verlangsamt oder womöglich sogar stoppt.

Und nun wollen wir einen Blick auf die verschiedenen Behandlungsansätze für die Alzheimer-Krankheit werfen, um zu verstehen, wie sie funktionieren und welche am vielversprechendsten sind.

Therapieansätze, die auf Amyloid abzielen

In den letzten Jahrzehnten wurden Dutzende von Studien zur Untersuchung neuer Medikamente und Behandlungsmethoden für die Alzheimer-Krankheit durchgeführt. Obwohl es bisher noch nicht gelungen ist, ein Heilmittel für diese Erkrankung zu finden, steht uns heute doch schon eine ganze Reihe neuer Medikamente zur Verfügung, die den Krankheitsprozess verlangsamen. Um Klarheit darüber zu gewinnen, warum so viele Arzneimittelstudien gescheitert sind und warum wir die Alzheimer-Krankheit bisher immer noch nicht stoppen können, wollen wir nun einen Blick auf die pharmakologischen Behandlungsansätze werfen, die auf Amyloid und Tau abzielen. Da die Amyloid-Kaskaden-Hypothese so viele Jahre lang eine beherrschende Rolle gespielt hat, ist es eigentlich kein Wunder, dass die meisten klinischen Studien über neue Alzheimer-Therapien ihr Augenmerk auf die Ansammlung von Beta-Amyloid im Gehirn richteten.

Man kann die auf Beta-Amyloid abzielenden medikamentösen Behandlungsansätze in drei Hauptkategorien unterteilen:

1. Eindämmung der Beta-Amyloid-Produktion
2. Verhinderung der Ansammlung von Beta-Amyloid im Gehirn
3. Förderung der Beta-Amyloid-Entsorgung

Diese verschiedenen Therapieansätze wollen wir nun einmal miteinander durchgehen und sehen, wie sie funktionieren und welche sich als am erfolgreichsten erwiesen haben. Zunächst einmal möchte ich jedoch vorausschicken, dass keiner dieser Ansätze besser oder schlechter ist als die anderen – es sind einfach nur verschiedene Möglichkeiten, etwas an den Beta-Amyloid-Werten im Gehirn zu verändern.

1. Eindämmung der Beta-Amyloid-Produktion

Dieser Behandlungsansatz erscheint fast schon zu plausibel: Man braucht nur die Gesamtproduktion von Beta-Amyloid im Gehirn zu reduzieren – und voilà: Schon nimmt das Risiko, an Alzheimer zu erkranken, ab. Aber wie kann man die Beta-Amyloid-Produktion im Gehirn eindämmen?

Diese Therapiestudien setzen am häufigsten bei den Beta-Amyloid-Sekretasen an. Erinnern Sie sich noch an die Sekretasen, die Amyloid in seine verschiedenen Bestandteile »zerschneiden«? Die Beta- und Gamma-Sekretasen sind gute Behandlungsziele, weil sie die Produktion von Beta-Amyloid regulieren. Die Logik dahinter besagt: Je weniger Amyloid von den Sekretasen zu Beta-Amyloid zerschnitten wird, umso weniger Beta-Amyloid kann sich im Gehirn ansammeln. Diese Medikamente zielen also auf das »Verhalten« der Sekretasen ab.

Eine dieser Strategien besteht in der Entwicklung von Medikamenten, die die Gesamtaktivität der Beta- und Gamma-Sekretasen eindämmen, indem sie sie weniger effizient machen, also beispielsweise verlangsamen. Sobald die Beta- und Gamma-Sekretasen in ihrer Aktivität »gebremst« werden, produzieren sie weniger Beta-Amyloid, was zu einer geringeren Amyloid-Ansammlung und weniger Plaques im Gehirn führen und schließlich das Risiko einer Alzheimer-Erkrankung verringern sollte.

Die zweite Strategie zur Beeinflussung des »Verhaltens« der Sekretasen besteht darin, die Produktion von Beta-Amyloid einzudämmen, indem man die dritte Sekretase, die Amyloid zerschneidet (Alpha-Sekretase), zu einer verstärkten Aktivität anregt. Vielleicht erinnern Sie sich noch daran, dass es neben der Beta- und Gamma-Sekretase auch noch eine Alpha-Sekretase gibt, die das Amyloid-Protein in andere Teile zerschneidet als die Beta- und Gamma-Sekretasen? Wenn die Alpha-Sekretase Amyloid zerschneidet, entsteht als Endprodukt *kein* Beta-Amyloid. Wenn wir also die Alpha-Sekretase dazu anregen, aktiver zu werden als die Beta- und Gamma-Sekretasen, wird Amyloid zwar immer noch abgebaut – aber eben nicht zu Beta-Amyloid.

Die Gefahr bei diesem Therapieansatz besteht jedoch darin, dass wir durch eine Veränderung der Aktivität der Sekretasen möglicherweise andere, unbeabsichtigte Auswirkungen im Gehirn verursachen, die nicht mit der Beta-Amyloid-Produktion zusammenhängen und schwerwiegende Folgen haben könnten. Solche negativen Folgen stellen bei vielen Ansätzen zur Behandlung von Krankheiten ein großes Dilemma dar, denn natürlich wollen wir eine Erkrankung verhindern oder behandeln, ohne die gesunden biologischen Funktionen des Körpers zu stören, da dies zu unerwünschten Nebenwirkungen führen könnte. Das gilt vor allem für Medikamente, die auf gesunde Körperfunktionen abzielen, um Krankheiten vorzubeugen (also zum Beispiel auf die Sekretasen, durch die das Beta-Amyloid entsteht). Dennoch ist die Beeinflussung der Sekretasen ein lohnender Ansatz zur Vorbeugung der Alzheimer-Krankheit, der jedoch sehr sorgfältig untersucht werden muss.

Unser nächster Behandlungsansatz verfolgt eine etwas andere Präventionsstrategie: Er zielt auf die Ansammlung von Beta-Amyloid im Gehirn ab.

2. Verhinderung der Ansammlung von Beta-Amyloid im Gehirn

Hinter diesem Therapieansatz steht der Grundgedanke, dass unser Gehirn normalerweise eigentlich ganz gut mit Beta-Amyloid zurechtkommt; Probleme treten erst dann auf, wenn es anfängt, sich zu Oligomeren und Plaques zu verknäulen. Wie wir bereits wissen, ist es für das Gehirn viel schwieriger, diese Oligomere und Plaques zu entsorgen, daher erhöht ihre Entstehung das Risiko, an Alzheimer zu erkranken. Das Ziel dieses Behandlungsansatzes besteht also darin, die Bildung von Oligomeren und Plaques zu verhindern.

Es gibt zwei Hauptstrategien, um die Bildung von Beta-Amyloid-Oligomeren oder -Plaques einzudämmen oder sogar völlig zu vermeiden. Bei der ersten Strategie versucht man, das Vorkommen bestimmter Moleküle (sogenannte Anti-Amyloid-Aggregatoren) zu fördern, von denen man weiß, dass sie die Bildung von Beta-Amyloid-Oligomeren und -Plaques eindämmen. Diese Moleküle stören den Aufbau und das »Zusammenkleben« von Beta-Amyloid-Schichten. Erinnern Sie sich noch daran, dass ich diesen Prozess an früherer Stelle in diesem Buch einmal mit dem Aneinanderheften von Lasagneblättern verglichen habe? Einfach ausgedrückt, wirken die Anti-Amyloid-Aggregatoren dem Zusammenkleben der Beta-Amyloid-Molekülschichten entgegen, sodass sich weniger oder gar keine Oligomere mehr bilden und das Beta-Amyloid nicht mehr so fest zusammengefügt ist. Aufgrund dieser »lockereren« Struktur kann das Gehirn es leichter entsorgen, weil ihm nun der sehr viel mühsamere Prozess der Beseitigung von Beta-Amyloid-Oligomeren oder gar -Plaques erspart bleibt.

Viele dieser Anti-Amyloid-Aggregatormoleküle kommen in unserer Ernährung vor – oder *sollten* zumindest darin vorkommen. So dämmt Curcumin, ein in Kurkuma enthaltenes Molekül, die Bildung von Beta-Amyloid-Oligomeren beispielsweise sehr wirksam ein. Eine Molekülklasse namens Flavonoide, die in dunklen Beeren und Rotwein enthalten ist, erfüllt eine ähnliche Funktion und bietet dem Körper zusätzlich auch noch andere gesundheitliche Vorteile. Aber bevor Sie jetzt gleich in die Küche rennen, um einen Löffel Kurkuma zu essen und mit einem Glas Rotwein nachzuspülen, sollten Sie Folgendes bedenken: Auch wenn die oben genannten Lebensmittel einen hohen Gehalt an diesen Substanzen haben, bedeutet das noch nicht unbedingt, dass der Verzehr großer Mengen davon die Ansammlung von Amyloid tatsächlich zum Stillstand bringt. Denn die Verarbeitung von Lebensmitteln durch unseren Körper ist ein komplizierter Prozess, und zurzeit weiß man leider noch nicht, wie viele dieser Moleküle uns am Ende tatsächlich nützen oder vom Körper einfach nur ausgeschieden werden.

Dennoch helfen Lebensmittel und Pflanzen uns schon seit Jahrhunderten bei der Entwicklung neuer Medikamente. Denn ein Medikament ist oft nichts anderes als ein von Natur aus in einem Lebensmittel oder einer Pflanze vorkommendes Molekül – allerdings liegt es in dem Arzneimittel in hochkonzentrierter Form vor. Es ist also durchaus plausibel, dass ähnliche Moleküle auch bei der Entwicklung zukünftiger Medikamente gegen die Alzheimer-Krankheit eine Rolle spielen könnten; aber sie müssten dann auf jeden Fall höher konzentriert und speziell auf das Beta-Amyloid als Zielmolekül ausgerichtet sein. Also warten Sie mit dem Löffel Kurkuma und dem dazugehörigen Wein lieber noch ein bisschen!

Jedenfalls werden die beiden soeben diskutierten Ansätze zur Bekämpfung von Beta-Amyloid in ihrer Wirksamkeit zurzeit von einer dritten Behandlungsstrategie in den Schatten gestellt, die sich bisher als am erfolgreichsten erwiesen hat.

3. Förderung der Beta-Amyloid-Entsorgung

Dieser dritte Behandlungsansatz besteht darin, dafür zu sorgen, dass mehr Beta-Amyloid aus dem Gehirn beseitigt wird. Dabei geht es also nicht darum, die Produktion oder Ablagerung von Beta-Amyloid einzudämmen, sondern die Entsorgung von Beta-Amyloid-Oligomeren und -Plaques zu fördern. Mit diesem Ansatz haben wir einen eindeutigen Schritt von der Prävention (dem Versuch, die Produktion oder Ablagerung von Beta-Amyloid einzudämmen) hin zur Bekämpfung des Beta-Amyloids getan.

Wie kann man die Entsorgung von Beta-Amyloid fördern?

Der beste Weg dazu besteht darin, unser körpereigenes System zur Krankheitsbekämpfung – das Immunsystem – zu stärken, sodass es den Beta-Amyloid-Oligomeren und -Plaques, die sich im Gehirn angesammelt haben, aus eigener Kraft zu Leibe rücken kann.

Und wie können wir unser Immunsystem so sehr stärken, dass es in der Lage ist, mehr Beta-Amyloid zu entsorgen? Die wichtigste Technologie hierzu beruht auf der Immunisierung. Der Prozess der Immunisierung wird hauptsächlich mit Kindern in Verbindung gebracht, die durch Krankheiten wie Masern schwer geschädigt werden können und daher dagegen geimpft werden müssen. Seit Covid-19 wissen wir jedoch, dass eine Immunisierung auch für die Bekämpfung potenziell tödlich verlaufender Krankheiten bei Erwachsenen sehr wichtig sein kann. Jede Immuntherapie basiert auf dem Einsatz von Antikörpern in unserem Organismus. Antikörper sind so etwas wie die »Späher« des Immunsystems, die ständig auf der Suche nach potenziellen Bedrohungen, mit denen unsere Immunabwehr sich auseinandersetzen muss, in unserem Körper auf und ab patrouillieren. Antikörper sind Proteine, die sich an potenzielle Bedrohungen wie beispielsweise unerwünschte Viren oder Bakterien anheften, welche unser Immunsystem dann bekämpft. Jeder Antikörper ist hochspezifisch für eine ganz bestimmte Bedrohung, die in unseren Körper eindringen kann (zum Beispiel für ein bestimmtes Virus oder Bakterium).

Sobald der Antikörper an das Bakterium, Virus oder Protein andockt, markiert er es auf diese Weise für das Immunsystem, damit dieses den Eindringling dann entweder neutralisieren, beseitigen oder zerstören kann. Für die Beseitigung und Zerstörung bedrohlicher Substanzen, die in unseren Körper eindringen, sind die T- und B-Zellen unseres Immunsystems zuständig. Dabei handelt es sich um ein hocheffizientes System, das unser Überleben bereits die gesamte Evolution hindurch gesichert hat. Dieses Immunsystem hat allerdings auch eine Schwachstelle: Wenn wir für eine bestimmte Bedrohung keinen passenden Antikörper haben, kann unser Immunsystem diese

Bedrohung nicht effizient bekämpfen. Auch hierfür ist Covid-19 ein hervorragendes Beispiel, weil es sich dabei um ein neues Virus handelte, gegen das unser Körper noch keine Antikörper hatte. Deshalb sind so viele Menschen schwer an dem SARS-Cov2-Virus erkrankt oder sogar daran gestorben, weil unser Körper erst nach der Infektion anfing, Antikörper gegen das Virus zu produzieren. Einige Menschen bildeten diese Antikörper ziemlich schnell, was zu einer effizienten Beseitigung des Virus durch das Immunsystem führte. Bei anderen Patienten verlief die Antikörperproduktion jedoch aus unbekannten Gründen langsamer, sodass das Virus sich sehr viel weiter in ihrem Körper ausbreiten konnte, bevor das Immunsystem endlich reagierte. Bei einigen Patienten hat diese Verzögerung dazu geführt, dass sie schwer krank wurden oder sogar an Corona starben, weil ihr Körper mit der inzwischen bereits völlig außer Kontrolle geratenen Infektion nicht mehr fertigwurde.

Immuntherapien funktionieren nach dem Prinzip, diese Immunreaktion zu beschleunigen oder dem Organismus Antikörper gegen eine bestimmte Bedrohung zu liefern. Denn dann kann der Körper viel schneller auf die Bedrohung durch die Krankheit reagieren, weil die Antikörper diese Bedrohung sofort markieren, sodass die T- und B-Zellen sie beseitigen können.

Und was hat das alles mit Beta-Amyloid zu tun?

Die meisten Menschen kennen solche Immunisierungsstrategien, wie sie zum Beispiel gegen Masern oder Covid-19 eingesetzt werden. Viele wissen jedoch nicht, dass wir ähnliche Immuntherapien auch gegen die Ansammlung von Proteinen wie beispielsweise Beta-Amyloid im Gehirn einsetzen können: Wir brauchen »einfach« nur Antikörper zu entwickeln, die auf die Beta-Amyloid-Oligomere und -Plaques abzielen, und schon beginnt das körpereigene Immunsystem sie zu beseitigen – eine ganz hervorragende Methode, unsere körpereigene Abwehr zur Bekämpfung der Alzheimer-Krankheit zu nutzen.

Immuntherapien bringen unser Immunsystem also gewissermaßen »auf Trab«, damit es das Beta-Amyloid selbst entfernen kann. Alles, was der Körper dazu braucht, ist eine helfende Hand in Form der richtigen Antikörper. Die »helfende Hand«, die den Körper bei der Entsorgung von Beta-Amyloid unterstützt, sind monoklonale Antikörper.

Was sind monoklonale Antikörper?

Monoklonale Antikörper sind im Labor hergestellte Antikörper, die an bestimmte Proteine (in unserem Fall an Beta-Amyloid) binden. »Monoklonal« bedeutet, dass alle diese Antikörper identisch sind; es handelt sich dabei also um Klone. Sobald die monoklonalen Antikörper in den Körper injiziert werden, begeben sie sich auf die Suche nach Proteinen, an die sie binden können. Monoklonale Amyloid-Antikörper suchen nach Beta-Amyloid. Sobald sie es gefunden haben, heften sie sich an die Beta-Amyloid-Oligomere oder -Plaques an und markieren sie für das Immunsystem. Das Immunsystem erkennt diese Markierungen und zerstört die Oligomere und Plaques.

Bisher hat sich diese Methode als erfolgreichster Weg zur Verlangsamung des Fortschreitens der Alzheimer-Krankheit erwiesen. Für Demenzpatienten stehen mittlerweile mehrere monoklonale Antikörpertherapien zur Verfügung. Man erkennt diese Arzneimittelsubstanzen daran, dass die meisten von ihnen mit der Silbe »-mab« (= *monoclonal antibody*, das englische Wort für »monoklonaler Antikörper«) enden. Zurzeit sind diese Medikamente nur für Patienten mit leichter Alzheimer-Demenz zugelassen. Obwohl sie Beta-Amyloid sehr wirksam aus dem Gehirn beseitigen, können einige dieser Medikamente bei manchen Patienten erhebliche Nebenwirkungen verursachen: Zum Beispiel kann es dadurch zu einer Ansammlung von Blut oder Flüssigkeit im Gehirn kommen. Diese Nebenwirkung tritt zwar nur bei einem sehr geringen Prozentsatz der Patienten auf, ist aber sehr schwerwiegend. Daher müssen Patienten, denen diese neuen

Medikamente verschrieben werden, sich derzeit regelmäßig MRT-Untersuchungen des Gehirns unterziehen. Es bleibt zu hoffen, dass zukünftige Medikamente keine so starken Nebenwirkungen verursachen und für die Patienten somit auch weniger belastend sein werden.

Dennoch sind diese neuen Medikamente ein enormer Fortschritt, da sie erstmals eine Bekämpfung von Beta-Amyloid ermöglichen. Heilen lässt sich die Alzheimer-Krankheit dadurch allerdings nicht: Klinische Studien haben gezeigt, dass die medikamentöse Behandlung das Fortschreiten der Erkrankung »nur« verlangsamt. Und das ist auch völlig plausibel, denn die Erforschung von Therapieansätzen für phosphoryliertes Tau befindet sich noch in der Anfangsphase, obwohl wir wissen, dass erst dieses Tau in Kombination mit Beta-Amyloid die Alzheimer-Krankheit verursacht. Durch die Entsorgung von Beta-Amyloid reduzieren wir also einfach nur die Menge an diesem Protein, die mit phosphoryliertem Tau reagieren kann. Daher wollen wir nun auf die Behandlung des zweiten für die Alzheimer-Krankheit wichtigen Proteins eingehen.

Therapieansätze, die auf Tau abzielen

Die Entwicklung von Medikamenten gegen Tau hinkt den Therapieansätzen gegen Amyloid ein bisschen hinterher, was vielleicht daran liegt, dass die Wissenschaft sich anfangs sehr stark auf die Amyloid-Kaskaden-Hypothese konzentriert hatte. Doch inzwischen wissen wir, dass man bei der Behandlung der Alzheimer-Krankheit »nicht auf einem Bein stehen kann«, sondern sich auf beide wichtigen Akteure konzentrieren muss: also auf Beta-Amyloid und phosphoryliertes Tau. Obwohl die Behandlungsmethoden, die bei Tau ansetzen, etwas langsamer in Gang gekommen sind, haben die auf diesem Gebiet durchgeführten klinischen Studien eindeutig von den Fehlschlägen vieler früherer Entwicklungen von Medikamenten gegen Amyloid profitiert.

Tau-Behandlungsansätze lassen sich in vier verschiedene Kategorien einteilen:

1. Verringerung der Gesamtmenge an Tau
2. Eindämmung der Tau-Phosphorylierung
3. Eindämmung der Ablagerung von phosphoryliertem Tau im Gehirn
4. Förderung der Entsorgung von phosphoryliertem Tau

Auch diese Therapieansätze wollen wir nun der Reihe nach miteinander durchgehen.

1. Verringerung der Gesamtmenge an Tau

Dabei handelt es sich um einen anderen Therapieansatz als die Verringerung von Beta-Amyloid. Das Ziel dieser Behandlungsmethode besteht nämlich darin, die Gesamtmenge von Tau im Gehirn zu reduzieren und nicht nur die Menge von *phosphoryliertem* Tau. Aber brauchen wir Tau denn nicht für eine gesunde Funktion der Nervenzellen, und spielt es nicht auch aufgrund seiner Funktion als Mikrotubuli-assoziiertes Protein eine wichtige Rolle?

Ja, das stimmt; aber Tau ist nur eines von mehreren Mikrotubuli-assoziierten Proteinen. Daher können die Nervenzellen theoretisch auch mit niedrigeren Tau-Werten zurechtkommen, denn es gibt ja immer noch andere Mikrotubuli-assoziierte Proteine, die die meisten Aufgaben von Tau innerhalb der Nervenzellen übernehmen können.

Dennoch wirft die Senkung der Tau-Werte (ähnlich wie bei den Behandlungsmethoden, die auf die Amyloid-Sekretasen abzielen) erneut das Problem auf, dass man dabei womöglich an der gesunden Physiologie des Körpers »herumpfuscht«. Wir wissen ja bereits, dass das eine heikle Angelegenheit ist, weil es ganze Zellsysteme gibt, die von Proteinen wie Tau abhängig sind; und natürlich will man keine unerwünschten Nebenwirkungen verursachen. Wie wir bereits bei Beta-Amyloid gesehen haben, ist es daher besser, stattdessen den eigentlichen Krankheitsprozess zu beeinflussen, also beispielsweise die Phosphorylierung von Tau einzudämmen.

2. Eindämmung der Tau-Phosphorylierung

An dieser Stelle sollten wir uns daran erinnern, dass es für phosphoryliertes Tau schwierig ist, seine eigentlichen Aufgaben zu erfüllen: nämlich die Struktur der Mikrotubuli zu stützen und Moleküle an ihnen entlangzutransportieren. Daher besteht das Ziel dieses Therapieansatzes darin, der Phosphorylierung von Tau zumindest teilweise einen Riegel vorzuschieben.

Es gibt verschiedene Möglichkeiten, die Phosphorylierung von Tau einzudämmen. Eine dieser Behandlungsmethoden zielt auf die Phosphatasen (Proteine, die Phosphat produzieren) ab: Damit möchte man den Phosphatspiegel im Umfeld von Tau verringern, sodass weniger phosphoryliertes Tau entsteht. Einige dieser Phosphatase-modifizierenden Medikamente gibt es bereits für die Behandlung anderer Erkrankungen; eines steht aber auch bereits für die Therapie der Alzheimer-Krankheit zur Verfügung: Memantin. Dabei handelt es sich um ein Medikament, das häufig in den späteren Stadien der Alzheimer-Krankheit und der frontotemporalen Demenz verschrieben wird und nachweislich das Fortschreiten der Erkrankung in diesen Spätstadien verlangsamt. Allerdings ist Memantin nicht *primär* ein Medikament, das die Phosphatmenge reduziert; Phosphat aus dem Gehirn zu beseitigen, ist lediglich eine seiner *Nebenwirkungen.* Die Wirksamkeit von Memantin bei der Eindämmung des Alzheimer-Krankheitsprozesses wird derzeit noch untersucht.

Andere Therapieansätze, die auf die Tau-Phosphorylierung abzielen, konzentrieren sich eher auf die Art und Weise, wie Phosphat an Tau bindet. Selbst in gesunden Zellen kann Phosphat sich nämlich nicht einfach an das Tau anheften, sondern benötigt dafür die Hilfe einer anderen Klasse von Proteinen (der Kinasen). Wenn man die Funktion der Kinasen beeinflusst, kann man dadurch also möglicherweise etwas an der Geschwindigkeit ändern, in der die Tau-Phosphorylierung abläuft. Auch solche Medikamente, die auf Kinasen abzielen, gibt es bereits. Allerdings wurde bisher keines dieser Arzneimittel zur Bekämpfung der Alzheimer-Krankheit eingesetzt: Die meisten dienen zur Behandlung von Krebserkrankungen. Es mag ein bisschen seltsam erscheinen, ein Krebsmedikament für die Behandlung der Alzheimer-Krankheit einzusetzen, weil es sich dabei um zwei völlig verschiedene Krankheitsentitäten handelt. Aber warum sollte man ein Medikament, das auf die Kinasefunktion einwirkt, für die Bekämpfung der Alzheimer-Krankheit neu erfinden, wenn es schon ein solches Medikament gegen Krebs gibt, das (was sehr wichtig ist) auch bereits für den Einsatz beim Menschen zugelassen und leicht verfügbar ist?

Diese »Umwidmung« von Medikamenten basiert auf der Idee, dass ein Medikament, das einen bestimmten Prozess in einer Zelle beeinflusst, nicht nur gegen die Krankheit helfen kann, für die es entwickelt wurde, sondern unter Umständen auch gegen viele andere Erkrankungen wirkt. Tatsächlich laufen zurzeit mehrere Studien, die untersuchen, ob sich dieser »Umwidmungsprozess« von Medikamenten möglicherweise beschleunigen lässt und ob er Alzheimer-Patienten helfen kann.

3. Eindämmung der Ablagerung von phosphoryliertem Tau im Gehirn

Dieser Therapieansatz hat Ähnlichkeit mit der Eindämmung der Ansammlung von Beta-Amyloid. In diesem Fall machen wir uns jedoch keine Gedanken darüber, *wie viel* phosphoryliertes Tau gebildet wird, sondern wollen stattdessen verhindern, dass das phosphorylierte Tau »verklumpt«, weil es dadurch für die Nervenzelle noch toxischer wird und sich nicht mehr so leicht entsorgen lässt.

Ein führender Arzneimittelkandidat im Kampf gegen das »Verklumpen« von Tau ist Methylenblau. Methylenblau ist zwar eigentlich ein Farbstoff, wird aber auch als Medikament gegen verschiedene Erkrankungen eingesetzt. Inzwischen wissen wir, dass Methylenblau die Ansammlung von Tau im Gehirn eindämmen kann, obwohl nach wie vor umstritten ist, ob es auch die Toxizität des angesammelten phosphorylierten Tau abmildert. Kurz gesagt, kann Methylenblau also der Verklumpung von Tau entgegenwirken und das phosphorylierte Tau *möglicherweise* auch weniger toxisch für die Nervenzelle machen. An dieser Stelle soll die Information genügen, dass Therapien wie Methylenblau und Curcumin (das die Ablagerung von Beta-Amyloid im Gehirn eindämmen kann) nachweislich der Ansammlung von Tau entgegenwirken. Doch über ihre genauen Auswirkungen auf den Verlauf der Alzheimer-Krankheit weiß man noch nichts; hierzu sind noch weitere Untersuchungen erforderlich.

4. Förderung der Entsorgung von phosphoryliertem Tau

Und nun kommen wir zu der Behandlungsmethode, die die Entsorgung von phosphoryliertem Tau auf ähnliche Weise ankurbelt, wie wir es zuvor beim Beta-Amyloid gesehen haben. Auch diese Methode beruht auf Immuntherapien.

Ähnlich wie bei den monoklonalen Antikörpertherapien gegen Beta-Amyloid heften sich auch die monoklonalen Antikörper gegen phosphoryliertes Tau an dieses Protein an und markieren es für das körpereigene Immunsystem, damit es zerstört werden kann. Bisher wissen wir jedoch noch nicht, ob diese monoklonalen Antikörpertherapien gegen Tau auch wirklich helfen, weil die klinischen Studien dazu noch nicht abgeschlossen sind. Doch da monoklonale Antikörpertherapien bei Beta-Amyloid vielversprechende Ergebnisse gezeigt haben, könnten sie in naher Zukunft auch einen signifikanten Einfluss auf die Entwicklung von Medikamenten gegen Tau haben.

Zusammenfassung

In diesem Teil des Buches sind wir auf folgende wichtige Aspekte eingegangen:

- Die Alzheimer-Krankheit wird durch Proteine verursacht.
- Die beiden wichtigsten Proteine sind Amyloid und Tau.
- Amyloid ist ein Bestandteil gesunder Nervenzellen und erfüllt lebenswichtige Funktionen.
- Sobald Amyloid abgebaut wird, beginnen die Probleme, weil Teile dieses Amyloids dann zu Beta-Amyloid werden.
- Beta-Amyloid wird als Abfallprodukt aus der Nervenzelle ausgeschieden und wartet anschließend darauf, entsorgt zu werden.
- Wenn sich außerhalb der Nervenzellen zu viel Beta-Amyloid ansammelt, beginnt es zu verkleben oder zu verklumpen.
- Dieses verklumpte Beta-Amyloid bezeichnet man als Beta-Amyloid-Oligomere oder -Plaques.
- Es ist viel schwieriger, diese Oligomere oder Plaques aus dem Körper zu beseitigen, daher können sie jahrelang oder sogar jahrzehntelang außerhalb der Nervenzellen verbleiben.
- Die schleichende Ablagerung von Amyloid galt jahrzehntelang als einzige Ursache der Alzheimer-Krankheit (Amyloid-Kaskaden-Hypothese).
- Neuere Erkenntnisse haben jedoch gezeigt, dass nicht nur Beta-Amyloid, sondern auch Tau bei der Verursachung der Alzheimer-Krankheit eine wichtige Rolle spielt.
- Tau ist ein weiteres in den Nervenzellen vorkommendes Protein, das den Zellen ihre Struktur verleiht, aber auch für den Transport verschiedener Materialien innerhalb der Nervenzelle wichtig ist.
- Aus noch unbekannten Gründen beginnt zu viel Phosphat in der Nervenzelle (wodurch phosphoryliertes Tau entsteht) Tau in seiner Funktion zu behindern oder sogar völlig auszubremsen.

- Phosphoryliertes Tau kann seine Funktion nicht mehr richtig erfüllen, sodass die Nervenzellen instabiler werden und Transporte in ihrem Inneren nicht mehr so gut funktionieren.
- Außerdem hat phosphoryliertes Tau eine toxische Wirkung auf die Nervenzellen.
- Wenn der Phosphorylierungsprozess von Tau weit fortgeschritten ist, beginnen die Nervenzellen abzusterben, und die Phosphorylierung »infiziert« benachbarte Nervenzellen beziehungsweise greift auf sie über.
- Sowohl die Ansammlung von Beta-Amyloid als auch die Ausbreitung von phosphoryliertem Tau im Gehirn verursachen die Alzheimer-Krankheit.
- Es gibt verschiedene Medikamente, die zur Bekämpfung der Alzheimer-Krankheit eingesetzt werden. Ihre Wirkung beruht jedoch stets auf drei Hauptprinzipien:
    1. Verringerung der Menge an Beta-Amyloid oder phosphoryliertem Tau
    2. Vermeidung der Ansammlung von Beta-Amyloid oder phosphoryliertem Tau im Gehirn
    3. Förderung der Entsorgung von Beta-Amyloid oder phosphoryliertem Tau
- Die vielversprechendsten Arzneimittelstudien beschleunigen die Entsorgung von Beta-Amyloid mithilfe monoklonaler Antikörper.
- Zurzeit laufen Studien mit monoklonalen Antikörpern gegen phosphoryliertes Tau.

TEIL 4

GENETIK UND LEBENSSTIL

Durch das Scheitern vieler klinischer Arzneimittelstudien und die Verfügbarkeit von Biomarkern zur Früherkennung der Alzheimer-Krankheit hat sich das Augenmerk der Wissenschaftler auf die Erforschung von Alzheimer-Risikofaktoren verlagert. Denn wenn wir diese Risikofaktoren kennen, können wir unser Verhalten ändern und die Entwicklung der Alzheimer-Krankheit dadurch verlangsamen oder vielleicht sogar stoppen.

Manche Menschen denken, wenn sie den Begriff »Risikofaktoren« hören, sofort an ein genetisches Risiko. Mit anderen Worten: Bestimmte Gene, die wir von unseren Eltern geerbt haben, machen uns womöglich besonders anfällig für die Entstehung einer Alzheimer-Krankheit. Dabei übersehen wir jedoch häufig, dass unsere Lebensgewohnheiten bei dieser Erkrankung oft viel mehr Einfluss haben als die Gene.

Bevor wir genauer auf die genetischen und lebensstilbedingten Alzheimer-Risikofaktoren eingehen, müssen wir uns zunächst einmal klarmachen, warum unser Körper mit zunehmendem Alter anfälliger für Krankheiten wie beispielsweise Alzheimer wird. Denn wenn wir das verstehen, können wir auch besser nachvollziehen, wie bestimmte Risikofaktoren unsere Anfälligkeit für die Alzheimer-Krankheit beeinflussen können.

Ein Grund, warum wir heutzutage ganz allgemein anfälliger für Krankheiten sind, besteht schlicht und einfach darin, dass wir viel länger leben als früher. Als Homo sapiens vor 200 000 Jahren auf der Erde auftauchte, lag unsere durchschnittliche Lebenserwartung bei ungefähr 35 bis 40 Jahren. Mit über 40 Jahren galt man schon als alt. Doch die industrielle Revolution, Verbesserungen der sanitären Einrichtungen und medizinische Fortschritte haben unsere Lebenserwartung drastisch verlängert. Die durchschnittliche Lebenserwartung stieg von 45 Jahren im Jahr 1900 auf 60 Jahre im Jahr 1930, 70 Jahre im Jahr 1955 und liegt heute in vielen Ländern bei über 80 Jahren. Mit anderen Worten: Wir haben unsere Lebenserwartung seit 1850 – also innerhalb von nur 170 Jahren – im Vergleich zu den vorherigen 199 830 Jahren (in denen sie nur bei etwa 35 bis 40 Jahren lag) verdoppelt.

Diese enorme Erhöhung der Lebenserwartung verdanken wir unserem technologischen, hygienischen und medizinischen Fortschritt. Ein längeres Leben hat jedoch auch seine Schattenseiten, weil unser Körper mit zunehmendem Alter weniger gut mit Krankheiten und deren Risikofaktoren zurechtkommt.

Inwiefern macht uns das Altern anfälliger für die Alzheimer-Krankheit, und auf welche Risikofaktoren ist das zurückzuführen?

Es ist wichtig, uns klarzumachen, dass sich in unserem Organismus mit zunehmender Lebensdauer auch immer mehr Krankheitsprozesse ansammeln können. Diese kumulativen Veränderungen vollziehen sich langsam und allmählich über einen längeren Zeitraum hinweg, ohne dass sie uns auffallen – zumindest merken wir anfangs nichts davon. Solche schleichenden Veränderungen bezeichnet man oft als »heimtückisch«. Ein gutes Beispiel für eine kumulative, schleichende oder »heimtückische« Veränderung ist die Arteriosklerose, bei der unsere Arterien im Lauf der Zeit unter anderem aufgrund eines zu hohen Cholesterinkonsums verstopfen. Bei dieser Erkrankung können wir nicht genau sagen, wann der Prozess der Verstopfung unserer Arterien begonnen hat. Das kann letzte Woche, letztes Jahr oder auch schon vor zehn Jahren passiert sein, ohne dass uns das überhaupt aufgefallen wäre.

Einfach ausgedrückt: Je älter wir werden, umso mehr Zeit hat unser Körper, nach und nach immer mehr Krankheitsprozesse zu entwickeln. Wenn wir uns diese Tatsache vor Augen halten, sollte uns klar werden, warum die meisten Krankheiten erst ab dem mittleren Lebensalter auftreten. Hinzu kommt, dass unser Körper diesen sich summierenden krankhaften Veränderungen mit zunehmendem Alter nicht mehr so gut entgegenwirken kann.

Um auf das Beispiel der Arteriosklerose zurückzukommen: Unsere Arterien sind in all den Jahren oder Jahrzehnten vielleicht mit der Zeit verstopft, doch als wir noch jünger waren, konnte unser Körper diesen Krankheitsprozess noch besser in den Griff bekommen. Je älter wir werden, umso weniger gut kann unser Organismus diese Arterien »reinigen«, und umso mehr verstopfen sie, bis sie sich bei manchen Menschen mit der Zeit völlig verschließen. Wenn ein solcher Verschluss im Gehirn auftritt, erleiden wir einen Schlaganfall. Zunehmende krankhafte Veränderungen (Arteriosklerose) können also zu einer eigenständigen krankhaften Veränderung (Schlaganfall) führen. Das ist für jeden Ansatz zur Krankheitsprävention ein wichtiger Punkt, den man sich klarmachen sollte. Daher lohnt es sich, diese Tatsache hier noch einmal hervorzuheben: Zunehmende krankhafte Veränderungen können mit der Zeit zu Erkrankungen führen.

Warum ist das wichtig?

Weil es erklärt, warum bestimmte lebensstilbedingte Risikofaktoren (zum Beispiel zu viel fettreiche Nahrung und zu wenig Bewegung) zunehmende Veränderungen (Arteriosklerose) verursachen können, die im Alter dann womöglich zu eigenständigen, potenziell tödlich verlaufenden Erkrankungen (Schlaganfall) führen. Dem liegt eine eindeutige Kettenreaktion zugrunde: zu viel fettreiche Nahrung – zu wenig Bewegung – Arteriosklerose – Schlaganfall. Das mag beängstigend klingen, doch keine Sorge: Das Gute daran ist, dass wir dieser Kette von Ereignissen durch eine Änderung unseres Lebensstils (und bestimmte Medikamente) tatsächlich vorbeugen oder etwas daran verändern können, auch wenn wir bereits älter sind.

Im Hinblick auf Herz-Kreislauf-Erkrankungen klingt das ja alles sehr interessant, aber was hat es mit der Alzheimer-Krankheit zu tun?

Bei der Alzheimer-Krankheit verläuft diese Kettenreaktion ganz ähnlich, nur ein bisschen komplizierter. Herz-Kreislauf-Erkrankungen waren eine gute Analogie, um uns dieses Prinzip zunehmender krankhafter Veränderungen vor Augen zu halten, doch das gleiche Prinzip gilt auch für die Alzheimer-Krankheit. Wir wissen ja inzwischen bereits, dass die Ansammlung von Amyloid und Tau im Gehirn ein zunehmender Krankheitsprozess ist, der schließlich zur Entstehung der Krankheit »Alzheimer« führt. In Teil 3 dieses Buches haben wir auch die Kette von Ereignissen kennengelernt, die zur Ansammlung von Amyloid und Tau im Gehirn führt. Wir sollten uns aber auch vor Augen halten, dass die aufgrund dieser Amyloid- und Tau-Ansammlung im Gehirn stattfindenden krankhaften Veränderungen durch andere Risikofaktoren beeinflussbar sind, denn sie können diese Ansammlung entweder beschleunigen oder verlangsamen.

In gewisser Weise können wir Risikofaktoren als Umgebungen/Faktoren betrachten, in deren Rahmen Krankheitsprozesse ablaufen. Bestimmte Umgebungen oder Faktoren beschleunigen den Prozess der Alzheimer-Krankheit, während andere Umgebungen oder Faktoren ihn verlangsamen können. Dieser Vergleich soll deutlich machen, dass wir durch eine Veränderung des Mixes oder Milieus von Risikofaktoren sehr stark auf die Entwicklung und das Fortschreiten der Alzheimer-Krankheit einwirken können, denn dadurch lässt sich die Ansammlung von Amyloid und Tau entweder beschleunigen oder verlangsamen. Das bringt uns zum letzten wichtigen Aspekt der Risikofaktoren: ihrer Unterteilung in beeinflussbare und nicht beeinflussbare Risikofaktoren.

»Beeinflussbar« bedeutet, dass wir etwas an diesen Risikofaktoren ändern können, und zwar vor allem durch unsere Lebensgewohnheiten oder durch bereits zur Verfügung stehende Medikamente. Durch die Beeinflussung dieser Risikofaktoren verändern wir etwas an der Umgebung oder den Faktoren, die die Ansammlung von Amyloid und Tau im Gehirn begünstigen, was wiederum unser Alzheimer-Risiko erhöht oder senkt. Mit anderen Worten: Wenn wir uns für die »richtigen« Lebensgewohnheiten entscheiden, können wir unser Risiko, an Alzheimer zu erkranken, um bis zu 40 Prozent senken.

Nicht beeinflussbare Risikofaktoren sind ein sehr viel schwierigeres Thema, weil wir an dem damit einhergehenden Risiko per Definition nichts ändern können. Trotzdem ist es wichtig, auch über solche Alzheimer-Risikofaktoren Bescheid zu wissen; aber wir sollten uns keine allzu großen Sorgen darüber machen, da wir ja ohnehin nichts dagegen tun können. Viel wichtiger ist es, uns auf die beeinflussbaren Risikofaktoren zu konzentrieren, weil wir den Ausbruch einer Alzheimer-Krankheit dadurch hinauszögern oder vielleicht sogar verhindern können.

Deshalb habe ich dieses Kapitel über genetische und lebensstilbedingte Risikofaktoren in beeinflussbare und nicht beeinflussbare Risikofaktoren unterteilt. Denn wie das alte Sprichwort sagt: »Es kommt nicht auf deine Karten an, sondern darauf, wie du sie spielst.«

Genetik für Anfänger

Meiner Erfahrung nach machen viele Menschen sich Sorgen darüber, dass sie Gene geerbt haben könnten, die sie besonders anfällig für eine Alzheimer-Krankheit machen, weil ihre Mutter oder ihr Vater oder nahe Verwandte ebenfalls an irgendeiner Form von Demenz leiden oder gelitten haben. Auch ich hatte ein paar Verwandte, die an Demenz erkrankt sind. Aber es gibt auch eine gute Nachricht: Es ist nämlich relativ unwahrscheinlich, Gene von unseren Eltern oder Verwandten zu erben, die mit Sicherheit dazu führen, dass wir an Alzheimer erkranken. Wissenschaftlichen Erkenntnissen zufolge hängen weniger als 10 Prozent (also 10 von 100) aller Alzheimer-Fälle mit unseren Genen zusammen, und nur 1 Prozent (1 von 100) wird durch Gene *verursacht.* Den genauen Unterschied zwischen »mit den Genen zusammenhängen« und »durch Gene verursacht werden« werde ich später noch näher erklären. Vorläufig genügt es, festzustellen, dass es ziemlich unwahrscheinlich ist, Gene zu erben, die zur Entwicklung der Alzheimer-Krankheit führen.

Wenn das die Antwort ist, nach der Sie gesucht haben, können Sie sich jetzt entspannen und den Rest von Teil 4 meines Buches genießen, in dem ich auf die wissenschaftlichen Hintergründe dieser seltenen Fälle von genetisch bedingter Alzheimer-Krankheit eingehen werde. Außerdem werden wir uns mit Genen beschäftigen, die unser Gesamtrisiko für die Alzheimer-Krankheit erhöhen oder senken können. Sind Sie bereit für einen tieferen Einblick in die seltsame und wunderbare Welt der Genetik? Dann nichts wie los!

Die Genetik ist eine riesige Galaxie im Universum der Biologie. Da sie ein so ungeheuer weites Feld ist, können wir nur »unsere Zehen ins Wasser tauchen«, wenn wir nun versuchen, die Genetik der Alzheimer-Krankheit ein bisschen besser zu verstehen. Wir werden uns daher ausschließlich auf diejenigen Aspekte konzentrieren, die für die Entstehung oder das Risiko der Alzheimer-Krankheit relevant sind.

Was sind Gene überhaupt?

Gene sind schlicht und einfach die Anweisungen oder Blaupausen für die Produktion von Proteinen in unserem Körper. Proteine sind für das gesunde Funktionieren unseres Körpers unverzichtbar. Wenn bei Proteinen wie Amyloid und Tau etwas schiefgeht, können sie verheerende Schäden und potenziell tödlich verlaufende Krankheiten verursachen. Ihre Baupläne oder Blaupausen sind also eindeutig von großer Bedeutung für unseren Organismus. Deshalb haben wir von jedem Gen zwei Sätze. In der Schule haben Sie vielleicht gelernt, dass die DNA, die unsere Gene trägt, aus einer Doppelhelix mit zwei umeinandergewundenen Strängen besteht. Diese zwei DNA-Stränge bezeichnet man als Chromosomen. Wir erben sie von unseren biologischen Eltern: eines von unserer Mutter und eines von unserem Vater. Diese beiden Chromosomen sind sich zwar sehr ähnlich, aber nicht völlig identisch, und die winzigen Unterschiede zwischen ihnen bestimmen viele Faktoren wie beispielsweise unsere Augen- oder Haarfarbe. Das liegt daran, dass jeweils nur ein Chromosom »gelesen« wird, um den Bauplan für die Proteine zu erstellen.

Aber wenn wir zwei nicht identische Kopien eines jeden Gens haben, woher weiß unser Körper dann, welches er lesen soll?

Um diese Frage zu beantworten, müssen wir einen weiteren wichtigen Aspekt der Funktionsweise von Genen verstehen: Manche Gene sind dominant, während andere rezessiv (wissenschaftliche Bezeichnung für »zurückweichend«) sind. Wichtig ist, dass dominante Gene immer versuchen, ihre Proteine zu produzieren (oder, im genetischen Fachjargon, zu »exprimieren«). Wir können das dominante Gen entweder von unserer Mutter oder von unserem Vater geerbt haben, aber es produziert seine Proteine immer, unabhängig vom vererbten Gen auf dem anderen DNA-Strang. Die Art und Weise, wie wir Sommersprossen von unseren Eltern erben, ist ein gutes Beispiel für die Vererbung eines dominanten Gens. Dass wir Sommersprossen haben, wird größtenteils durch ein dominantes Gen (MC1R – Genetiker verwenden gern unaussprechliche Akronyme, also lassen Sie uns einfach Vergnügen daran haben) bestimmt, das wir entweder von unserer Mutter oder unserem Vater geerbt haben. Wenn einer unserer Elternteile dieses Gen hat und wir es von ihm erben, ist es sehr wahrscheinlich, dass wir ebenfalls Sommersprossen haben werden.

Und was ist, wenn wir dieses Gen von beiden Elternteilen erben?

Dann ist die Wahrscheinlichkeit, Sommersprossen zu bekommen, sogar noch höher, da Sie zwei dominante Gene (eines auf jedem Genstrang) haben, die beide versuchen, möglichst viel Protein zu produzieren. Aber bitte beachten Sie, dass ich an dieser Stelle das Wort »Wahrscheinlichkeit« verwende! Die Genetik ist nämlich weitgehend probabilistisch. Das heißt: Selbst wenn wir ein dominantes Gen (oder mehrere) haben, steht nicht hundertprozentig fest, dass dieses Gen auch exprimiert wird. Die Gründe dafür sind ziemlich kompliziert, daher sollten wir diese Tatsache vorerst einfach so hinnehmen. Wir müssen aber zumindest kurz auf die Wahrscheinlichkeit der Genexpression eingehen, weil Genetiker einen anderen Begriff für die Wahrscheinlichkeit verwenden, dass ein Gen aktiv ist und viele Proteine produziert: nämlich Penetranz.

Eine hohe Penetranz bedeutet, dass ein Gen sehr wahrscheinlich hochaktiv ist, während eine niedrige Penetranz bedeutet, dass das Gen weniger aktiv ist. Nach meinen bisherigen Ausführungen sollte Ihnen inzwischen klar sein, dass dominante Gene eine hohe Penetranz aufweisen. Denn selbst wenn wir nur eine Kopie dieses Gens auf einem unserer DNA-Stränge haben, wird es wahrscheinlich die Proteine produzieren, für die es die Baupläne hat. Im Gegensatz dazu sind Gene mit niedriger Penetranz meist rezessive Gene. Inzwischen wissen wir, dass die Wahrscheinlichkeit, dass ein Gen aktiv ist und

Proteine produziert, bei Genen mit niedriger Penetranz (wie beispielsweise rezessiven Genen) viel geringer ist. Das erklärt, warum rezessive Gene, um aktiv sein und Proteine produzieren zu können, normalerweise von beiden Elternteilen vererbt werden müssen. Ein rezessives Gen von einem Elternteil zu erben, reicht – meistens – nicht dafür aus, dass das Gen aktiv ist und Proteine produziert. Und wenn das rezessive Gen doch aktiv sein sollte, zeigt es zumindest nur eine sehr geringe Aktivität; das heißt, es produziert nur wenig Protein.

Ein gutes Beispiel für rezessive Gene ist die Vererbung unserer Augenfarbe. Sie wird durch das Pigmentierungsmuster unserer Iris bestimmt. Eines der Hauptgene, die an der Pigmentierung unserer Iris beteiligt sind, ist OCA2, das, wenn es hochaktiv ist, zu einer blauen Augenfarbe führt. Da OCA2 ein rezessives Gen ist, müssen wir jedoch zwei Kopien dieses Gens (eine von jedem Elternteil) erben, um blaue Augen zu bekommen. Wenn wir nur eine Kopie von einem Elternteil erben, haben wir braune Augen, da die Gene für die braune Pigmentierung der Iris dominanter sind. Wir brauchen also nur eine Kopie eines dominanten Gens, damit es sich durchsetzt, während wir zwei rezessive Gene haben müssen, damit sie aktiv werden. Deshalb sind blaue Augen sehr viel seltener als braune Augen – weil man die rezessiven Gene für die blaue Augenfarbe dazu eben von beiden biologischen Elternteilen geerbt haben muss.

Nun haben wir ein paar grundlegende Kenntnisse darüber gewonnen, wie Gene funktionieren und welche Faktoren darüber entscheiden, wie aktiv sie sind und wie viele Proteine sie produzieren. Dieses neue Wissen wollen wir nun auf die Alzheimer-Krankheit und auf die Frage anwenden, wie Gene unser Krankheitsrisiko beeinflussen können.

Die familiäre Alzheimer-Krankheit

Beginnen wir mit dem schwierigsten Thema: genetischen Veränderungen, die sich weder durch unseren Lebensstil noch durch Medikamente beeinflussen lassen. Diese nicht beeinflussbaren, genetisch bedingten Alzheimer-Formen bezeichnet man als »familiäre Alzheimer-Krankheit«. Dazu kommt es, wenn eine Mutation in einem der Gene, die wir von unseren Eltern geerbt haben, dazu führt, dass wir an Alzheimer erkranken.

Eine Mutation (von lateinisch *mutare* = »verändern«) ist eine Veränderung im genetischen Code. Diese Mutation führt zu einer Veränderung des Bauplans für die Proteine, sodass sie sich anders »verhalten«. In unserem Genmaterial können die verschiedensten Mutationen auftreten. Warum die Mutationen für die familiäre Alzheimer-Krankheit nur in bestimmten Familien vorkommen, wird zurzeit noch untersucht. Es gibt aber auch eine gute Nachricht: Solche Genmutationen, die die Alzheimer-Krankheit verursachen, sind äußerst selten. Bis heute ist weltweit weniger als ein Prozent aller Alzheimer-Erkrankungen auf diese Mutationen zurückzuführen; es ist also sehr unwahrscheinlich, dass jemand die Alzheimer-Krankheit von seinen Eltern »erbt«. Die Mutationen, die Alzheimer verursachen, betreffen vor allem drei Gene: APP, PSEN1 und PSEN2. Da wir bereits wissen, dass die Ansammlung von Beta-Amyloid im Gehirn für die Alzheimer-Krankheit eine besonders wichtige Rolle spielt, sollte es uns eigentlich nicht überraschen, dass Mutationen an allen drei Genen (APP, PSEN1 und PSEN2) die Produktion oder Ansammlung von Beta-Amyloid beeinflussen und zu höheren Beta-Amyloid-Werten führen. Wir wollen diese drei Gene nun einmal der Reihe nach betrachten, um uns vor Augen zu führen, wie diese Mutationen die Produktion von Beta-Amyloid beeinflussen.

APP

APP ist die Abkürzung für das Amyloid-Vorläuferprotein-Gen, das sich auf Chromosom 21 unserer DNA befindet. Die Rolle, die APP für die Entstehung der Alzheimer-Krankheit spielt, ist bereits seit den 1980er-Jahren bekannt, als man entdeckte, dass bei Menschen mit Trisomie 21 (besser bekannt als Down-Syndrom) – einer dreifachen Kopie von Chromosom 21 – Veränderungen im Gehirn auftreten, die Ähnlichkeit mit der Alzheimer-Krankheit haben. Ich sage an dieser Stelle ganz bewusst »Veränderungen, die Ähnlichkeit mit der Alzheimer-Krankheit haben«, um deutlich zu machen, dass das Down-Syndrom nicht mit der Alzheimer-Krankheit identisch ist.

Da Menschen mit Down-Syndrom jedoch drei Kopien von Chromosom 21 haben, produzieren sie in ihrem Gehirn dreimal so viel Amyloid. Daher weisen sie oft schon im Alter von über 40 oder 50 Jahren Beta-Amyloid-Oligomere und -Plaques im Gehirn auf, und viele von ihnen erkranken später an Alzheimer. Die Entdeckung, dass drei APP-Kopien auf Chromosom 21 zu einer höheren Beta-Amyloid-Produktion führen, war der erste Hinweis darauf, dass die Genetik bei der Entstehung der Alzheimer-Krankheit bei manchen Menschen eine Rolle spielen könnte. Daraufhin begannen Wissenschaftler, nach Familien zu suchen, bei denen Veränderungen im APP-Gen auf Chromosom 21 vorlagen, und untersuchten dann, ob deren Risiko für die Alzheimer-Krankheit sich dadurch erhöhte. Die erste Familie mit einer APP-Mutation wurde im Jahr 1991 entdeckt und bestätigte die Hypothese, dass das APP-Gen bei der Entstehung der Alzheimer-Krankheit eine wichtige Rolle spielt.

Bei dieser Familie wurde festgestellt, dass sie eine sogenannte Missense-Mutation im APP-Gen aufwies. Bei einer Missense-Mutation ändert sich aus irgendeinem Grund nur ein einzelner Buchstabe des genetischen Codes. Diese kleine Veränderung kann jedoch verheerende Folgen haben, da die von diesem Gen produzierten Proteine fehlerhaft sind und ihre normale Funktion nicht erfüllen können. Bei der APP-Genmutation führt das zu einer signifikanten Zunahme von Beta-Amyloid im Gehirn.

Bei der betroffenen Familie trat diese winzig kleine Veränderung des genetischen Codes im APP-Gen offenbar beim Großvater der Familie auf, und er gab diese Mutation an seine beiden Söhne und viele ihrer Kinder weiter. Ob die Mutation erstmals beim Großvater aufgetreten war, weiß man nicht, da die Demenz damals nicht als Krankheit anerkannt war und daher auch nicht als solche diagnostiziert wurde. Es ist also ebenso gut möglich, dass die Familie diese Mutation schon seit Generationen hatte – oder dass sie beim Großvater neu aufgetreten war. Wie auch immer – es ist typisch für diese Genmutationen, die die Alzheimer-Krankheit verursachen, dass sie ganze Familien betreffen (daher auch der Name »familiäre Alzheimer-Krankheit«). Da das dominante Gen von einem Elternteil vererbt wird, lässt sich diese Erkrankung innerhalb der Familie oft sehr genau zurückverfolgen, da sie nur bei Familienmitgliedern mit dem betroffenen Gen ausbricht.

Oft stellt sich die Frage: Wie viele Familienmitglieder müssen betroffen sein, damit Sie ein Risiko für eine solche Genmutation tragen? Die meisten von uns haben irgendjemanden in der Familie, der an Demenz oder Alzheimer erkrankt ist oder war. Bedeutet das, dass Sie von diesen Angehörigen ein Gen geerbt haben könnten, das Ihr Alzheimer-Risiko erhöht?

Wie viele Verwandte einer Person an Demenz oder Alzheimer erkrankt sein müssen, damit es sinnvoll ist, bei ihr einen Gentest durchführen zu lassen, weiß man nicht genau. Damit ein Arzt einen Gentest empfiehlt, muss jemand aber normalerweise viele Verwandte ersten und zweiten Grades haben, die von einer Demenz betroffen sind. Bei den allermeisten Menschen wird das nicht der Fall sein, da wir – wenn überhaupt – wahrscheinlich nur sehr wenige Mitglieder unserer Familie kennen, die an einer Alzheimer-Demenz leiden oder gelitten haben. (Das gilt auch für mich.) Zum Beispiel könnte Ihre

Mutter oder Ihr Vater – und vielleicht auch noch ein Onkel oder eine Tante – an Demenz erkrankt sein. Das ist völlig normal und deutet keineswegs auf eine familiäre Alzheimer-Krankheit hin, denn in Familien mit familiärer Alzheimer-Krankheit sind viele, wenn nicht sogar die meisten Familienmitglieder von dieser Erkrankung betroffen.

Und nun wollen wir uns der Frage zuwenden, wie die zweite häufige Form der familiären Alzheimer-Krankheit (bei der die PSEN-Gene ihre Hand im Spiel haben) entsteht.

PSEN

Die Abkürzung »PSEN« steht für Präsenilin. Die Gene für Präsenilin (PSEN1 und PSEN2) liegen auf Chromosom 14 beziehungsweise 1 unserer DNA. Mutationen in diesen beiden Proteinen sind äußerst selten; weniger als 0,5 Prozent aller weltweiten Alzheimer-Fälle sind davon betroffen. Die beiden PSEN-Gene spielen für die Produktion der Gamma-Sekretase eine wichtige Rolle. An dieser Stelle sollten wir uns vielleicht daran erinnern, dass die Gamma-Sekretase wie eine Art Schere fungiert, die Amyloid zu Beta-Amyloid zerschneidet. Die Mutationen, die an den PSEN-Genen auftreten können, sind sehr genau beschrieben. Bei den meisten handelt es sich ebenfalls um Missense-Mutationen, bei denen nur ein Buchstabe des genetischen Codes verändert worden ist. Wie diese Mutationen das »Verhalten« der Gamma-Sekretase verändern, weiß man aber immer noch nicht genau.

Zurzeit halten Wissenschaftler zwei Hauptursachen für möglich. Die erste Möglichkeit besteht darin, dass PSEN-Mutationen die Aktivität der Gamma-Sekretase erhöhen, sodass insgesamt mehr Beta-Amyloid produziert wird; und da mehr Beta-Amyloid das Alzheimer-Risiko erhöht, ist das auch durchaus plausibel. Es gibt aber auch noch eine zweite Hypothese, die die Autoren einiger Studien aufgestellt haben. Diese Hypothese besagt, dass die PSEN-Mutationen die Gamma-Sekretase so verändern, dass sie eine Beta-Amyloid-Form produziert, die sich leichter im Gehirn ablagert. Das würde bedeuten, dass PSEN-Mutationen nicht die Beta-Amyloid-Produktion an sich erhöhen, sondern einfach nur ein »klebrigeres« Beta-Amyloid produzieren. Dieses klebrigere Beta-Amyloid bildet mit größerer Wahrscheinlichkeit Amyloid-Oligomere und -Plaques (von denen man weiß, dass sie das Risiko für die Alzheimer-Krankheit erhöhen).

Wie auch immer sie wirken – PSEN-Mutationen, die die Gamma-Sekretase betreffen, haben verheerende Auswirkungen auf Familien, weil eine fast hundertprozentige Sicherheit besteht, dass alle Familienmitglieder, bei denen eine PSEN1- oder PSEN2-Mutation vorliegt, früher oder später an Alzheimer erkranken werden. Wir haben bereits erwähnt, dass bei Familien mit dominanten Genmutationen wie APP, PSEN1 oder PSEN2 normalerweise mehrere Familienmitglieder betroffen sind, weil für die Entstehung der Alzheimer-Krankheit dann nur eine einzige Kopie des mutierten Gens erforderlich ist. Es gibt aber auch noch einen weiteren Hinweis darauf, dass eine Mutation für die Alzheimer-Krankheit im Genpool einer Familie vorhanden ist: nämlich das Alter beim Ausbruch der Erkrankung.

Diese Mutationen beschleunigen die Produktion oder Ansammlung von Beta-Amyloid im Gehirn nämlich so sehr, dass Menschen mit diesen Mutationen oft schon in viel jüngeren Jahren an Alzheimer erkranken: Selbst jüngere Menschen mit PSEN-Mutationen haben bereits außergewöhnlich hohe Beta-Amyloid-Werte im Gehirn. Daher überrascht es nicht, dass viele PSEN-Mutationsträger bereits vor dem 60. Lebensjahr an dieser Demenzform erkranken.

Der jüngste PSEN-Mutationsträger, den ich persönlich kennengelernt habe, zeigte bereits mit über 30 Jahren Symptome der Alzheimer-Krankheit. Es ist aber auch nicht ungewöhnlich, dass Menschen bereits mit über 20 Jahren an Alzheimer erkranken, wenn sie eine PSEN-Mutation haben. Leider können innerhalb einer Familie ältere und jüngere Mitglieder gleichzeitig von dieser Erkrankung betroffen sein. Gentests auf Alzheimer werden oft nur dann durchgeführt, wenn mehrere Generationen und Angehörige einer Familie davon betroffen sind und die Krankheit bei diesen Personen bereits in jüngerem Alter begonnen hat. Ich möchte an dieser Stelle noch einmal darauf hinweisen, dass diese Mutationen äußerst selten sind. Selbst wenn in Ihrer Familie ein paar Angehörige an Demenz erkrankt sind, ist dies also höchstwahrscheinlich nicht auf eine Genmutation zurückzuführen.

Die Seltenheit solcher Mutationen macht es umso erstaunlicher, dass der berühmteste Alzheimer-Fall – Frau Auguste Deter – eine PSEN1-Mutation aufwies. Dass sie diese Mutation hatte, war zu dem Zeitpunkt, als Alois Alzheimer sie kennenlernte, noch nicht bekannt, doch im Jahr 2013 analysierten Wissenschaftler ihr Hirngewebe, das Alzheimer über 100 Jahre zuvor für seine Analyse verwendet hatte, noch ein zweites Mal. Dabei stellten sie fest, dass Frau Deter eine PSEN1-Mutation hatte, die einen Buchstaben ihres genetischen Codes auf Chromosom 14 betraf. Erstaunlicherweise hat Dr. Alzheimer mit dieser Patientin also buchstäblich die berühmte »Stecknadel im Heuhaufen« gefunden, obwohl die familiäre Alzheimer-Krankheit doch so selten vorkommt. Aber rückblickend ergibt das schon einen Sinn, denn Frau Deter fiel Dr. Alzheimer unter anderem deshalb auf, weil sie so jung (erst 51 Jahre alt) war, als er ihr in dem Frankfurter Krankenhaus zum ersten Mal begegnete. Damals sahen Alzheimer und seine Zeitgenossen viele Patienten, die in vorgerücktem Alter Anzeichen einer Demenz aufwiesen (was sie als »senile Demenz« bezeichneten). Frau Deter erschien Alzheimer jedoch zu jung für eine senile Demenz. In seinen Aufzeichnungen über diese Patientin sprach er daher oft von präseniler Demenz; heute würden wir eine Demenz, die vor dem 65. Lebensjahr auftritt, als »frühe« oder »früh beginnende« Demenz bezeichnen. Es entbehrt nicht einer gewissen Ironie, dass die »Entdeckung« der Alzheimer-Krankheit ausgerechnet auf ihrer seltensten Form beruhte, die auf eine PSEN1-Mutation zurückzuführen ist. (Interessanterweise handelte es sich bei den Fällen, die Oskar Fischer in seinen Publikationen beschrieb, ausschließlich um senile Demenz; im Gegensatz zu Alzheimer erforschte er also die häufigere Form der Alzheimer-Krankheit und nicht die Ausnahme.)

Neuere Forschungsarbeiten zu dieser Erkrankung sind nur durch die Großzügigkeit der von familiärer Alzheimer-Krankheit betroffenen Familien ermöglicht worden. Denn als es noch keine Biomarker für die Alzheimer-Krankheit gab, waren Fälle familiärer Alzheimer-Krankheit die einzige Datenquelle, anhand deren Wissenschaftler die möglichen Ursachen dieser Erkrankung untersuchen und feststellen konnten, welche Symptome dabei zuerst auftreten. So konnte man zum Beispiel in Familien mit APP- oder PSEN-Mutationen diejenigen Mitglieder untersuchen, bei denen bekanntermaßen eine Genmutation für die Alzheimer-Krankheit vorlag, aber noch keine Symptome aufgetreten waren. Solche »präsymptomatischen« Patienten sind für die Alzheimer-Forschung von unschätzbarem Wert, denn an ihnen können Wissenschaftler untersuchen, wie sich die Krankheit entwickelt und welche Symptome dabei in welcher Reihenfolge auftreten.

Trotz der wichtigen Bedeutung der familiären Alzheimer-Krankheit hat es doch auch Nachteile, wenn man sich nur auf die Forschungsarbeiten verlässt, die auf diesem Gebiet durchgeführt worden sind. Denn die familiäre Alzheimer-Krankheit wird ausschließlich durch Mutationen verursacht, die Beta-Amyloid betreffen; wir wissen aber inzwischen, dass nicht nur Amyloid, sondern auch Tau für die Entstehung der Alzheimer-Krankheit eine wichtige Rolle spielt. Das erklärt, warum die Forschung früher, als es noch keine Biomarker für diese Erkrankung gab, ein so großes Schwergewicht auf Beta-Amyloid als Ursache der Alzheimer-Krankheit legte: Die ursprüngliche Alzheimer-Kaskaden-Hypothese beruhte nämlich auf der durch eine PSEN-Mutation verursachten familiären Alzheimer-Krankheit. Sich einzig und allein auf das Amyloid zu konzentrieren, schien daher der naheliegendste Weg für die Vorbeugung und Behandlung der Alzheimer-Krankheit zu sein, doch inzwischen wissen wir, dass dieser Ansatz die Rolle von Tau bei der Entstehung der Alzheimer-Krankheit unterschätzt hat.

Apropos: Gibt es eigentlich auch Genmutationen bei Tau, und können diese Mutationen ebenfalls dazu führen, dass man an Alzheimer erkrankt?

MAPT

Auch das Tau-Protein hat einen genetischen Code, der seinen Bauplan liefert: nämlich das Gen für das Mikrotubuli-assoziierte Protein Tau (MAPT) auf Chromosom 17. Der Zusammenhang zwischen Mutationen im MAPT-Gen und der Entstehung der Alzheimer-Krankheit ist jedoch viel schwächer als bei den Genen, die sich auf Beta-Amyloid auswirken (APP, PSEN1, PSEN2). Warum das so ist, weiß man bisher noch nicht.

MAPT-Mutationen wurden mit anderen Demenzformen wie der frontotemporalen Demenz, aber auch mit anderen neurodegenerativen Erkrankungen in Verbindung gebracht. Es gibt jedoch kaum Belege dafür, dass MAPT-Mutationen die familiäre Alzheimer-Krankheit verursachen; man konnte lediglich nachweisen, dass solche Mutationen das Alzheimer-Risiko erhöhen. Dieser Unterschied zwischen familiärer Alzheimer-Krankheit und einem »nur« erhöhten genetischen Alzheimer-Risiko führt uns zum Anfang dieses Kapitels zurück, wo wir über die Penetranz von Genen gesprochen haben. Wir wissen bereits, dass Genmutationen, die sich auf Beta-Amyloid auswirken (APP, PSEN1, PSEN2), eine hohe Penetranz aufweisen, was bedeutet, dass jeder, der eine dieser Mutationen aufweist, mit hundertprozentiger Sicherheit an Alzheimer erkranken wird. Bei MAPT-Mutationen scheint die Penetranz für die Alzheimer-Krankheit jedoch gering zu sein. Das bedeutet: Selbst wenn jemand eine MAPT-Genmutation hat, erhöht sein Alzheimer-Risiko sich dadurch »nur«, aber es ist alles andere als sicher, dass er aufgrund dieser Mutation auch tatsächlich an Alzheimer erkranken wird.

Es ist wichtig, diesen Unterschied zu verstehen, bevor wir uns im nächsten Kapitel mit anderen Alzheimer-»Risikogenen« befassen. Ähnlich wie MAPT können solche Gene unser Alzheimer-Risiko entweder erhöhen oder senken. Das Vorliegen solcher Risikogene bedeutet jedoch nicht, dass jemand mit Sicherheit an Alzheimer erkranken wird.

»Beeinflussbare« Risikogene

Es gibt viele sogenannte »Risikogene«, die die Wahrscheinlichkeit, an Alzheimer zu erkranken, erhöhen oder senken können. Diese Risikogene haben keinen unmittelbaren Einfluss auf die Amyloid- oder Tau-Spiegel im Gehirn. Oft verändern sie lediglich die Umgebung (oder das, was Wissenschaftler als Milieu bezeichnen) von Amyloid und Tau. Wenn das Risikogen die Entstehung eines Milieus fördert, das die Ansammlung von Amyloid oder Tau im Gehirn begünstigt, steigt dadurch unser Risiko, an Alzheimer zu erkranken. Wenn das Risikogen dagegen die Entstehung eines Milieus fördert, das die Ansammlung von Amyloid oder Tau *nicht* begünstigt, sinkt unser Alzheimer-Risiko.

Das bedeutet, dass Risikogene für die Entstehung von Alzheimer entweder gut oder schlecht sein können. Noch wichtiger ist die Erkenntnis, dass wir versuchen können, das betreffende Milieu selbst zu beeinflussen, indem wir entweder Medikamente einnehmen oder unseren Lebensstil ändern, da diese Risikogene ja nur das Milieu für die Ansammlung von Amyloid oder Tau beeinflussen. Selbst wenn wir also ein erhöhtes genetisches Alzheimer-Risiko haben, können wir dieses Risiko durch Medikamente oder eine Änderung unseres Lebensstils senken oder zumindest abmildern. Mit anderen Worten: Wir können selbst darüber bestimmen, wie negativ diese Gene sich auf uns auswirken. Der Grad, bis zu dem wir unser genetisches Risiko beeinflussen können, ist der entscheidende Unterschied zwischen familiären Alzheimer-Genen und Risikogenen. Bei der familiären Alzheimer-Krankheit spielt das Milieu nur eine sehr geringe Rolle, da die Gene selbst aufgrund ihrer hohen Penetranz die Ansammlung von Amyloid »vorantreiben«. Bei Risikogenen ist jedoch das Milieu wichtig – und dieses liegt in unserem Einflussbereich. Das bedeutet, dass wir bei diesen Genen eine gewisse Kontrolle über unser Alzheimer-Risiko ausüben und es durch Medikamente und unsere Lebensweise beeinflussen können. Bei familiären Alzheimer-Mutationen können wir das nicht.

Inzwischen sind ungefähr 30 Gene bekannt, die unser Alzheimer-Risiko erhöhen oder senken können. Die meisten dieser Gene sind sehr selten und erhöhen das Alzheimer-Risiko nur minimal; es macht also wenig Sinn, hier auf sie einzugehen. Ich möchte mich an dieser Stelle lieber auf zwei Risikogene konzentrieren, die häufiger vorkommen: APOE und TREM2.

APOE

Die Abkürzung APOE steht für das »Apolipoprotein«-Gen, das auf Chromosom 19 unserer DNA liegt.

Warum spielt APOE als genetischer Alzheimer-Risikofaktor eine Rolle?

Das wissen wir leider nicht genau: Warum bestimmte APOE-Genvariationen unser Alzheimer-Risiko erhöhen, wird zurzeit noch erforscht. Bisher weiß man lediglich, dass bestimmte Varianten dieses Gens unser Risiko, an Alzheimer zu erkranken, um den Faktor 12 erhöhen können.

Was ist mit »bestimmten APOE-Varianten« gemeint?

Um das erklären zu können, muss ich zunächst einen weiteren genetischen Begriff einführen: genetischer Polymorphismus. Dieser Begriff (der sich von den griechischen Wörtern *poly* = »viele« und *morph* = »Form« herleitet, also – wörtlich übersetzt – »viele Formen« bedeutet) bezieht sich auf das Vorliegen verschiedener Varianten ein und desselben Gens in der Bevölkerung.

Ein Polymorphismus ist eine DNA-Veränderung, die in der Bevölkerung häufig vorkommt. Das bedeutet, dass verschiedene

Menschen verschiedene Formen dieses Gens aufweisen. Beim APOE-Gen gibt es mehrere genetische Polymorphismen, wobei e3:e3, e3:e4 und e4:e4 für die Alzheimer-Krankheit die wichtigste Rolle spielen. Das „e" steht für das Allel, das den Polymorphismus trägt; die Zahl steht für die Art des Polymorphismus. Da wir zwei Allele besitzen (denken Sie daran, dass es zwei DNA-Stränge gibt), können wir verschiedene APOE-Kombinationen oder -Varianten haben.

Ist dieser genetische Polymorphismus des APOE-Gens wirklich so wichtig für unser Risiko, an Alzheimer zu erkranken?

Oh ja, er ist sogar sehr wichtig, denn die Art des APOE-Polymorphismus entscheidet über unser Risiko, später einmal an Alzheimer zu erkranken. Der häufigste APOE-Polymorphismus ist e3:e3. Ungefähr 78 Prozent der Bevölkerung haben diesen Polymorphismus, daher gilt er als »normaler« oder Standard-APOE-Polymorphismus. Wichtig ist, dass der e3:e3-Polymorphismus unser Risiko, an Alzheimer zu erkranken, weder erhöht noch verringert. Etwa 12 Prozent der Bevölkerung (also jeder Achte) haben hingegen den e3:e4-Polymorphismus, der das Alzheimer-Risiko verdreifacht. Das bedeutet, dass Träger des e3:e4-Polymorphismus dreimal so häufig an Alzheimer erkranken wie jemand, der den e3:e3-APOE-Polymorphismus hat. Und man darf auch nicht vergessen, dass ein höheres genetisches Risiko oft dazu führt, dass man diese Krankheit frühzeitiger bekommen wird, weil sich dadurch die Ansammlung von Amyloid und Tau beschleunigt. 12 Prozent der Bevölkerung haben den e3:e4-Polymorphismus; bei ihnen tritt die Alzheimer-Krankheit im Durchschnitt bis zu zehn Jahre früher auf als bei jemandem mit dem »normalen« e3:e3-Polymorphismus.

Einer von fünfzig Menschen (also 2 Prozent) hat den e4:e4-Polymorphismus, der das Alzheimer-Risiko um das Zwölffache erhöht, was bedeutet, dass ein Träger dieses Polymorphismus im Vergleich zu jemandem, der den e3:e3-APOE-Polymorphismus hat, mit zwölfmal höherer Wahrscheinlichkeit an Alzheimer erkranken wird. Der e4:e4-

Polymorphismus ist daher am besorgniserregendsten, weil man damit ein sehr viel höheres Alzheimer-Risiko hat als der Rest der Bevölkerung. e4:e4-Träger erkranken bis zu 20 Jahre früher an Alzheimer als Menschen mit e3:e3. Aufmerksame Leser haben vielleicht schon bemerkt, dass diese Prozentsätze zusammen nicht 100 Prozent ergeben (e3:e3 = 78 Prozent; e3:e4 = 12 Prozent; e4:e4 = 2 Prozent).

Welches sind denn dann die restlichen 8 Prozent der APOE-Polymorphismen?

Dabei handelt es sich um die Polymorphismen e2:e2 und e2:e3, die unser Risiko, an Alzheimer zu erkranken, im Vergleich zum »Durchschnitt« e3:e3 um bis zu 40 Prozent senken. Die Gene, die wir geerbt haben, sind also so etwas Ähnliches wie eine Lotterie, da manche Menschen durch reines Glück bessere oder schlechtere Voraussetzungen für eine Alzheimer-Krankheit mitbringen.

Auch die geografische Region, aus der wir stammen, und unsere ethnische Zugehörigkeit beeinflussen das Risiko, an Alzheimer zu erkranken. Tatsächlich variiert das Risiko, dass bestimmte APOE-Polymorphismen die Entstehung einer Alzheimer-Krankheit begünstigen, in verschiedenen ethnischen und nationalen Bevölkerungsgruppen. Beispielsweise erhöht e4:e4 das Risiko für eine Alzheimer-Krankheit bei Afroamerikanern »nur« um das Sechsfache und bei Hispanoamerikanern nur um das Zweifache, bei kaukasischen Amerikanern dagegen um das Zwölffache und bei Japanern sogar um das 33-Fache. Wir müssen also akzeptieren, dass es große Unterschiede darin gibt, wie stark die genetischen Polymorphismen unser Risiko für die Alzheimer-Krankheit erhöhen, je nachdem, was für einer ethnischen Gruppe wir angehören. Die genauen Gründe dafür kennt man noch nicht. Es könnte sein, dass bestimmte Umweltfaktoren unser genetisches Risiko beeinflussen, es ist aber auch möglich, dass die Funktionsweise von APOE in verschiedenen ethnischen Gruppen leicht variiert.

Wie und warum erhöht APOE unser Risiko für die Alzheimer-Krankheit?

Wie APOE unser Alzheimer-Risiko beeinflusst, muss erst noch erforscht werden. Wir wissen jedoch, dass die verschiedenen APOE-Polymorphismen offenbar an der Ansammlung und Beseitigung von Beta-Amyloid beteiligt sind. APOE selbst interagiert jedoch nicht mit Beta-Amyloid, sondern schafft lediglich ein Milieu, das die Entsorgung von Beta-Amyloid entweder begünstigt (e2:e3- und e2:e2-Polymorphismen) oder beeinträchtigt (e3:e4- und e4:e4-Polymorphismen) oder gar keinen Einfluss auf die Entsorgung von Beta-Amyloid hat (e3:e3-Polymorphismus, »durchschnittlich«). Zusammenfassend kann man sagen, dass die verschiedenen APOE-Polymorphismen ein Milieu schaffen, das unser Risiko, später einmal an Alzheimer zu erkranken, beeinflussen kann. Abschließend sei nochmals daran erinnert, dass ein »erhöhtes genetisches Risiko« aufgrund von APOE nicht bedeutet, dass diese Erkrankung bei uns auch tatsächlich auftreten wird, aber unser Alzheimer-Risiko kann dadurch steigen oder sinken. Das Gleiche gilt auch für das zweite häufige Alzheimer-Gen: TREM2.

TREM2

TREM2 liegt auf Chromosom 6 unserer DNA. Die Abkürzung TREM2 steht für das – halten Sie sich fest! – »Triggering Receptor Expressed on Myeloid cells 2«-Gen. Dieser etwas seltsame Name erklärt sich aus der Tatsache, dass Wissenschaftler gern alles ganz genau beschreiben. Im Fall von TREM 2 bedeutet dies, dass das Gen ein Protein in myeloiden Zellen produziert. Myeloide Zellen befinden sich hauptsächlich im Knochenmark und produzieren Proteine, die eine Entzündungsreaktion auf Verletzungen oder Krankheiten auslösen. Doch was hat ein Protein in Knochenmarkszellen mit der Alzheimer-Krankheit zu tun?

TREM2 hilft bei der Regulation von Entzündungsreaktionen – sowohl im Gehirn als auch im Körper. Wir sind bereits darauf eingegangen, wie unser Immunsystem zur Beseitigung von Beta-Amyloid oder phosphoryliertem Tau beitragen kann. Auch Entzündungen sind Reaktionen des Immunsystems. Im Grunde löst die vermehrte Ansammlung von Beta-Amyloid im Gehirn eine Entzündungsreaktion aus, um unser Immunsystem zu aktivieren, damit es das überschüssige Beta-Amyloid bekämpft. Entzündungen kann man also als Signal dafür betrachten, dass das Immunsystem aktiv wird und Beta-Amyloid loszuwerden versucht.

Im Gehirn findet sich TREM2 häufig in den Mikrogliazellen, die bei dieser Entzündungs- oder Immunreaktion im Gehirn eine Schlüsselrolle spielen. Wenn sich außerhalb der Nervenzellen beispielsweise zu viel Beta-Amyloid angesammelt hat, werden die Mikrogliazellen aktiviert und leiten einen Prozess namens Phagozytose (kommt aus dem Griechischen und bedeutet so viel wie *phago* = »essen« und *Zytose* = »einer Zelle«) ein. Durch diese Phagozytose wird potenziell gefährliches Material zerstört; das Immunsystem »frisst« den Gefährder (wie beispielsweise Beta-Amyloid) also gewissermaßen auf. In den letzten Jahren hat man festgestellt, dass die TREM2-Spiegel im Liquor bei Alzheimer-Patienten erhöht sind. Diese erhöhten TREM2-Spiegel deuten darauf hin, dass aufgrund der fortschreitenden Beta-Amyloid-Ansammlung im Gehirn ein Entzündungsprozess stattfindet.

Manchmal wird diese Entzündungsreaktion jedoch durch eine Genveränderung eingedämmt. Das kann passieren, wenn TREM2 sich verändert beziehungsweise mutiert.

TREM2-Mutationen erhöhen das Risiko, an Alzheimer zu erkranken, um das Zwei- bis Vierfache. Das heißt, der Träger einer solchen Mutation hat im Vergleich zur Normalbevölkerung ein zwei- bis viermal so hohes Risiko, irgendwann an Alzheimer zu erkranken. Wie Sie aus dem Kapitel über APOE vielleicht noch wissen, ist das eine ähnliche Risikoerhöhung wie bei den e3:e4-Allelen für APOE. TREM2 ist ein selteneres Alzheimer-Risiko-Gen, das im Grunde genommen die Reaktion unseres Immunsystems auf die Ansammlung von Beta-Amyloid eindämmt. Auf welche Weise TREM2-Mutationen diese Immunantwort schwächen, wird zurzeit noch erforscht. Es zeigt sich jedoch immer deutlicher, dass unsere Entzündungsreaktion das Alzheimer-Risiko stark beeinflussen und sich so darauf auswirken kann, ob wir an dieser Demenzform erkranken oder nicht.

Ein Wort zu Gentests

Da wir nun wissen, dass bestimmte Gene

- darüber entscheiden, dass wir an Alzheimer erkranken werden (APP, PSEN1, PSEN2),
- oder unser Risiko für Alzheimer zumindest erhöhen können (zum Beispiel APOE, TREM2),

warum testen wir dann eigentlich nicht alle Menschen auf ihr genetisches Alzheimer-Risiko?

Mit so einem genetischen Risiko-Screening könnten wir Risikopersonen nicht nur frühzeitig erkennen, sondern ihnen auch die Möglichkeit geben, ihr zukünftiges Alzheimer-Risiko zu beeinflussen. Technisch gesehen ist es heute sehr einfach, sich auf solche »Risiko«-Gene testen zu lassen. Mehrere private Gentestunternehmen bieten bereits Tests auf Risikogene (APOE) für die Alzheimer-Krankheit an. Doch bevor wir uns nun sofort testen lassen, sollten wir uns zunächst einmal fragen, ob wir wirklich über unser genetisches Risiko für die Alzheimer-Krankheit Bescheid wissen wollen.

Für manche Menschen liegt die Antwort auf der Hand: Ja, sie wollen darüber Bescheid wissen. Denn wenn sie ein erhöhtes genetisches Alzheimer-Risiko haben, können sie ihren Lebensstil ändern, um dieses Risiko möglicherweise zu senken; und wenn sie kein erhöhtes Risiko haben, werden Sie sich in Zukunft zumindest weniger Sorgen über dieses Thema machen. Doch für andere Menschen öffnet ein solcher Gentest die »Büchse der Pandora«. Denn wer weiß – vielleicht müssen wir solche Testergebnisse ja irgendwann unserem Gesundheitssystem, unserem Versicherer oder sogar unserem Arbeitgeber gegenüber offenlegen. In Ländern mit einem staatlichen Gesundheitssystem wie beispielsweise Großbritannien mag das kein Problem darstellen; in Ländern oder bei Personen mit privater Krankenversicherung können diese Informationen jedoch erhebliche Auswirkungen auf ihren Versicherungsbeitrag oder womöglich sogar auf ihren Arbeitsplatz haben. Und was noch wichtiger ist: Vielleicht müssen wir auch unsere Familie – vor allem unsere Kinder – über die Ergebnisse dieses Gentests informieren, da unsere Angehörigen möglicherweise die gleichen Gene haben wie wir. Das kann besonders problematisch sein, da solche Testergebnisse eben nicht nur uns selbst, sondern auch alle Menschen betreffen, die biologisch mit uns verwandt sind.

Rein technisch gesehen ist es also sehr einfach, sich auf ein genetisches Alzheimer-Risiko testen zu lassen, aber aus ethischer Sicht gibt es doch ein paar wichtige Überlegungen, die man vor so einem Schritt anstellen sollte. Wenn Sie sich wirklich Sorgen darüber machen, dass Sie ein erhöhtes genetisches Alzheimer-Risiko haben könnten, empfehle ich Ihnen, diese Frage zunächst einmal mit Ihrem Hausarzt zu besprechen.

Wenn Sie und Ihr Arzt gemeinsam entscheiden, dass es sinnvoll sein könnte, dieses Risiko näher zu untersuchen, wird er Sie in der Regel an einen genetischen Beratungsdienst verweisen. Solche Beratungsdienste sind auf den Umgang mit genetisch bedingten Erkrankungen spezialisiert und können Sie darüber beraten, ob ein Gentest in Ihrem Fall angebracht sein und welche Auswirkungen er auf Ihr Leben und Ihre Familie haben könnte.

Nicht beeinflussbare Lebensstilfaktoren

Es ist paradox, dass sich so viele Menschen Sorgen über ihr genetisches Alzheimer-Risiko machen, aber viel weniger Leute darüber nachdenken, wie ihre *Lebensweise* sich auf ihr Erkrankungsrisiko auswirken könnte. Denn heute wissen wir, dass unser genetisches Risiko, an Alzheimer zu erkranken, eigentlich eher gering ist. Die wissenschaftlichen Daten zeigen eindeutig, dass unsere Lebensweise einen viel größeren Einfluss auf unser zukünftiges Alzheimer-Risiko hat als die Gene.

Wissenschaftlichen Erkenntnissen zufolge sind bis zu 40 Prozent unseres Alzheimer-Risikos auf unsere Lebensweise zurückzuführen. Diese erstaunliche Statistik lässt viele Menschen aufhorchen, weil uns normalerweise gar nicht bewusst ist, welch großen Einfluss unser Lebensstil auf unser zukünftiges Alzheimer-Risiko hat.

Ähnlich wie die genetischen Risikofaktoren können auch lebensstilbedingte Risikofaktoren beeinflussbar oder nicht beeinflussbar sein. Beginnen wir zunächst mit den nicht beeinflussbaren Lebensstilfaktoren. Doch warum soll man sich über diese Faktoren überhaupt Gedanken machen, wenn man ja doch nichts dagegen tun kann? Nun ja, wir sollten uns dieser Risikofaktoren zumindest bewusst sein. Beginnen wir mit dem wichtigsten nicht beeinflussbaren Risikofaktor für die Alzheimer-Krankheit: dem Alter.

Alter

Eigentlich liegt es fast schon auf der Hand, dass das Alter der wichtigste nicht beeinflussbare Alzheimer-Risikofaktor ist, aber es ist trotzdem wichtig, uns über diese Tatsache im Klaren zu sein. Der offensichtliche Grund, warum das Alter der wichtigste nicht beeinflussbare Alzheimer-Risikofaktor ist, besteht darin, dass unser Risiko für diese Erkrankung immer mehr ansteigt, je älter wir werden. Wissenschaftliche Erkenntnisse zeigen eindeutig, dass unser Alzheimer-Risiko mit dem Alter zunimmt. Nur ungefähr 2 Prozent (2 von 100) aller Menschen zwischen 65 und 69 Jahren erkranken an Alzheimer. Im Alter von 85 bis 89 Jahren erkranken jedoch bereits 19 Prozent (also 19 von 100 Personen) an dieser Demenzform.

Da wir an der Tatsache, dass wir altern, nichts ändern können – zumindest noch nicht –, ist das Alter nach wie vor der wichtigste nicht beeinflussbare Risikofaktor für die Alzheimer-Krankheit. Einfach ausgedrückt: Je länger wir leben, umso höher ist unser Risiko, an Alzheimer zu erkranken. Denn wie wir inzwischen wissen, kann sich umso mehr Amyloid und Tau in unserem Gehirn ansammeln, je älter wir werden.

Bildung

Der zweithäufigste nicht beeinflussbare Risikofaktor für die Alzheimer-Krankheit ist die Bildung, vor allem die formale oder schulische Ausbildung im frühen Lebensalter. Wissenschaftliche Erkenntnisse zeigen: Je mehr Ausbildungsjahre wir in unserer frühen Kindheit und Jugend durchlaufen haben, umso geringer ist unser Risiko, später einmal an Alzheimer zu erkranken. Ein höheres Bildungsniveau senkt also das Alzheimer-Risiko.

Wie ist diese überraschende Erkenntnis zu erklären?

Ein möglicher Grund dafür besteht darin, dass die Symptome der Alzheimer-Krankheit anhand kognitiver Tests gemessen werden – zum Beispiel, um festzustellen, wie gut unser Gedächtnis funktioniert. Wenn wir bei kognitiven Tests schlecht abschneiden, kann das ein Hinweis darauf sein, dass wir möglicherweise erste Alzheimer-Symptome entwickelt haben. Schneiden wir bei solchen Tests jedoch gut ab, so leiden wir wohl eher nicht an einer Alzheimer-Krankheit. Eine höhere formale Bildung bedeutet aber normalerweise auch, dass jemand mehr Erfahrung mit Tests hat und vielleicht schon allein deshalb besser dabei abschneidet. Und genau das haben mehrere wissenschaftliche Untersuchungen ergeben: Menschen, die eine langjährigere formale Bildung genossen hatten, gleichzeitig aber durch Biomarker nachgewiesene, Alzheimer-typische Veränderungen im Gehirn aufwiesen, schnitten bei kognitiven Tests immer noch besser ab als Menschen mit geringerer formaler Bildung.

Durch eine formale Schulbildung haben Menschen natürlich mehr Erfahrung mit Tests, aber diese Bildung scheint auch ein Phänomen namens »kognitive Reserve« zu verbessern. Darunter kann man sich die Fähigkeit unseres Gehirns vorstellen, kognitive Herausforderungen zu meistern. Wir alle stehen in unserem Alltagsleben immer wieder vor solchen Herausforderungen, der Begriff »kognitive Reserve« bezieht sich jedoch eher darauf, wie unser Gehirn mit kognitiven Herausforderungen umgeht, wenn es bereits erkrankt ist. Dank unserer kognitiven Reserve verfügen wir immer noch über einen Großteil unserer kognitiven Funktionen, auch wenn in unserem Gehirn bereits eine Erkrankung Fuß gefasst hat. Diese kognitive Reserve hält aber auch nicht ewig an; das heißt, sie erschöpft sich mit der Zeit – es handelt sich dabei eben im übertragenen ebenso wie im wörtlichen Sinn nur um eine »Reserve«. Dank dieser Reserve können wir unsere kognitive Funktion auf einem höheren Niveau halten, selbst wenn der Alzheimer-Krankheitsprozess in unserem Gehirn bereits eingesetzt hat. Ist die kognitive Reserve jedoch aufgebraucht, so sinkt unsere kognitive Funktion schnell auf ein ähnliches Niveau ab wie bei Menschen, die von vornherein eine geringere kognitive Reserve hatten.

Aber spielt es denn dann überhaupt eine Rolle, eine größere kognitive Reserve zu haben, wenn wir letzten Endes doch am gleichen Punkt ankommen wie Menschen mit geringerer kognitiver Reserve?

Ja, denn unsere kognitive Funktion entscheidet über einen Großteil unseres Funktionsvermögens im Alltag: zum Beispiel über den Umgang mit Finanzen, die Zubereitung von Mahlzeiten und die allgemeine Fähigkeit zur Selbstversorgung. Wenn wir über eine höhere kognitive Reserve verfügen, werden wir diese alltäglichen Funktionen wahrscheinlich länger beibehalten, was es uns wiederum ermöglicht, länger ein selbstständiges Leben zu führen, selbst wenn wir uns bereits in einem frühen Stadium der Alzheimer-Krankheit befinden.

Die Aussage, dass die formale Schulbildung oder deren Fehlen einen nicht beeinflussbaren Risikofaktor für die Alzheimer-Krankheit darstellt, ist umstritten.

Doch tatsächlich können wir im Alter nicht mehr viel tun, um etwas an unserer Schulausbildung zu ändern. Hierbei handelt es sich also um einen typischen nicht beeinflussbaren Risikofaktor, der ziemlich deterministisch zu sein scheint (was bedeutet, dass dieser Faktor, an dem wir nichts ändern können, über unser Alzheimer-Risiko im späteren Leben entscheiden könnte).

Und was ist, wenn man keine formale Schulbildung erhalten, aber sein Leben lang immer wieder etwas dazugelernt hat und geistig sehr aktiv war? Würde das die kognitive Reserve denn nicht auch stärken?

Das sind berechtigte Fragen, auf die es momentan noch keine wissenschaftlichen Antworten gibt; aber zurzeit laufen viele Studien, die untersuchen, ob diese Faktoren sich auf die kognitive Reserve auswirken. Das wäre wichtig zu wissen, denn wenn es Beweise dafür gibt, dass eine lebenslange geistige Aktivität unsere kognitive Reserve aufbaut, wäre dieser Risikofaktor vielleicht doch nicht so »unbeeinflussbar«, wie wir zurzeit denken. Dann könnten wir nämlich Maßnahmen entwickeln, um unsere kognitive Reserve im Lauf unseres Lebens (oder vielleicht sogar noch zu Beginn der Erkrankung) aufzubauen.

Dieses Phänomen bezeichnet man als »kognitive Fitness« (ähnlich wie körperliche Aktivität), weil wir dann in der Lage wären, unsere kognitive Gesundheit zu trainieren. Bei Programmen oder Apps, die ein kognitives Training versprechen, sollten Sie jedoch vorsichtig sein, denn bisher sind die Ergebnisse wissenschaftlicher Untersuchungen zu der Frage, ob solche Hilfsmittel wirklich funktionieren, bestenfalls uneinheitlich. Das Hauptproblem bei diesen sogenannten kognitiven Trainingsprogrammen besteht darin, dass wir die Aufgaben, die sie uns stellen, mit der Zeit zwar immer besser bewältigen, doch gibt es kaum Belege dafür, dass sie unsere kognitive Leistung im wirklichen Leben tatsächlich verbessern, ganz zu schweigen von unserer kognitiven Reserve. Zurzeit weiß man leider noch nicht, welches das beste kognitive Training ist, um die negativen Auswirkungen der Alzheimer-Krankheit zu verhindern oder einzudämmen.

Hörverlust

Der letzte nicht beeinflussbare Alzheimer-Risikofaktor ist gleichzeitig auch der bislang am wenigsten verstandene: Hörverlust hat sich als ein weiterer Alzheimer-Risikofaktor herauskristallisiert, der selbst für die Wissenschaftler etwas überraschend kam. Wissenschaftliche Daten deuten aber tatsächlich darauf hin, dass Hörverlust im mittleren Lebensalter ein Risikofaktor für die spätere Entstehung einer Alzheimer-Krankheit ist.

Dass man mit zunehmendem Alter nicht mehr so gut hört, ist völlig normal. Dieser Hörverlust kann verschiedene Ursachen haben, beispielsweise eine zu lange oder zu starke Lärmbelastung, bestimmte Medikamente oder andere gesundheitliche Probleme wie Bluthochdruck oder Diabetes. Daher weiß man nicht genau, ob Hörverlust wirklich ein Risikofaktor für die Alzheimer-Krankheit oder lediglich eine Begleiterscheinung anderer Alzheimer-Risikofaktoren wie beispielsweise Bluthochdruck ist. (Auf dieses Thema werden wir im nächsten Kapitel noch näher eingehen.) Ein weiterer Aspekt ist die Frage, ob dieser Hörverlust zu einer stärkeren sozialen Isolation führt; denn Menschen, die schlecht hören, haben oft ein eingeschränkteres Sozialleben, weil es für sie schwieriger ist, mit ihren Mitmenschen zu kommunizieren.

Bei diesem Risikofaktor besteht eindeutig noch weiterer Forschungsbedarf, da praktisch alle Studien, die Hörverlust als Risikofaktor für die Alzheimer-Krankheit ausweisen, bereits vorhandene Daten untersucht haben. In dieser Hinsicht gibt es aber möglicherweise eine gute Nachricht, da die Verwendung eines Hörgeräts das zukünftige Demenzrisiko nachweislich senkt: Menschen mit Hörverlust, die kein Hörgerät verwenden, haben also ein höheres Risiko, in ihrem späteren Leben an Demenz zu erkranken. Wenn Sie an Hörverlust leiden und Ihr Hörgerät wie vom Arzt verschrieben nutzen, steigt Ihr Risiko für eine zukünftige Demenz dadurch hingegen nicht. Diese Erkenntnisse deuten darauf hin, dass dieser Risikofaktor tatsächlich besser beeinflussbar ist als bisher angenommen, da wir unser Demenzrisiko durch Verwendung eines Hörgeräts beeinflussen können.

Kommen wir nun zu den beeinflussbaren Lebensstilfaktoren, mit denen wir unser Demenzrisiko senken können.

Beeinflussbare Lebensstilfaktoren

Um es noch einmal kurz zusammenzufassen: Durch beeinflussbare Risikofaktoren, an denen wir aktiv etwas ändern können, lässt unser Risiko, an Alzheimer zu erkranken, sich um bis zu 40 Prozent senken. Das ist eine hervorragende Neuigkeit! Allerdings gibt es so viele beeinflussbare Risikofaktoren, dass man vielleicht nicht unbedingt immer weiß, auf welche man sich konzentrieren soll. Wie so oft im Leben kann es uns helfen, unsere Ziele zu erreichen, wenn wir uns dabei auf einige wenige Maßnahmen beschränken. Konzentrieren wir uns also auf die vier wichtigsten beeinflussbaren Risikofaktoren, mit denen man am meisten bewirken kann – nicht nur, um unser Alzheimer-Risiko zu senken, sondern auch, um gesund zu altern.

Diabetes, Bluthochdruck und Fettleibigkeit

Diese drei Risikofaktoren möchte ich gern gemeinsam behandeln, da sie oft in Kombination miteinander auftreten.

Ob jemand fettleibig ist, wird normalerweise anhand des Body-Mass-Index (BMI) errechnet, der sich aus unserem Körpergewicht in Kilogramm geteilt durch unsere Körpergröße in Metern im Quadrat ergibt. Der BMI ist also ein grober Schätzwert unseres Gewichts im Verhältnis zu unserer Körpergröße. Er ist eine praktische, wenn auch nicht hundertprozentig exakte Formel, um möglichst schnell das Idealgewicht einer Person zu errechnen. Laut aktuellen Gesundheitsrichtlinien für Erwachsene liegt ein gesunder BMI zwischen 18,5 und 24,9. Liegt der BMI unter 18,5, so gilt man als untergewichtig. Umgekehrt wird ein BMI zwischen 25 und 29,9 als Übergewicht, ein BMI von 30 bis 39,9 als Fettleibigkeit und ein BMI über 40 als krankhafte (starke) Fettleibigkeit eingestuft.

Weltweit neigt eine Mehrheit der Menschen zu Übergewicht oder sogar Fettleibigkeit. Das ist vor allem auf die allgemeine Verfügbarkeit billiger, kalorienreicher Lebensmittel bei gleichzeitig abnehmender körperlicher Aktivität zurückzuführen. Daten aus Großbritannien zeigen beispielsweise, dass dort 28,7 Prozent aller Erwachsenen fettleibig sind (USA: 36 Prozent, Australien: 32 Prozent, Deutschland: 19 Prozent). Insgesamt sind fast zwei Drittel der britischen Bevölkerung, nämlich 64,3 Prozent, übergewichtig oder fettleibig (USA: 69 Prozent, Australien: 66 Prozent, Deutschland: 54 Prozent), und aller Wahrscheinlichkeit nach wird dieser Prozentsatz noch steigen.

Ein paar Pfunde mehr auf die Waage zu bringen, mag in jungen Jahren nicht viel ausmachen, aber es kann sehr negative Auswirkungen auf unsere Gesundheit haben, wenn wir älter werden. Übergewicht oder Fettleibigkeit erhöht das Risiko für verschiedene altersbedingte Erkrankungen nämlich ganz erheblich, denn das überschüssige Fett erschwert es unserem Körper, mit anderen gesundheitlichen Problemen fertigzuwerden. Besonders besorgniserregend ist die Tatsache, dass Fettleibigkeit zu Typ-2-Diabetes führen kann, der unseren Körper belastet und das Risiko für weitere Erkrankungen erhöht.

Fettleibigkeit wirkt sich auch negativ auf die Gesundheit von Herz und Kreislauf aus, weil unser Herz das Blut dann durch einen viel voluminöseren Körper pumpen muss. Wenn wir körperlich aktiv sind, trainiert der Sport das Herz darauf, mehr zu arbeiten, um unsere neu entwickelten Muskeln und unsere größere Körpermasse zu versorgen. Bei Fettleibigkeit sind wir körperlich aber wahrscheinlich nicht so aktiv, sodass unser Herz ein größeres Körpervolumen versorgen muss, ohne darauf trainiert zu sein. Um mit diesem größeren Volumen zurechtzukommen, greift unser Herz-Kreislauf-System dann normalerweise zu einer Notlösung und erhöht unseren Blutdruck, um die Blutversorgung aufrechtzuerhalten. Langfristig kann das zu chronischem Bluthochdruck führen, und dieser ständig zu hohe

Blutdruck kann mit der Zeit viele Erkrankungen verursachen: Unter anderem steigt dadurch das Risiko für Schlaganfälle und Demenzerkrankungen.

Die Gefahr, die Fettleibigkeit für unsere Gesundheit darstellt, ist also nicht zu unterschätzen: Sie kann im Lauf unseres Lebens zu schweren Erkrankungen führen und unsere Lebenserwartung sogar um einige Jahre verkürzen.

Und was hat das alles mit der Alzheimer-Krankheit zu tun?

Wir wissen ja bereits, dass Bluthochdruck Schlaganfälle verursachen kann. Solche Schlaganfälle (insbesondere Mini-Schlaganfälle) erhöhen das Risiko, an Alzheimer zu erkranken, ganz erheblich. Fettleibigkeit kann aber auch zur Entstehung von Prädiabetes und einem metabolischen Syndrom führen. Durch das metabolische Syndrom verschlechtert sich die Regulation des Insulins, das wiederum unseren Blutzucker reguliert. Daher bezeichnet man das metabolische Syndrom oft auch als Insulinresistenzsyndrom. Es kann dazu führen, dass unser Blutzuckerspiegel gefährlich ansteigt, was eine große Belastung für unseren Körper darstellt. Insulin spielt eine Rolle bei der Ansammlung von Amyloid im Gehirn und auch bei seiner Beseitigung. Wie Insulin diese Entsorgung von Amyloid beeinflusst, weiß man zwar noch nicht genau, aber höhere Insulinspiegel im Körper gehen mit einer weniger effizienten Beseitigung von Amyloid aus dem Gehirn einher. Wir wissen ja bereits, dass hohe Amyloidspiegel das Alzheimer-Risiko erhöhen; somit können die durch Fettleibigkeit und das damit einhergehende metabolische Syndrom verursachten Veränderungen des Insulinspiegels das Risiko für diese Erkrankung noch weiter erhöhen.

Zurzeit gibt es noch keine direkten Beweise dafür, dass Insulinresistenz sich auf die Tau-Phosphorylierung auswirkt. Bei Typ-2-Diabetikern konnte jedoch ein höherer Anteil an phosphoryliertem

Tau im Liquor nachgewiesen werden. Typ-2-Diabetes ist die häufigere Diabetesform und entwickelt sich bei den meisten Menschen im mittleren Alter als Folge von Übergewicht oder Zuckerkonsum. (Typ-1-Diabetes ist eine angeborene Form von Diabetes, und bisher konnte nicht nachgewiesen werden, dass dieser Diabetestyp das Risiko für die Alzheimer-Krankheit erhöht.) Da wir mit unserer Ernährung und körperlichen Aktivität Einfluss darauf nehmen können, ob wir an Typ-2-Diabetes erkranken oder nicht, wird diese Diabetesform oft als Zivilisationskrankheit bezeichnet. Die gute Nachricht lautet also, dass man einem Typ-2-Diabetes vorbeugen kann, indem man sich gesund ernährt, körperlich aktiv ist und auf sein Gewicht achtet. Doch auch wenn man bereits an Typ-2-Diabetes erkrankt ist, kann man sein Alzheimer-Risiko immer noch positiv beeinflussen, da der Insulinspiegel sich durch Medikamente unter Kontrolle bringen lässt. Wissenschaftlichen Untersuchungen zufolge haben Diabetiker, die gut auf eine Insulintherapie eingestellt sind, kein erhöhtes Alzheimer-Risiko. Dieses Risiko ist bei undiagnostizierten Typ-2-Diabetikern oder solchen, deren Insulinspiegel schlecht eingestellt ist, am höchsten. Aber wie immer gilt auch hier: Vorbeugen ist besser als Heilen. Wenn man die Entstehung eines Typ-2-Diabetes also von vornherein verhindern kann, umso besser!

Aufgrund der starken negativen Auswirkungen, die Fettleibigkeit auf unser Alzheimer-Risiko haben kann, ist es sehr wichtig, unser Gewicht im Auge zu behalten, wenn wir älter werden. Im Alter ein paar Pfunde mehr auf die Waage zu bringen, ist nicht so schlimm, doch wir sollten nicht so stark zunehmen, dass wir fettleibig oder womöglich sogar krankhaft fettleibig werden. Denn sobald unser Gewicht die Schwelle zur Fettleibigkeit überschreitet, steigt unser Risiko für eine Alzheimer-Demenz – und viele andere altersbedingte Gesundheitsprobleme – ganz erheblich. Doch wie immer im Leben kommen auch bei der Alzheimer-Krankheit stets mehrere verschiedene Risikofaktoren zusammen.

Und wenn wir schon beim Thema Körpergewicht sind, wollen wir gleich auf den nächsten Alzheimer-Risikofaktor – Bewegungsmangel – zu sprechen kommen.

Körperliche Aktivität

Bewegung ist nicht nur für unsere Muskeln und unser Herz lebenswichtig, sondern auch für die Gesundheit unseres Gehirns. Es gibt viele wissenschaftliche Belege dafür, dass mehr körperliche Aktivität sich positiv auf unsere Gehirngesundheit auswirkt und gleichzeitig das Risiko für zahlreiche Erkrankungen senkt. Weltweite Empfehlungen von Gesundheitssystemen besagen, dass man sich im Alltag mehr bewegen sollte. Doch leider tun wir genau das Gegenteil: Umfragen zufolge hat unsere körperliche Aktivität im Vergleich zu den 1960er-Jahren um 20 Prozent abgenommen – zumindest in den Industrieländern. Es gibt viele Gründe, warum wir uns heute weniger bewegen als früher. Zum Beispiel üben die meisten von uns heutzutage Bürotätigkeiten aus, die keine schwere körperliche Arbeit erfordern, und fahren auch öfter Auto als früher. Beides hat dazu geführt, dass wir uns weniger bewegen.

Aber fangen wir lieber ganz von vorn an: Wie wird körperliche Aktivität definiert?

Unter körperlicher Aktivität versteht man jede Bewegung und Aktivität, die unsere Muskeln beansprucht und die wir im Rahmen unseres täglichen Lebens ausführen. Die meisten Menschen glauben, dass körperliche Aktivität gleichbedeutend mit Sport ist, doch das stimmt nicht. Sport ist nur ein Teilaspekt der körperlichen Aktivität. Denn körperliche Aktivität ist ein Oberbegriff, der nicht nur Sport, sondern auch jede andere Bewegung im Alltag umfasst. Sport dagegen ist sehr viel enger definiert: nämlich als geplante, strukturierte, wiederholt und absichtlich ausgeführte Bewegung wie beispielsweise Joggen, Yoga, Gymnastik, Schwimmen usw. Manche Menschen verabscheuen Sport und wollen absolut nichts davon wissen. Man kann aber auch körperlich aktiv sein, ohne Sport zu treiben. Daher sollten wir uns darauf konzentrieren, möglichst viel körperliche Aktivität in unseren Alltag einzubauen. Natürlich können Sie sich zusätzlich gern auch noch eine Trainingseinheit im Fitnessstudio oder Schwimmbad gönnen!

Wie viel körperliche Aktivität sollten wir in unseren Alltag einbauen?

Laut Empfehlungen der Gesundheitsbehörden sollten Erwachsene mindestens 150 Minuten pro Woche eine »moderate körperliche Aktivität« ausüben. Körperliche Aktivität ist moderat, wenn wir dabei zwar noch sprechen, aber nicht mehr singen oder pfeifen können. Derzeit schaffen es nur 67 Prozent aller Männer und 55 Prozent aller Frauen, sich 150 Minuten pro Woche körperlich zu betätigen; und diese Zahlen nehmen immer mehr ab, je älter wir werden. Es ist schon ziemlich paradox, dass wir körperlich ausgerechnet dann weniger aktiv sind, wenn wir diese Aktivität eigentlich am dringendsten brauchen würden: nämlich im Alter.

Eine der häufigsten Ausreden für mangelnde Bewegung lautet, dass wir nicht genügend Zeit dafür haben. Hier ein paar Möglichkeiten, wie wir das »150 Minuten pro Woche«-Ziel leichter erreichen können:

- Jeden Tag ein bisschen: Man muss nicht unbedingt über längere Zeiträume körperlich aktiv sein, um dieses Ziel zu erreichen. Es ist sogar besser, über den Tag oder die Woche verteilt mehrere kleine Einheiten von jeweils zehn Minuten moderater körperlicher Aktivität zu absolvieren. Statt beispielsweise einmal pro Woche einen langen Spaziergang zu machen, ist es besser, in jeden Tag mehrere kurze zehnminütige Spaziergänge einzubauen. Also stehen Sie zwischendurch einfach ab und zu auf und gönnen Sie sich einen kurzen Spaziergang! Solche kleinen Bewegungseinheiten lassen sich auch in einen hektischen Zeitplan integrieren. Doch selbst wenn wir diese zehn Minuten nicht schaffen, sollten wir uns einfach bemühen, weniger Zeit sitzend zu verbringen; denn schon allein das hält uns in Bewegung.

- Langsam anfangen: Versuchen Sie es mit der körperlichen Aktivität oder dem Sport nach Möglichkeit nicht zu übertreiben! Wir alle kennen das: Wir haben einen Neujahrsvorsatz gefasst und sind voller Tatendrang, aber oft scheitert dieser Vorsatz schon nach kurzer Zeit – oder noch schlimmer: Wir tun zu viel des Guten und ziehen uns eine Verletzung zu. Sportwissenschaftler empfehlen, dass man seine körperliche Aktivität immer nur um 10 Prozent steigern sollte. Wenn wir also mit sehr geringer oder leichter körperlicher Aktivität begonnen haben, müssen wir die Sache ganz langsam angehen lassen, um Verletzungen vorzubeugen. Denn wenn wir uns beim Sport verletzen, verbringen wir dadurch letztendlich noch mehr Zeit ohne Aktivität, was sich wiederum nachteilig auf unsere geistige und körperliche Gesundheit auswirkt. Wenn Sie also anfangen, sich körperlich zu betätigen, dann gehen Sie dabei langsam und schrittweise vor!
- Kräftigen Sie Ihren Körper: Die meisten Menschen glauben, dass körperliche Aktivität bedeutet, man müsse Ausdauersport oder ähnliche für das Herz-Kreislauf-System gesunde Aktivitäten wie Laufen, Radfahren, Schwimmen, Laubharken oder Staubsaugen betreiben. Und Ausdauersport ist für unsere Gesundheit auch wirklich sehr gut, sollte aber nach Möglichkeit durch körperliche Kräftigungsübungen ergänzt werden. »Körperliche Kräftigung« bedeutet Stärkung der Muskeln und Bänder, also beispielsweise Krafttraining mit Gewichten, Yoga, Pilates oder auch nur das Tragen von Einkaufstüten. Solche Kräftigungsübungen sind eine

wichtige Ergänzung zu körperlichen Aktivitäten, mit denen man etwas für die Gesundheit von Herz und Kreislauf tut. Sie sind wichtig, um einer Sarkopenie vorzubeugen – einem Problem, das mit zunehmendem Alter häufig auftritt und bei dem Muskelmasse verloren geht. Wissenschaftlichen Erkenntnissen zufolge verlieren körperlich inaktive Menschen ab dem 30. Lebensjahr jedes Jahr ungefähr 3 bis 5 Prozent ihrer Muskelmasse, und bei älteren Menschen geht dieser Muskelabbau noch schneller vonstatten. Warum ist Muskelabbau so ein großes Problem? Wenn im Lauf des Alterungsprozesses ein starker Muskelabbau stattfindet, erhöht sich unser Sterberisiko um das Dreifache. Wissenschaftler sind immer noch dabei, die Gründe für diesen drastischen Anstieg der Sterblichkeit zu untersuchen. Wir wissen jedoch, dass eine Abnahme der Muskelmasse zu Stürzen führen kann, die wiederum oft andere gesundheitliche Probleme nach sich ziehen. Durch zweimal wöchentliches Krafttraining kann man sein Risiko, früher zu sterben, um mehr als zwei Drittel senken. Also überlegen Sie sich, ob Sie nicht vielleicht doch körperliche Kräftigungsübungen in Ihr Sportprogramm einbauen sollten!

- Intensität versus Regelmäßigkeit: Oft denken wir, dass körperliche Aktivität oder Sport unbedingt intensiv sein muss, wenn man damit optimale Ergebnisse erzielen möchte. Intensives Training wie beispielsweise das HIIT-Training (High Intensity Interval Training) ist in den letzten Jahren ungeheuer populär geworden, und es gibt auch gute wissenschaftliche Belege dafür, dass solcher Sport sich positiv auf unsere körperliche Gesundheit auswirkt. Allerdings kann bei einer hohen Trainingsintensität auch das Verletzungsrisiko steigen. Wir müssen uns nicht unbedingt mit hoher Intensität körperlich betätigen, um im Alter gesund zu bleiben; der entscheidende Faktor ist vielmehr die *Menge* an körperlicher Aktivität, die wir ausüben. Regelmäßigkeit ist wichtiger als Intensität. Zum Beispiel haben schon viele

Menschen etwas von der Empfehlung gehört, dass man mindestens 10 000 Schritte pro Tag gehen sollte. Es gibt zwar kaum wissenschaftliche Belege dafür, warum gerade das die magische Zahl für körperliche Aktivität sein soll, aber es gibt hervorragende wissenschaftliche Belege dafür, dass wir unser Risiko für zukünftige Erkrankungen senken, wenn wir mehr gehen. Wie viele Schritte das sein sollten, hängt stark von unserer körperlichen Gesundheit und dem Grad der körperlichen Aktivität ab, mit dem wir begonnen haben. Aktuelle Studien zeigen, dass die Empfehlungen für die Schrittzahl möglicherweise flexibler gehandhabt und von Alter und Geschlecht abhängig gemacht werden müssen. Bei älteren Menschen scheinen die positiven Auswirkungen der zurückgelegten Schrittzahl abzuflachen oder ein Plateau zu erreichen, sobald man 7 500 Schritte pro Tag geschafft hat. Wenn man seinem Körper 10 000 Schritte abquält, bringt das also vielleicht keine weiteren Vorteile mehr, erhöht aber womöglich das Verletzungsrisiko. Die zweite wichtige Erkenntnis aus diesen Studien ist, dass die Intensität (also wie schnell man geht) für den gesundheitlichen Nutzen keine Rolle spielt. Mit anderen Worten: Wir müssen nicht unbedingt schnell gehen, um gesund zu bleiben – wir müssen nur konsequent dranbleiben.

Wenn wir diese Tipps befolgen, können wir nicht nur unsere gesunde Lebensspanne verlängern, sondern auch unser Risiko, an Alzheimer zu erkranken, um bis zu 30 Prozent senken – einzig und allein durch körperliche Aktivität.

Auf welche biologischen Faktoren ist es zurückzuführen, dass körperliche Aktivität das Alzheimer-Risiko senkt?

Auf diesem Gebiet wird immer noch viel geforscht, aber es gibt drei wichtige Faktoren, die erklären, wie körperliche Aktivität sich auf unser Risiko auswirkt, an Alzheimer zu erkranken:

1. Man konnte nachweisen, dass vermehrte körperliche Aktivität die Ansammlung von Beta-Amyloid im Gehirn eindämmt, da sie die Aktivität der Gamma-Sekretase verringert und sich positiv auf die Entsorgung von Beta-Amyloid auswirkt. Außerdem sorgt körperliche Aktivität dafür, dass weniger Tau phosphoryliert wird.
2. Vermehrte körperliche Aktivität dämmt entzündliche Prozesse im Gehirn ein, und Entzündungen können die Produktion und die Ansammlung von Beta-Amyloid und phosphoryliertem Tau im Gehirn »anheizen«. Somit verlangsamt der Rückgang von Entzündungsprozessen durch Bewegung auch die mit der Alzheimer-Demenz einhergehenden Krankheitsprozesse.
3. Wissenschaftliche Untersuchungen konnten nachweisen, dass körperliche Aktivität oxidativen Stress im Gehirn verringert. Oxidativer Stress ist ein physiologischer Prozess, der durch bestimmte Moleküle (sogenannte freie Radikale) verursacht wird. Diese freien Radikale werden entweder vom Körper selbst gebildet oder stammen aus der Umwelt (beispielsweise aufgrund von Luftverschmutzung). Freie Radikale erhöhen den oxidativen Stress der Zellen, was (ähnlich wie Entzündungsprozesse) die Amyloid- und Tau-Produktion »anheizt«. Sport dämmt diesen oxidativen Stress nachweislich ein und wirkt somit der Entstehung eines Milieus entgegen, das die Entstehung der Alzheimer-Krankheit begünstigt.

Eine letzte, eher indirekte Auswirkung von körperlicher Aktivität auf die Entstehung der Alzheimer-Krankheit besteht darin, dass sie die Insulinregulation beeinflusst. Wir wissen ja bereits, dass eine fehlerhafte Insulinregulation, so wie sie bei Typ-2-Diabetes auftritt, das Alzheimer-Risiko erhöhen kann.

Insgesamt hat körperliche Aktivität also einen enormen Einfluss auf unser körperliches und geistiges Wohlbefinden: Sie senkt nicht nur das Risiko für die Alzheimer-Krankheit, sondern auch für viele andere Erkrankungen wie beispielsweise Typ-2-Diabetes und Bluthochdruck ganz erheblich. Die Botschaft für alle Menschen, die gesund altern möchten, liegt also klar auf der Hand: Stehen Sie auf und werden Sie körperlich aktiv! Es lohnt sich.

Ernährung

Wie die Ernährung unser Alzheimer-Risiko erhöhen kann, darüber haben wir ja bereits im Zusammenhang mit den beiden vorigen Risikofaktoren gesprochen. »Du bist das, was du isst« ist ein Sprichwort, das deutlich macht, dass die Nahrung, die wir unserem Körper zuführen, sich nicht nur auf unsere körperliche, sondern auch auf unsere geistige Gesundheit auswirkt. Aber es ist nicht nur wichtig, *was* wir essen, sondern auch, *wie viel* wir essen.

Über die empfohlene Menge an körperlicher Aktivität haben wir ja bereits gesprochen. Aber wie viele Kalorien sollte man zu sich nehmen?

Diese Frage hört sich zunächst ziemlich einfach an, doch die richtige Antwort hängt von Ihrer Körpergröße, Ihrem Gewicht, dem Grad Ihrer körperlichen Aktivität und anderen Umweltfaktoren wie beispielsweise Hitze oder Kälte ab. Dennoch heißt es in Empfehlungen von Gesundheitsbehörden, dass Frauen im Durchschnitt 2000 Kalorien und Männer 2500 Kalorien pro Tag zu sich nehmen sollten.

Obwohl sich das nach viel anhört, ist es ziemlich einfach, diese Menge an Energie über kalorienreiche Snacks zu sich zu nehmen. Ein Muffin schlägt beispielsweise mit 350 bis 400 Kalorien zu Buche, was bis zu 20 Prozent unserer empfohlenen täglichen Kalorienzufuhr ausmacht. Wenn wir uns einmal vor Augen führen, wie kalorienreich die meisten Lebensmittel sind, die wir tagtäglich zu uns nehmen, sollte uns klar werden, dass es ziemlich einfach ist, die empfohlene tägliche Kalorienzufuhr zu überschreiten, ohne dass einem das überhaupt auffällt. Das wäre vielleicht kein Problem, wenn es nur gelegentlich vorkommt oder wenn wir körperlich sehr aktiv sind, doch bei den meisten Menschen summieren sich diese zusätzlichen Kalorien mit der Zeit und vergrößern ihren Taillenumfang.

Bevor wir der Frage nachgehen, wie die Ernährung sich auf unser Alzheimer-Risiko auswirkt, müssen wir zwei weitere wichtige Aspekte der Funktionsweise unseres Stoffwechsels verstehen. Erstens: Die meisten Kalorien, die wir zu uns nehmen, werden für unsere Stoffwechselaktivität im Ruhezustand verwertet – also damit unser Körper normal funktioniert. Schon allein unsere normalen Körperfunktionen erfordern also eine Menge Energie. Bei einem durchschnittlichen Erwachsenen macht die Stoffwechselaktivität im Ruhezustand ungefähr 70 bis 90 Prozent unseres Energieverbrauchs aus. Davon werden allein 20 Prozent vom Gehirn verbraucht, das zu den größten Energiekonsumenten des Körpers gehört.

Die restlichen 10 bis 30 Prozent werden für körperliche Aktivität – vor allem Muskelarbeit – verwendet. Wir wenden also nur einen relativ kleinen Prozentsatz unseres täglichen Energieverbrauchs für körperliche Aktivität auf. Das überrascht viele Menschen, weil sie der Meinung sind, dass körperliche Aktivität viel mehr Energie erfordert und dass wir somit auch mehr Kalorien verbrauchen könnten, indem wir körperlich aktiver sind oder mehr Sport treiben. Mit anderen Worten: Sie glauben, wir könnten diese Kalorien »verbrennen«, wenn wir uns nur ausreichend bewegen. Doch inzwischen weiß man, dass es sehr schwierig ist, Kalorien einfach durch mehr körperliche Aktivität oder Sport zu verbrennen, weil darauf nur ein kleiner Prozentsatz unserer täglichen Stoffwechselaktivität entfällt. Wir müssten körperlich schon sehr aktiv sein, um etwas an diesem prozentualen Verhältnis zu verändern, und die meisten Menschen wären dazu gar nicht in der Lage. Viel effektiver ist es, unsere Kalorienaufnahme einzuschränken.

Ein weiterer wichtiger Aspekt, über den wir uns im Klaren sein müssen, ist, dass unser Stoffwechsel sich mit zunehmendem Alter verändert. Viele Menschen stellen fest, dass sie scheinbar ohne Grund zunehmen, sobald sie das 30. Lebensjahr überschritten haben. An ihrer Ernährung und ihrer körperlichen Aktivität hat sich nichts verändert, doch irgendwie scheinen sie trotzdem leichter zuzunehmen. Das kann ich aus eigener Erfahrung bestätigen, denn ich habe in diesem Alter selbst etliche Pfunde (oder Kilos) zugenommen, ohne überhaupt zu bemerken, dass ich ein bisschen »rundlicher« wurde. Bei den meisten Menschen setzt sich diese Gewichtszunahme im vierten und fünften Lebensjahrzehnt fort, und sie überschreiten dann sogar oft die Grenze zum Übergewicht oder zur Fettleibigkeit.

Was ist da passiert? Wir scheinen uns nicht weniger zu bewegen und nicht mehr zu essen als früher, und doch bringen wir jetzt plötzlich viel mehr Gewicht auf die Waage. Wie ist das zu erklären?

Für diese Gewichtszunahme, die sich bei vielen Menschen im Alter bemerkbar macht, gibt es verschiedene Gründe. Zum Beispiel haben sie jetzt vielleicht mehr Stress bei der Arbeit. Stress führt dazu, dass unser Organismus ein Hormon namens Cortisol produziert, das den Körper dazu anregt, Fett zu speichern – und zwar aus dem einfachen Grund, weil eine Stresssituation in früheren Zeiten normalerweise gleichbedeutend mit Nahrungsmangel war. Heute ist das zwar nur noch selten der Fall, aber viele Menschen leiden immer noch unter chronischem Stress, der zu einer Gewichtszunahme führt.

Doch auch wenn wir in zunehmendem Alter nicht mehr Stress haben als früher, gibt es doch stichhaltige Beweise dafür, dass wir körperlich weniger aktiv sind, je älter wir werden. Die meisten von uns erreichen den Höhepunkt des Stoffwechsels für körperliche Aktivität im späten Teenageralter und mit Anfang zwanzig. Mit Ende zwanzig beginnt der Stoffwechsel für körperliche Aktivität sich dann zu verringern und nimmt im Lauf des Alterungsprozesses allmählich immer mehr ab. Wir bewegen uns weniger, und das spiegelt sich in unserem abnehmenden körperlichen Stoffwechsel wider. Daher wird es jetzt viel schwieriger, Kalorien zu verbrennen, weil wir »bewegungsfauler« geworden sind, auch wenn wir oft das Gefühl haben, körperlich immer noch genauso aktiv zu sein wie in jüngeren Jahren.

Und schließlich verlangsamt sich mit zunehmendem Alter auch unser Stoffwechsel im Ruhezustand. Sicherlich erinnern Sie sich noch daran, dass unser Stoffwechsel im Ruhezustand 70 bis 90 Prozent unseres gesamten Energieverbrauchs ausmacht. Wissenschaftlichen Erkenntnissen zufolge verringert sich dieser Ruhezustands-Stoffwechsel nach den Zwanzigern in jedem Lebensjahrzehnt um 10 Prozent. Auf all diese Faktoren ist es zurückzuführen, dass es uns mit zunehmendem Alter immer schwerer fällt, überschüssige Pfunde loszuwerden. Es kommt aber nicht nur darauf an, wie viel wir essen, sondern auch darauf, »was« wir zu uns nehmen. Unsere Portionsgrößen zu verkleinern, ist eine gute Sache, solange wir dabei in einem gesunden Gewichtsbereich bleiben, aber noch besser wäre es, sich generell gesünder zu ernähren. Denn das würde uns zusätzliche gesundheitliche Vorteile bringen – nicht nur für unseren Körper, sondern auch für unser Gehirn.

Man könnte ein ganzes Buch darüber schreiben, welche Lebensmittel gesund fürs Gehirn sind, und tatsächlich gibt es auch schon viele Bücher über dieses Thema. Aber das ist nicht der Zweck meines Buches. Statt mit Ihnen sämtliche Nahrungsbestandteile durchzugehen, die Ihrem Gehirn guttun, möchte ich hier ganz speziell auf die Ernährungsform eingehen, die nachweislich das Alzheimer-Risiko senkt: nämlich die mediterrane Ernährung oder Mittelmeerkost. Viele ausgewogene Ernährungsformen wirken sich positiv auf unser Gehirn aus, doch in den letzten Jahren hat sich die mediterrane Ernährung als wichtigste Kostform zur Vorbeugung der Alzheimer-Krankheit erwiesen.

Was versteht man unter »mediterraner Ernährung«?

Damit ist die traditionelle Küche der südeuropäischen Länder gemeint. Sie ist traditionell reich an Obst und Gemüse (vor allem Blattgemüse) und enthält sehr viel weniger stärkehaltige Lebensmittel wie Kartoffeln und Hülsenfrüchte (beispielsweise Linsen und Bohnen). Diese Ernährungsform umfasst auch einen moderaten Konsum von fettem Fisch wie beispielsweise Sardinen, weißem Fleisch (zum Beispiel Huhn), Nüssen und Milchprodukten. Im Gegensatz dazu verzehrt man in den Mittelmeerländern wenig rotes Fleisch (Rind, Schwein), Zucker und gesättigte Fette – der größte Teil des Nahrungsfetts stammt aus ungesättigten Fetten wie beispielsweise extra nativem Olivenöl, das dort in großen Mengen konsumiert wird. Ein weiterer wichtiger Aspekt der mediterranen Ernährung ist, dass man Alkohol in der Mittelmeerregion traditionell eher in Maßen zu den Mahlzeiten und nicht »zwischendurch« konsumiert, was seine negativen Auswirkungen auf unsere Gesundheit zu reduzieren scheint.

Wenn die mediterrane Ernährung das Alzheimer-Risiko senkt, dann müsste die Alzheimer-Krankheit in den Mittelmeerländern doch eigentlich seltener vorkommen, oder nicht?

Die überraschende Antwort lautet: Nein. Der Hauptgrund dafür ist, dass die »traditionelle« mediterrane Ernährung zwar als gesund für unser Gehirn gilt, die moderne mediterrane Ernährung jedoch eher den westlichen Ernährungsformen ähnelt und einen sehr hohen Gehalt an Getreideprodukten und rotem Fleisch hat. Im Gegensatz dazu bestand die traditionelle Mittelmeerkost aus den Lebensmitteln, die für die Menschen dieser Region damals leicht verfügbar waren: Zitrusfrüchte, Olivenöl, Sardinen usw.

Doch leider hat sich die Ernährungsweise in den Mittelmeerländern in den letzten Jahrzehnten verändert. Diese Ernährungsumstellung in Kombination mit einer Abnahme der körperlichen Aktivität wurde in der Mittelmeerregion erstmals in den 1960er-Jahren festgestellt, als die Häufigkeit von Herz-Kreislauf-Erkrankungen dort schlagartig zuzunehmen begann: Jetzt traten plötzlich bei vielen Menschen Herz-Kreislauf-Erkrankungen wie beispielsweise Arteriosklerose auf, die in diesen Ländern vorher nicht sehr häufig vorgekommen waren.

Nach und nach stellten Organisationen des öffentlichen Gesundheitswesens in den Mittelmeerländern fest, dass dieser Anstieg von Herz-Kreislauf-Erkrankungen in der Bevölkerung wahrscheinlich auf die Ernährungsumstellung und eine Abnahme der körperlichen Aktivität zurückzuführen war. In den 1990er- und 2000er-Jahren wurden in Spanien mehrere Forschungsstudien und klinische Studien zu der Frage durchgeführt, ob die Rückkehr zu einer traditionelleren mediterranen Kost sich positiv auf den Gesundheitszustand der Bevölkerung auswirken könnte – mit erstaunlichen Ergebnissen: Bei den Menschen, die dazu angehalten wurden, sich an eine eher traditionelle mediterrane Ernährung zu halten, sank das Risiko für Herz-Kreislauf-Erkrankungen um ganze 30 Prozent. Zum Vergleich: Eine so starke Abnahme des kardiovaskulären Risikos ist vergleichbar mit der Wirkung von Herz-Kreislauf-Medikamenten wie beispielsweise Statinen. Wenn man sich an diese Ernährungsform hält, könnte man also in Zukunft vielleicht auf die Einnahme solcher Herz-Kreislauf-Medikamente verzichten. Diese erstaunlichen Ergebnisse konnten in mehreren Folgestudien repliziert werden – ein weiterer Beleg dafür, dass die Menschen in den Mittelmeerländern dank ihrer traditionellen Ernährung früher gesünder waren.

Inwiefern ist das für die Alzheimer-Krankheit relevant?

Wir wissen ja bereits, dass Herz-Kreislauf-Erkrankungen ein Risikofaktor für die Alzheimer-Krankheit sind: Beispielsweise erhöhen Bluthochdruck oder Arteriosklerose das Risiko, an Alzheimer zu erkranken. Daher wäre es auch für die Gesundheit unseres Gehirns sinnvoll, unser Herz-Kreislauf-Risiko zu senken. Mit anderen Worten: »Was gut für das Herz ist, ist auch gut für das Gehirn.«

Die positiven Auswirkungen einer traditionellen mediterranen Ernährung auf die Entstehung kognitiver Probleme und der Alzheimer-Krankheit wurden erstmals in einer finnischen Studie (der FINGER-Studie) untersucht. Es mag überraschen, dass diese Studie ausgerechnet in Finnland durchgeführt wurde, doch man wollte damit untersuchen, ob die mediterrane Ernährung sich auch an ein nicht mediterranes Land mit völlig anderer Ernährungsweise adaptieren lässt. Die Ergebnisse der FINGER-Studien haben gezeigt, dass das Herz-Kreislauf-Risiko bei den finnischen Probanden dadurch tatsächlich abnahm. Somit ist es nicht verwunderlich, dass es mittlerweile weltweit viele Studien gibt, die die Fragestellung jener ersten Studien zu diesem Thema aufgreifen und die Ernährung der Menschen stärker an die Mittelmeerkost anzugleichen versuchen.

Die bisherigen Ergebnisse dieser Studien sind äußerst vielversprechend – ganz im Gegensatz zu den vielen negativen Ergebnissen der Medikamentenstudien. Daher überrascht es nicht, dass sich der medizinische Trend in den letzten Jahren verschoben hat: Jetzt empfehlen Ärzte den Menschen, sich gesund zu ernähren und mehr zu bewegen – man soll also lieber seinen Lebensstil ändern, statt sich einfach nur auf Medikamente zu verlassen. Bevor Sie jedoch Ihre Pillen in den Mülleimer werfen und ausschließlich auf eine mediterrane Ernährung und mehr körperliche Aktivität bauen, sollten Sie lieber erst einmal Ihren Arzt um Rat fragen.

Hier noch ein letztes Wort zu ein paar »alternativen Kostformen« bei Demenz, die seit einigen Jahren angepriesen werden: Für die meisten dieser alternativen Therapien, die behaupten, eine Demenz »heilen« oder ihr vorbeugen zu können, gibt es kaum oder gar keine wissenschaftlichen Beweise. Oder um Mark Twain zu zitieren: »Eine Lüge kann um die halbe Welt reisen, während die Wahrheit sich erst noch die Schuhe anzieht.« Daher sollte man mit solchen »Wundermitteln« lieber vorsichtig sein. Wenn Sie sich nicht sicher sind, ob Sie oder Ihre Angehörigen sie ausprobieren sollten, sprechen Sie bitte zuerst mit Ihrem Arzt darüber oder wenden Sie sich an eine der Organisationen für Demenzpatienten in Ihrem Land; dort erhalten Sie fundierte Informationen zu diesem Thema.

Zu guter Letzt wollen wir uns noch mit dem vierten beeinflussbaren Alzheimer-Risikofaktor befassen: Schlaf.

Schlaf

Der Schlaf ist ein sehr wichtiger Teil unseres Lebens, auch wenn uns das oft gar nicht bewusst ist. Wir verbringen ungefähr ein Viertel unseres Lebens (200 000 bis 250 000 Stunden) schlafend. Wenn wir so lange Zeit inaktiv sind, muss es schon einen guten Grund dafür geben! Und den gibt es tatsächlich: Unser Körper nutzt die Schlafzeit, um das Chaos, das wir im Wachzustand angerichtet haben, wieder in Ordnung zu bringen. Wie ein missmutiger Elternteil, der hinter seinen geliebten Kindern herräumt, nachdem sie ins Bett gegangen sind (aber vielleicht ziehe ich in dieser Hinsicht einfach nur falsche Rückschlüsse von mir auf andere Eltern?), bedeutet Schlafzeit Aufräumarbeit, bevor der »Wahnsinn« des Tages von vorn beginnt.

Was bedeutet diese Aufräumarbeit für den Körper?

Dabei werden Zellabfallprodukte beseitigt und unsere Zellfunktionen und allgemeinen physiologischen Funktionen wiederhergestellt. Daher ist der Schlaf für unsere Gesundheit unverzichtbar; es gibt zahlreiche wissenschaftliche Belege dafür, dass es sich sehr negativ auf unseren allgemeinen Gesundheitszustand und auch auf die Gesundheit des Gehirns auswirkt, wenn unser Schlaf für längere Zeit gestört wird.

Doch bevor wir uns damit befassen, wie wichtig die Rolle von Schlaf als Risikofaktor für die Alzheimer-Krankheit ist, müssen Sie erst noch ein bisschen mehr darüber erfahren, was sich während des Schlafs in unserem Gehirn abspielt. Bis in die 1950er-Jahre hinein dachten wir, dass das Gehirn sich während des Schlafs einfach abschaltet und morgens beim Aufwachen neu gestartet wird. Heute wissen wir jedoch, dass unser Gehirn sich nicht »abschaltet«, sondern in den verschiedenen Schlafphasen unterschiedlich aktiv ist. Diese Phasen finden in einer bestimmten Reihenfolge statt, und jede vollständige Abfolge bildet einen Schlafzyklus. Während einer normalen Nacht durchlaufen wir fünf Schlafzyklen, die jeweils ungefähr 90 bis 110 Minuten dauern, was insgesamt etwa 7,5 bis 9 Stunden Schlaf ergibt. Jeder Schlafzyklus besteht aus fünf Schlafphasen, die in Non-REM-Schlaf und REM-Schlaf unterteilt sind (die Abkürzung REM steht für *Rapid Eye Movement* = »schnelle Augenbewegungen«). Die Phasen 1 bis 4 bilden zusammen den Non-REM-Schlaf, und Phase 5 ist der REM-Schlaf.

Schlafphase 1 beginnt sofort – innerhalb von Minuten, wenn nicht sogar Sekunden –, wenn wir einnicken, und wird auch als Leichtschlafphase bezeichnet. Leichtschlaf bedeutet, dass wir in diesem Zustand noch einigermaßen wach sind und leicht geweckt werden können, ohne uns danach allzu schläfrig zu fühlen. Die Nickerchen, die wir tagsüber manchmal halten, sind oft der Schlafphase 1 zuzuordnen, die viele Menschen als sehr erfrischend empfinden und aus der sie leicht wieder aufwachen können. Der Grund für dieses »erfrischende« Gefühl ist, dass unsere Gehirntätigkeit sich während dieser Schlafphase verlangsamt: Das Gehirn stellt seine Aktivität auf sehr langsame Alpha- und Theta-Wellen um, und auch unsere Augenbewegungen werden langsamer. Gleichzeitig entspannt sich unser ganzer Körper mitsamt der Muskulatur, und es kommt zu gelegentlichen Muskelzuckungen, wie man sie beim Einschlafen oft erlebt. Diese erste Schlafphase ist ziemlich kurz: Sie dauert nur wenige Minuten, und dann treten wir schon in die nächste Schlafphase ein.

Auch Schlafphase 2 ist noch ziemlich leicht, was bedeutet, dass wir daraus ebenfalls leicht weckbar sind. Im Gegensatz zu Phase 1 zeigt unsere Gehirnaktivität während Schlafphase 2 jedoch Schlafspindeln und K-Komplexe. Schlafspindeln sind nichts anderes als kurze Ausbrüche neuronaler Aktivität. K-Komplexe sind ähnliche Aktivitätsschübe, aber viel größer als Schlafspindeln. Eine sehr wichtige Funktion von Schlafspindeln und K-Komplexen besteht darin, dass sie uns bei der Speicherung unserer Erinnerungen helfen – ein Prozess, den man als Gedächtniskonsolidierung (von lateinisch *consolidare* = »zusammen festigen«) bezeichnet. Schlaf ist für die Gedächtniskonsolidierung von entscheidender Bedeutung, wobei vor allem die Schlafspindeln in Phase 2 eine wichtige Rolle spielen. Wir wissen auch, dass das EEG von Alzheimer-Patienten beim Einschlafen weniger Schlafspindeln zeigt. Zurzeit weiß man jedoch noch nicht, wie sich diese Veränderung auf die Gedächtniskonsolidierung bei der Alzheimer-Krankheit auswirkt. Die zweite Funktion von Schlafspindeln und K-Komplexen besteht darin, dass sie das »Abdriften« in einen tieferen Schlaf erleichtern, da beide für die Unterdrückung der Gehirnaktivität und der Erregung eine wichtige Rolle spielen. Im Grunde schützen Schlafspindeln und K-Komplexe das Gehirn, indem sie die Aktivität im Gehirn unterdrücken und es auf diese Weise am Aufwachen hindern. In Schlafphase 2 sinkt die Körpertemperatur, und unser Herz schlägt langsamer. Nun sind wir bereit, in die tieferen Schlafstadien einzutreten.

Die Schlafstadien 3 und 4 werden normalerweise zu einem einzigen Stadium zusammengefasst, da sie oft sehr ähnlich aussehen. Jetzt sind wir in den Tiefschlaf eingetreten, und unser Gehirn zeigt eine viel langsamere Gehirnaktivität: die sogenannten Delta-Wellen. Diese Gehirnaktivität ähnelt dem sanften An- und Abschwellen von Meereswellen. Aus Schlafstadium 3 und 4 sind wir viel schwerer weckbar. Unser Gehirn ist nun von der Außenwelt abgekoppelt, und der Körper kann mit seiner Erholungs- und Regenerationsarbeit beginnen. Zum Beispiel wird jetzt Muskelgewebe repariert, das Immunsystem wird gestärkt, und (was im Hinblick auf die Alzheimer-Krankheit besonders wichtig ist) auch Nervenzellen werden repariert und von Abfallprodukten befreit. Im Grunde genommen beginnt jetzt also eine große Aufräumaktion, um unseren Körper auf die nächste Wachphase vorzubereiten. Nach dieser Aufräumarbeit können wir in die Welt der Träume eintreten.

In Schlafphase 5 – dem REM-Schlaf *(Rapid Eye Movement)* – betreten wir das Reich unserer Träume. Schlafphase 5 beginnt, nachdem wir alle vorherigen Schlafphasen (1 bis 4) durchlaufen haben. Dieser REM-Schlaf ist die längste Schlafphase und kann bis zu einer Stunde dauern. Jetzt wird unser Gehirn wieder aktiver, und die Nervenzellen beginnen erneut zu feuern, weil ihre Verarbeitungsaktivität sich nun beschleunigt. Durch diese erhöhte Gehirnaktivität entstehen unsere Träume. Obwohl fast alle Menschen träumen, weiß man über die Funktion von Träumen noch recht wenig. Aber was im REM-Schlaf aus rein physiologischer Sicht passiert, wissen wir sehr gut: Während dieser Schlafphase ist unser Körper völlig bewegungslos, denn unsere Gehirnaktivität unterdrückt die Muskelbewegungen. Das schützt uns davor, unsere Träume »auszuleben«, was gefährlich werden könnte. Daher ist es besser, wenn unsere Muskeln entspannt sind und unsere gesamte Aktivität sich nur im Gehirn abspielt. Manchmal funktioniert diese Unterdrückung der Muskelaktivität jedoch nicht hundertprozentig, und wir können unseren Traum trotzdem immer noch ausagieren, was alle Menschen in unserer Nähe in Angst und Schrecken versetzt. Hin und wieder solche Episoden zu haben, in denen man seine Träume auslebt, ist völlig normal, doch wenn sie häufiger auftreten, kann das ein Zeichen für eine andere Demenzform – die Lewy-Körperchen-Demenz – sein. Bei der Alzheimer-Krankheit kommt so etwas aber normalerweise nicht vor.

Wir wissen jetzt, dass unser Gehirn die Muskelaktivität während des REM-Schlafs unterdrückt – mit Ausnahme einer einzigen Muskelgruppe: der Muskeln in unserer Augenumgebung. Der Begriff REM

(Rapid Eye Movement) bezieht sich nämlich auf die Tatsache, dass unsere Augen sich während dieser Schlafphase schnell und ruckartig in verschiedene Richtungen bewegen, während die Augenlider geschlossen bleiben. Welche Rolle der REM-Schlaf für die Alzheimer-Krankheit spielt, wird zurzeit noch erforscht. Ähnlich wie die Spindeln in Schlafstadium 2 ist auch der REM-Schlaf wichtig für das Lernen und für unser Gedächtnis, doch über seine genaue Funktion wissen wir noch nicht viel. Und was noch wichtiger ist: Man weiß auch nicht, ob er für den bei der Alzheimer-Krankheit eintretenden Gedächtnisverlust eine Rolle spielt. Nach dem REM-Schlaf findet oft eine kurze Schlafpause statt, bevor wir wieder in Schlafphase 1 übergehen. Manchmal wachen wir während dieses Übergangs vom REM-Schlaf zu Schlafphase 1 mitten in der Nacht auf und schlafen dann wieder ein.

Wenn wir älter werden, schlafen wir weniger als in jüngeren Jahren. Während Kinder und Jugendliche neun bis zehn Stunden Schlaf pro Nacht brauchen, benötigen Erwachsene im erwerbsfähigen Alter nur noch acht Stunden, und im Alter schlafen die meisten Menschen im Durchschnitt nur noch sechs bis sieben Stunden, halten aber zusätzlich tagsüber ab und zu ein Nickerchen. Eigentlich ist es ein bisschen verwirrend, dass wir ausgerechnet im Alter am wenigsten Schlaf benötigen, obwohl unser Körper in dieser Lebensphase doch eigentlich die meiste »Erholungsarbeit« nötig hat. Die Gründe dafür kennt man noch nicht genau, aber wir können beruhigt sein: Mit zunehmendem Alter weniger zu schlafen, ist völlig normal. Andere Veränderungen des Schlafs, zu denen es im Alter kommt – beispielsweise früheres Aufwachen am Morgen und der nächtliche Gang zur Toilette –, sind ebenfalls normal und sollten uns keine Sorgen bereiten. Wenn Sie sich über Veränderungen Ihres Schlafs Gedanken machen, sollten Sie natürlich mit Ihrem Arzt darüber sprechen, aber für die meisten Menschen gehören diese Veränderungen einfach zum gesunden Alterungsprozess dazu.

Problematischer sind sogenannte schlafbezogene Erkrankungen, die sich negativ auf unseren Schlaf auswirken. Bei der obstruktiven Schlafapnoe handelt es sich zum Beispiel um eine Erkrankung, bei der während des Schlafs Atemaussetzer oder Phasen flacher Atmung auftreten, die den Schlaf stören. Diese Schlafapnoe ist eine häufige Erkrankung, vor allem bei Männern über 40 Jahren, die übergewichtig sind, aber auch bei Menschen, die zu viel Alkohol trinken. Sie wird durch das Weichteilgewebe im Rachenraum (beispielsweise Zunge und Weichgaumen) verursacht, das sich vorübergehend entspannt und die Atemwege verengt oder sogar völlig verschließt, wodurch die Atmung für kurze Zeit beeinträchtigt wird. Diese Muskelentspannung führt zu lautem Schnarchen (zum Ärger unseres Bettpartners) und zu anschließendem Aufwachen und Nach-Luft-Schnappen. Menschen, die an Schlafapnoe leiden, berichten daher oft von einer schlechten Schlafqualität und fühlen sich tagsüber sehr müde. Noch besorgniserregender ist die Tatsache, dass eine solche Schlafapnoe auf die Dauer zu anderen gesundheitlichen Problemen wie beispielsweise Bluthochdruck, einem höheren Schlaganfallrisiko oder Alzheimer führen kann. Um es noch einmal zu betonen: Wenn Sie hin und wieder schlecht schlafen oder schnarchen, besteht kein Grund zur Sorge. Wenn das jedoch häufig vorkommt, sollten Sie Ihren Arzt aufsuchen, weil es Ihre Schlafqualität beeinträchtigen und das Risiko für Krankheiten wie beispielsweise Alzheimer erhöhen kann.

Und was ist mit Schichtarbeit?

Schichtarbeit kommt in vielen Berufen häufig vor. Allerdings stört sie unseren Schlaf ganz erheblich, weil wir dann manchmal wach sind, wenn wir schlafen sollten, und schlafen, wenn wir eigentlich wach sein sollten – vor allem, wenn wir zwischen Tag-, Abend- und Nachtschichten hin und her wechseln. Große Studien haben gezeigt, dass Langzeit-Schichtarbeiter (also Menschen, die über

20 Jahre lang in Schichtarbeit tätig sind) ein deutlich höheres Risiko haben, an Alzheimer zu erkranken. Ironischerweise sind davon auch Krankenschwestern, Ärzte und Pflegepersonal betroffen, die häufig Demenz-Patienten betreuen. Die meisten Nachtschichtarbeiter schlafen im Durchschnitt nur fünf bis sechs Stunden pro Tag, was bedeutet, dass sie ein bis zwei ganze Schlafzyklen pro Tag verlieren. Wenn wir nur ein paar Jahre lang Schichtarbeit leisten, ist das vielleicht kein Problem, aber wenn man jahrzehntelang jede Nacht bis zu zwei Schlafzyklen versäumt, hat man langfristig nachweislich ein höheres Alzheimer-Risiko.

Warum beeinflusst dauerhaft unregelmäßiger oder gestörter Schlaf unser Risiko, an Alzheimer zu erkranken?

Die genauen Gründe dafür werden zurzeit noch erforscht. Vorläufige wissenschaftliche Erkenntnisse zeigen jedoch, dass unregelmäßiger und gestörter Schlaf die Beseitigung von Beta-Amyloid und phosphoryliertem Tau aus dem Gehirn beeinträchtigt. Wir wissen ja bereits, dass in Schlafphase 3 und 4 Abfallstoffe aus dem Gehirn entsorgt werden. Dabei werden auch Beta-Amyloid und phosphoryliertes Tau beiseite geräumt. Neueren Studien zufolge wird Beta-Amyloid in Schlafphase 3 und 4 aus den Zwischenräumen zwischen den Nervenzellen, wo es sich ansammelt, »herausgespült«. Es ist also durchaus plausibel, dass eine Unterbrechung oder auch nur Verkürzung der Schlafphasen 3 und 4 zu einer vermehrten Amyloid-Ansammlung führen könnte, weil dann weniger Amyloid aus dem Gehirn »herausgespült« wird. Um dies zu bestätigen, sind jedoch noch weitere wissenschaftliche Studien erforderlich. Zurzeit weiß man lediglich, dass langfristig gestörter oder unregelmäßiger Schlaf das Alzheimer-Risiko erhöht.

Weitere beeinflussbare Lebensstil-Risikofaktoren

In den obigen Abschnitten sind wir auf die wichtigsten Risikofaktoren für die Alzheimer-Krankheit eingegangen. Es gibt aber auch noch ein paar andere Risikofaktoren, die wir hier nicht behandeln konnten. So wurde beispielsweise nachgewiesen, dass auch Zigarettenrauchen, Hirntraumata, Luftverschmutzung, geringe soziale Kontakte und Depressionen das Risiko für die Entstehung einer Alzheimer-Krankheit erhöhen. Letztendlich gibt es sehr viele potenzielle Alzheimer-Risikofaktoren, die wir in unserem Leben berücksichtigen könnten, doch wenn man sich über zu viele Dinge Sorgen macht, kann das ebenso viel Schaden anrichten wie nützen. Daher bin ich in diesem Kapitel lediglich auf ein paar der wichtigsten Risikofaktoren eingegangen. Wenn Sie diese wichtigen Risikofaktoren in den Griff bekommen können, ist eindeutig erwiesen, dass Ihr Risiko, an Alzheimer zu erkranken, dadurch erheblich abnehmen wird.

Also hören wir auf, uns Sorgen zu machen, und fangen wir an, unseren Lebensstil zu ändern: Das wird sich sehr positiv auf unseren Alterungsprozess auswirken.

Zusammenfassung

In diesem Teil des Buches haben wir folgende Aspekte behandelt:

- Es gibt viele Risikofaktoren für die Alzheimer-Krankheit. Einige davon sind beeinflussbar, andere nicht.
- Das genetische Risiko für die Alzheimer-Krankheit ist normalerweise sehr gering. Das Risiko, Gene zu erben, die einen mit hundertprozentiger Sicherheit an Alzheimer erkranken lassen, ist sogar besonders niedrig, da diese nur durch Mutationen innerhalb bestimmter Familien entstehen.
- Es gibt auch noch andere Alzheimer-Risikogene. All diese Gene erhöhen oder verringern jedoch »nur« das Risiko für die Alzheimer-Krankheit.
- Die Frage, ob man sich einem Gentest unterziehen sollte oder nicht, muss – auch beim Vorliegen von Risikogenen – sorgfältig abgewogen werden, da das Ergebnis solcher Tests sich nicht nur auf unsere Krankenversicherung und unseren Arbeitsplatz, sondern auch auf unsere Familie (einschließlich unserer Kinder) auswirken kann.
- Lebensstil-Risikofaktoren lassen sich in beeinflussbare Faktoren (an denen wir etwas ändern können) und nicht beeinflussbare Faktoren (an denen wir nichts ändern können) unterteilen.
- Zu den nicht beeinflussbaren Alzheimer-Risikofaktoren gehören unser Alter, der Bildungsgrad, den wir in jungen Jahren erreicht haben, und Hörverlust im mittleren Alter. Zurzeit wird noch darüber diskutiert, ob der Bildungsgrad und der Hörverlust im mittleren Alter nicht vielleicht doch bis zu einem gewissen Grad beeinflussbar sind.
- Beeinflussbare Lebensstil-Risikofaktoren für die Alzheimer-Krankheit gewinnen mittlerweile immer mehr an Bedeutung, da

die Entwicklung neuer Medikamente sehr langsam und zögerlich vonstatten geht.

- Die gute Nachricht lautet, dass eine Änderung unseres Lebensstils das Risiko, an Alzheimer zu erkranken, um bis zu 40 Prozent senken kann.
- Die wichtigsten beeinflussbaren Alzheimer-Risikofaktoren sind: Diabetes, Bluthochdruck, Fettleibigkeit, körperliche Aktivität, Ernährung und Schlaf.
- Diabetes, Bluthochdruck und Fettleibigkeit sollten gemeinsam betrachtet werden, weil sie eng miteinander zusammenhängen. Wer es schafft, ein gesundes Gewicht zu halten, senkt dadurch nicht nur sein Risiko für Typ-2-Diabetes und Bluthochdruck, sondern auch für die Alzheimer-Krankheit.
- Bewegungsmangel ist ein weiterer wichtiger beeinflussbarer Risikofaktor. Schon allein durch körperliche Aktivität kann man sein Alzheimer-Risiko um bis zu 30 Prozent senken. Und körperliche Aktivität umfasst keineswegs nur »Sport«, sondern sämtliche Aktivitäten im Alltag. Körperlich möglichst aktiv zu sein (unabhängig von der Intensität oder Dauer dieser Aktivität), ist der Schlüssel für einen gesunden Alterungsprozess.
- Unsere Ernährung spielt für unsere Herz-Kreislauf-Gesundheit eine wichtige Rolle. Die beste Ernährungsweise zur Vorbeugung einer Alzheimer-Krankheit ist die mediterrane Ernährung, bei der Getreideprodukte und rotes Fleisch nur in eingeschränktem Maß verzehrt werden.
- Der letzte wichtige Lebensstil-Risikofaktor ist der Schlaf. Im Schlaf kann unser Körper sich regenerieren und in unseren Zellen (einschließlich der Gehirnzellen) »aufräumen«. Bestimmte Schlafphasen fördern nachweislich die Entsorgung von Beta-Amyloid, während Schlafstörungen sie beeinträchtigen können. Guter, ungestörter Schlaf ist für ein gesundes Gehirn unverzichtbar.

- Andere Faktoren wie Rauchen, Depressionen und Luftverschmutzung erhöhen das Alzheimer-Risiko ebenfalls. Wenn wir uns jedoch auf die vier wichtigsten Risikofaktoren konzentrieren, können wir unser Risiko, an Alzheimer zu erkranken, um insgesamt 40 Prozent senken.
- Die wichtigste Botschaft dieses Teils meines Buches lautet, dass viele Alzheimer-Risikofaktoren sich beeinflussen lassen. Statt einfach abzuwarten, ob wir womöglich an Alzheimer erkranken werden, können wir also die Kontrolle über unser Leben behalten, indem wir diese Risikofaktoren beeinflussen. Außerdem lebt man auf diese Weise auch gesünder.

TEIL 5

SELTENERE FORMEN DER ALZHEIMER-KRANKHEIT

In den vorigen Teilen meines Buches bin ich auf viele verschiedene Aspekte der Alzheimer-Krankheit eingegangen, doch bisher haben wir »nur« die häufigste Form dieser Erkrankung behandelt. Die häufigste Alzheimer-Form macht ungefähr 80 bis 90 Prozent aller Alzheimer-Demenzen aus. Sie äußert sich durch die klassischen Alzheimer-Symptome – Probleme mit dem episodischen Gedächtnis und der räumlichen Orientierung – und ist daher für die meisten Menschen relevant, die mehr über diese Krankheit erfahren möchten. Obwohl die selteneren Formen weniger bekannt und auch noch nicht so gut erforscht sind, haben sie ähnlich schwerwiegende Auswirkungen auf die Betroffenen und deren Familien. Mit meiner Aufklärung über diese selteneren Alzheimer-Formen möchte ich nicht nur die breite Öffentlichkeit, sondern auch Angehörige von Gesundheitsberufen informieren, die vielleicht noch nicht so viel über die verschiedenen Erscheinungsformen der Alzheimer-Krankheit wissen.

Die Bezeichnung »seltener« bezieht sich schlicht und einfach auf die Tatsache, dass diese Formen der Alzheimer-Krankheit in der Bevölkerung sehr viel weniger häufig auftreten. »Seltener« soll aber nicht »weniger wichtig« bedeuten. Ganz im Gegenteil: Menschen mit diesen »selteneren« Alzheimer-Demenzformen sind oft am dringendsten auf Unterstützung angewiesen, weil es oft lange dauert, bis sie eine Diagnose erhalten; und selbst nach der Diagnose orientieren Hilfestellungen für Demenzpatienten sich hauptsächlich an der »häufigsten« Alzheimer-Form.

Aus wissenschaftlicher Sicht sind diese selteneren Formen aber ebenfalls wichtig, weil sie andere Aspekte der Grunderkrankung beleuchten. Tatsächlich hilft ein Vergleich der Symptome und des Krankheitsverlaufs bei den selteneren Alzheimer-Demenzen mit der häufigsten Alzheimer-Form uns nicht nur, diese selteneren Varianten zu verstehen, sondern ermöglicht uns auch ein besseres Verständnis der häufigsten Alzheimer-Form. Vor allem erfahren wir dadurch mehr darüber, mit welch unterschiedlichen Symptomen diese Erkrankung beginnen kann, und das hat wiederum wichtige Auswirkungen auf die Diagnostik und Therapie der Alzheimer-Krankheit insgesamt.

Bevor wir uns mit diesen seltenen Alzheimer-Demenzformen befassen, möchte ich aber noch auf einen letzten Punkt eingehen: Bei all diesen verschiedenen Typen treten die gleichen pathophysiologischen Veränderungen auf wie bei der häufigsten Alzheimer-Form. Mit anderen Worten: Auch bei den seltenen Alzheimer-Demenzen sind Ablagerungen von Beta-Amyloid und phosphoryliertem Tau im Gehirn das wichtigste pathophysiologische Merkmal. Und genau aus diesem Grund – weil die seltenen Alzheimer-Formen zu den gleichen pathophysiologischen Veränderungen führen wie die häufigste Form – ordnet man sie dem Spektrum der Alzheimer-Krankheit zu, statt sie als irgendeine andere Demenzform einzustufen.

Aber worin besteht denn dann der Unterschied zwischen der häufigsten und den selteneren Formen der Alzheimer-Krankheit, wenn sie doch alle die gleichen durch Beta-Amyloid und phosphoryliertes Tau hervorgerufenen Veränderungen aufweisen?

Der Hauptunterschied liegt oft darin, an welchen Stellen im Gehirn Amyloid und Tau sich ansammeln. Denn die jeweiligen Symptome hängen von der Hirnregion ab, in der sich Proteine ablagern und Nervenzellen absterben. Die Grunderkrankung ist zwar mehr oder weniger dieselbe, doch in ihren Symptomen unterscheiden sich die selteneren Formen und die häufigste Form der Alzheimer-Krankheit sehr wohl voneinander.

Frontale Variante der Alzheimer-Krankheit

Die erste seltene Alzheimer-Form, auf die ich hier näher eingehen möchte, ist die frontale Variante der Alzheimer-Krankheit (manchmal auch als dysexekutive Alzheimer-Krankheit bezeichnet). Bei dieser seltenen Alzheimer-Form haben die Patienten normalerweise zwar auch Probleme mit dem episodischen Gedächtnis, zeigen aber gleichzeitig auch erhebliche frontale oder dysexekutive Symptome.

Um diese beiden Begriffe zu verstehen, müssen wir uns zunächst einmal die Anatomie des Gehirns anschauen. Die häufigste Form der Alzheimer-Krankheit betrifft den medialen Temporallappen, in dessen Zentrum sich der Hippocampus befindet. Um dieses Krankheitsgeschehen noch einmal kurz zu beschreiben: Wir wissen inzwischen, dass die Ansammlung von Amyloid und Tau bei der häufigsten Alzheimer-Form zu Beginn der Erkrankung im medialen Temporallappen und im Hippocampus stattfindet. Und da der Hippocampus und der mediale Temporallappen für das episodische Gedächtnis und die räumliche Orientierung eine so wichtige Rolle spielen, sind Gedächtnis- und Orientierungsprobleme bei dieser Alzheimer-Form die ersten Symptome.

Bei der frontalen Variante der Alzheimer-Krankheit sammeln Amyloid und Tau sich dagegen hauptsächlich in einer angrenzenden Hirnregion – dem präfrontalen Kortex – an. Der präfrontale Kortex (auch als Frontallappen bezeichnet, daher der Name »frontale Variante der Alzheimer-Krankheit«) liegt vor dem medialen Temporallappen und befindet sich größtenteils hinter Augen und Stirn. Im Gegensatz zum medialen Temporallappen, der relativ klein ist, ist der präfrontale Kortex eine riesige Hirnregion und erfüllt die verschiedensten Funktionen. Er ist nicht nur für die Initiation und Koordination unserer Bewegungen und für das Sprechen wichtig, sondern auch für Verhalten und Entscheidungsfindung. Bei der frontalen Variante der Alzheimer-Krankheit sind die Verhaltens- und

Entscheidungsfunktionen des präfrontalen Kortex besonders stark beeinträchtigt.

Der präfrontale Kortex initiiert unsere Handlungen oder Entscheidungen, hemmt sie aber auch. Außerdem organisiert er unsere Gedanken und Handlungen und unsere Sprache, damit alles in der richtigen Reihenfolge abläuft. Ein anderer Teil des präfrontalen Kortex ist für unser Einfühlungsvermögen und für moralische und ethische Entscheidungen (also dafür, zum richtigen Zeitpunkt das Richtige zu tun) zuständig. Und nicht zuletzt ist der präfrontale Kortex auch stark daran beteiligt, wie wir Belohnungen und Bestrafungen wahrnehmen (was wiederum unsere zukünftigen Handlungen und Entscheidungen prägt).

Da diese große Hirnregion so viele verschiedene Funktionen erfüllt, hängen die Symptome der frontalen Variante der Alzheimer-Krankheit davon ab, an welcher Stelle des präfrontalen Kortex die beiden Proteine Amyloid und Tau sich ablagern. Das ist ein wichtiger Punkt, der auch erklärt, warum diese Alzheimer-Variante manchmal schwer zu erkennen und zu diagnostizieren ist: Bei solchen Patienten können die verschiedensten Symptome auftreten. Am häufigsten kommen Veränderungen im exekutiven System des präfrontalen Kortex – also bei der Organisation von Gedanken, Sprache und Handlungen – vor. Menschen, die Probleme mit diesem Exekutivsystem haben, bezeichnet man als »dysexekutiv«. (Die Vorsilbe *dys-* kommt aus dem Griechischen und bedeutet so viel wie »abnormal« oder »unvollkommen«.)

Patienten mit dieser Alzheimer-Variante ziehen häufig einen Arzt zu Rate, weil sie ihre Gedanken, ihre Sprache oder ihre Handlungen nicht mehr richtig organisieren können. Unorganisierte Gedanken sind bei Weitem das häufigste Symptom der frontalen Variante der Alzheimer-Krankheit: Die Patienten wissen nicht mehr, was sie sagen oder woran sie sich erinnern wollen. Und nun muss ich noch einmal auf die Aufmerksamkeits- und Gedächtnisprobleme zurückkommen, die wir in Teil 1 meines Buches besprochen haben: Der präfrontale Kortex ist nämlich auch am Abruf von Informationen aus dem Hippocampus beteiligt. Wenn also der präfrontale Kortex von der Alzheimer-Krankheit betroffen ist, haben die Patienten zwar oft auch Gedächtnisprobleme, aber diese Probleme wirken sich eher auf das Ablegen oder den Abruf von Erinnerungen aus als auf ihre Indexierung oder Speicherung. Menschen mit dysexekutiven Symptomen wirken oft eher abgelenkt und »durcheinander« und springen von einem Thema zum anderen.

Ein weiteres häufiges Symptom bei dieser Variante der Alzheimer-Krankheit ist ein gewisser Mangel an Motivation, den man als Apathie (vom griechischen Wort *apatheia* = »Freiheit von Wünschen«) bezeichnet. Viele Angehörige berichten, dass die Patienten oft längere Zeit still dasitzen und vor sich hinstarren und sich nicht mehr mit Dingen beschäftigen, die ihnen früher Freude gemacht haben, wie beispielsweise ihren Hobbys. Es ist zwar immer noch möglich, solche Menschen dazu zu motivieren, dass sie etwas tun. Trotzdem ist es für die Angehörigen sehr traurig, dass der Patient nun so viel weniger Interesse zeigt – selbst an Aktivitäten, an denen er vorher Freude hatte.

Andere Verhaltensänderungen bei der frontalen Variante der Alzheimer-Krankheit kommen seltener vor und sind auch weniger ausgeprägt. Beispielsweise werden die Patienten oft enthemmter in ihrem Verhalten und ihrer Sprache: Es kann passieren, dass sie etwas sagen oder tun, was ihnen früher unangenehm gewesen wäre. Das führt oft zu peinlichen Situationen, daher ist es wichtig, daran zu denken, dass diese unangemessenen Kommentare oder Handlungen keiner bewussten Absicht entspringen, sondern auf die Alzheimer-Krankheit zurückzuführen sind.

Und schließlich können Veränderungen des präfrontalen Kortex sich auch auf die Emotionsregulation auswirken. Menschen mit der frontalen Variante der Alzheimer-Krankheit sind oft reizbarer oder sogar aggressiver und fahren manchmal ohne besonderen Grund

»aus der Haut«. Diese Fehlregulation emotionaler Reaktionen kann aber auch in die andere Richtung gehen, sodass die Patienten gefühlsbetonter werden, also zum Beispiel ohne besonderen Grund zu weinen anfangen. Auch das kann für den Patienten selbst und seine Angehörigen sehr belastend sein, und auch hier ist es wichtig, sich vor Augen zu halten, dass der Patient nicht wirklich bekümmert oder verärgert ist, sondern dass diese plötzlichen Gefühlsausbrüche auf krankhafte Veränderungen in seinem präfrontalen Kortex zurückzuführen sind.

Wie wir bereits gesehen haben, gehen diese Symptome der frontalen Variante der Alzheimer-Krankheit auch häufig mit Problemen in der Funktion des episodischen Gedächtnisses einher. Oft fallen diese Gedächtnisprobleme bei solchen Patienten aber gar nicht so sehr auf, und zwar vor allem deshalb, weil wir Veränderungen in der Persönlichkeit und im Verhalten unserer Mitmenschen eher bemerken als Veränderungen ihres Gedächtnisses. Das erschwert die Diagnose der frontalen Variante der Alzheimer-Krankheit ganz erheblich, da Ärzte in solchen Fällen zunächst einmal untersuchen, ob diese Verhaltensänderungen auf familiäre Ereignisse, Medikamente oder psychische Probleme zurückzuführen sind, und erst später auf die Idee kommen, sie einer Demenzerkrankung zuzuschreiben.

Bei anderen selteneren Demenzformen, die nicht zum Spektrum der Alzheimer-Krankheit gehören (wie beispielsweise der verhaltensbedingten Variante der frontotemporalen Demenz), treten die gleichen Verhaltensänderungen auf. Die verhaltensbedingte Variante der frontotemporalen Demenz wird aber im Gegensatz zur Alzheimer-Krankheit nicht durch Amyloid und Tau verursacht, sondern durch andere Proteine, daher unterscheiden sich auch die Behandlungsansätze ziemlich stark voneinander. Zurzeit laufen Untersuchungen zu der Frage, ob es möglich ist, die frontalen Variante der Alzheimer-Krankheit anhand von Alzheimer-Biomarkern von anderen Demenzerkrankungen zu unterscheiden. Dann wäre die Identifikation der

Alzheimer-Krankheit weniger symptomorientiert und würde sich stattdessen eher auf die Frage konzentrieren, welche Proteine sich im Gehirn der Patienten angesammelt haben. Denn letztendlich muss man diese Proteinablagerungen behandeln, um das Fortschreiten der Symptome zu stoppen oder die Erkrankung womöglich sogar zu heilen.

Das ist für zukünftige Therapieansätze zwar alles schön und gut, bringt uns bei der Betreuung von Patienten mit Verhaltens- und Entscheidungsproblemen aber kaum weiter. Es gibt viele Belege dafür, dass der Umgang mit solchen Patienten für pflegende Angehörige besonders quälend und belastend ist. Denn Verhaltens- und Persönlichkeitsveränderungen sind nicht nur viel schwerer zu akzeptieren, sondern es kann auch sehr schmerzlich sein, mit ansehen zu müssen, wie sich das Verhalten eines Menschen, den wir lieben, vor unseren Augen völlig verändert. Außerdem erfordert es unsere ganze Energie, diese Verhaltens- und Persönlichkeitsveränderungen in wünschenswertere Bahnen zu lenken oder zu »managen«, zumal diese Patienten sich oft unberechenbar verhalten, was die Pflegepersonen und Familienangehörigen zusätzlich belastet.

Oft empfehlen wir Betreuungspersonen von Patienten mit der frontalen Variante der Alzheimer-Krankheit oder mit ähnlichen frontalen Symptomen, sich Pflegehinweise für die verhaltensbedingte Variante der frontotemporalen Demenz durchzulesen (auch wenn diese, wie bereits erwähnt, nicht mit der Alzheimer-Krankheit identisch ist). Obwohl die frontale Variante der Alzheimer-Krankheit und die verhaltensbedingte Variante der frontotemporalen Demenz sich in vielerlei Hinsicht voneinander unterscheiden, können die Verhaltens- und Persönlichkeitsveränderungen, zu denen es bei diesen beiden Erkrankungen kommt, doch sehr ähnlich sein. Daher eignen sich die Pflege- und Behandlungsmethoden, die bei der verhaltensbezogenen Variante von Patienten mit der frontotemporalen Demenz zum Einsatz kommen, möglicherweise besser für die Pflege von Patienten mit der frontalen Variante der Alzheimer-Krankheit als die Pflegehinweise für die häufigste Alzheimer-Form.

Es besteht eindeutig ein Bedarf an besseren Diagnose- und Behandlungsrichtlinien für die frontale Variante der Alzheimer-Krankheit. Die neuen Biomarker für die Alzheimer-Krankheit dürften uns in dieser Hinsicht weiterbringen, weil sie es ermöglichen, die Grunderkrankung unabhängig von den Symptomen zu identifizieren. Zurzeit gibt es aber noch nicht genügend Informationen über die Pflege und medizinische Versorgung von Patienten mit der frontalen Variante der Alzheimer-Krankheit. Dieses Problem muss dringend gelöst werden – nicht nur, um die Symptome dieser Patienten zu lindern, sondern auch, um die Belastung und den Stress für ihre Angehörigen und Betreuer abzumildern.

Wie Sie noch sehen werden, ist dieser Mangel an Informationen bei den selteneren Formen der Alzheimer-Krankheit ein häufiges Problem, weil man über diese Varianten viel weniger weiß. Wir brauchen also dringend maßgeschneidertere Beratungsangebote für diese Patientengruppen, um das zunehmende Angebot an Informationen über die häufigste Form der Alzheimer-Krankheit zu ergänzen. Und nun wollen wir uns der nächsten seltenen Alzheimer-Form zuwenden: der posterioren kortikalen Atrophie.

Posteriore kortikale Atrophie

Die posteriore kortikale Atrophie (PKA) trägt die Alzheimer-Krankheit zwar nicht in ihrem Namen, entsteht aber ebenfalls durch Amyloid- und Tau-Ablagerungen. »Posterior« bedeutet so viel wie »hinten«. Der Begriff »kortikal« bezieht sich auf die Hirnrinde (Kortex) – also die äußeren Bereiche des Gehirns –, und mit »Atrophie« ist eine Schrumpfung des Gehirns durch Absterben von Nervenzellen gemeint. Kurz gesagt, betrifft die posteriore kortikale Atrophie also die äußeren Bereiche im hinteren Teil des Gehirns – den parietalen und okzipitalen Kortex.

Bei der posterioren kortikalen Atrophie wird (anders als bei der häufigsten Form der Alzheimer-Krankheit) nicht der mediale Temporallappen zuerst von der Krankheit in Mitleidenschaft gezogen, sondern der Krankheitsprozess beginnt in diesen beiden Regionen im hinteren Teil des Gehirns. Im Gegensatz zur häufigsten Alzheimer-Form haben Menschen mit posteriorer kortikaler Atrophie zu Beginn der Erkrankung daher oft nur geringe oder gar keine Probleme mit dem episodischen Gedächtnis. Deshalb wurde diese Erkrankung erst in den 1980er-Jahren als Form der Alzheimer-Krankheit eingestuft. Selbst heute ist diese seltene Alzheimer-Demenzform hauptsächlich Spezialisten bekannt.

Unter was für Symptomen leiden die betroffenen Patienten?

Um das zu verstehen, müssen wir uns erst einmal ein bisschen genauer mit der Anatomie und Funktion des hinteren Teils unseres Gehirns befassen. Er besteht aus zwei großen, nebeneinanderliegenden Hauptstrukturen: dem okzipitalen und dem parietalen Kortex. Der okzipitale Kortex (auch als »Sehrinde« bezeichnet) ist der Teil des Gehirns, der sich ganz hinten in unserem Schädel befindet. Der parietale Kortex liegt etwas oberhalb und vor dem okzipitalen Kortex.

Beide Hirnregionen spielen für unser Sehvermögen und andere Sinneswahrnehmungen eine wichtige Rolle.

Zunächst einmal verarbeitet der okzipitale Kortex alle Informationen, die von unseren Augen kommen; wir brauchen ihn also, um die Welt um uns herum »sehen« zu können. Es mag überraschen, dass diese Hirnregion nicht an der Vorderseite des Gehirns in der Nähe der Augen liegt, sondern am hinteren Ende – so weit wie nur möglich von den Augen entfernt. Diese Konstruktion ist zwar ein bisschen unlogisch, hat sich aber im Lauf der Evolution nun einmal so entwickelt. Wie wichtig der okzipitale Kortex für unser Sehvermögen ist, merkt man erst richtig, wenn man sich mit dem Hinterkopf an einer harten Oberfläche anstößt: Die meisten Menschen »sehen« danach Sterne oder ähnliche Formen. Natürlich sehen wir diese Dinge nicht mit unseren physischen Augen, sondern der Aufprall hat zu einer fehlerhaften Erregung der Nervenzellen geführt, durch die das betreffende visuelle Bild entstanden ist.

Der okzipitale Kortex »sieht« aber nicht nur das, was unsere Augen sehen, sondern setzt diese Informationen auch neu zusammen. Unsere Augen sind nämlich nicht besonders intelligent: Sie nehmen einfach nur das wahr, was wir sehen, können es aber nicht erkennen oder interpretieren. Diese Aufgabe fällt dem okzipitalen und parietalen Kortex zu. Der okzipitale Kortex setzt alle Informationen, die wir von den Augen empfangen, zusammen und erstellt daraus in unserem Gehirn ein Bild von der Welt, die wir sehen. Der parietale Kortex nimmt die Informationen vom okzipitalen Kortex auf und verarbeitet sie weiter. Zum Beispiel verknüpft er die visuellen Informationen vom okzipitalen Kortex mit unseren anderen Sinneseindrücken (beispielsweise Tastsinn und Gehör) und mit den Hirnregionen, die etwas mit Bewegung zu tun haben. Der parietale Kortex ist also ein sehr wichtiger Gehirnbereich, der Informationen aus angrenzenden Hirnregionen ineinander integriert.

Bei der posterioren kortikalen Atrophie ist dieser Prozess der »Neuzusammensetzung« und Integration visueller Informationen im okzipitalen und parietalen Kortex gestört oder geschädigt. Das kann dazu führen, dass Menschen Sehprobleme entwickeln – und das, obwohl ihre Augen einwandfrei funktionieren. Eine fehlerhafte Verarbeitung visueller Informationen im Gehirn kann trotz intakten Sehvermögens zu den typischen Symptomen einer posterioren kortikalen Atrophie (beispielsweise zu »kortikaler Blindheit« oder »visueller Vernachlässigung«) führen. Kortikale Blindheit bedeutet, dass wir aufgrund krankhafter Veränderungen im okzipitalen Kortex bis zu einem gewissen Grad erblinden können, obwohl unsere Augen perfekt funktionieren. Allerdings handelt es sich dabei nicht unbedingt um eine vollständige Blindheit, sondern sie äußert sich eher in Form von »blinden Flecken« in unserem Sehfeld. Aufgrund dieser blinden Flecken können wir bestimmte Teile von Gegenständen oder von unserer Umgebung nicht mehr sehen.

Das andere Hauptsymptom, das durch eine Störung oder Schädigung des parietalen Kortex entsteht, ist die visuelle Vernachlässigung. Dabei entwickeln wir keine blinden Flecken, sondern es fehlt uns an visueller Aufmerksamkeit: Das heißt, unser Gehirn schenkt bestimmten Teilen der Szenerie, die wir sehen, keine Aufmerksamkeit, selbst wenn unsere Augen und unser okzipitaler Kortex einwandfrei funktionieren, wir also eigentlich alles gut »sehen« können. Die häufigste Form dieser visuellen Vernachlässigung besteht darin, dass man die rechte oder linke Seite seines Gesichtsfelds nicht mehr sieht.

Das klingt alles ein bisschen abstrakt, also wollen wir uns ein Beispiel dazu anschauen. Fast jeder kennt Leonardo da Vincis Gemälde »Mona Lisa«. Falls Sie dieses Bild nicht kennen sollten, werfen Sie bitte im Internet einen kurzen Blick darauf. Eine der rätselhaftesten und faszinierendsten Eigenschaften dieses Gemäldes besteht darin, dass die rechte und die linke Bildhälfte (einschließlich der Mona Lisa selbst) sehr unterschiedlich sind. Diese Frau ist berühmt für ihr geheimnisvolles Lächeln, doch manche Menschen streiten sich darüber, ob sie überhaupt lächelt oder nicht. Da Vinci hat in diesem Gemälde bewusst versucht, unseren parietalen Kortex »auszutricksen«, indem er die rechte Seite des Gesichts der Mona Lisa so malte, als würde sie lächeln, während ihre linke Gesichtshälfte ernst dreinschaut. Da wir unsere Aufmerksamkeit abwechselnd auf die linke und die rechte Seite ihres Gesichts lenken, erhält unser Gehirn widersprüchliche Informationen, sodass die Mona Lisa manchmal zu lächeln scheint, manchmal aber auch nicht. Leonardo Da Vinci führt unser Gehirn also auf brillante Weise hinters Licht, damit unser Interesse an seinem Gemälde nicht nachlässt. Das Bild bietet aber auch eine gute Möglichkeit, uns das Phänomen der visuellen Vernachlässigung vor Augen zu führen – eben weil die linke und rechte Bildhälfte bewusst zwei ganz verschiedene Gesichtsausdrücke zeigen.

Für jemanden, der an visueller Vernachlässigung leidet, wird die Mona Lisa immer entweder lächeln oder nicht lächeln, wenn er direkt auf das Bild schaut. Ob er sie lächeln sieht oder nicht, hängt davon ab, ob sein linker oder sein rechter parietaler Kortex stärker von der Krankheit betroffen ist. Das bedeutet, dass ein Patient mit visueller Vernachlässigung seine Aufmerksamkeit nicht von einer Seite seines Gesichtsfelds auf die andere verlagern kann, also immer eine bestimmte Seite »vernachlässigt«. Im Gegensatz dazu würde jemand mit partieller kortikaler Blindheit die Mona Lisa immer noch abwechselnd lächeln und nicht lächeln sehen. Es würde ihm jedoch schwerfallen, das ganze Gemälde zu sehen: Zum Beispiel könnte er die Hände oder vielleicht sogar das Gesicht der Mona Lisa nicht mehr erkennen. An dieser Stelle befände sich dann nämlich einfach nur ein schwarzer Fleck.

Kortikale Blindheit und visuelle Vernachlässigung sind Schlüsselsymptome der posterioren kortikalen Atrophie. Wie wir bereits gesehen haben, wird die posteriore kortikale Atrophie durch eine Ansammlung von Amyloid und Tau im Gehirn verursacht, und zwar im okzipitalen und parietalen Kortex, wodurch die visuellen Symptome dieser Alzheimer-Form entstehen. Da die Ablagerung von Amyloid und Tau jedoch ein langsamer Prozess ist, entstehen auch die visuellen Symptome bei der posterioren kortikalen Atrophie langsam und allmählich und sind zunächst kaum spürbar. Daher denken Menschen, die von einer posterioren kortikalen Atrophie betroffen sind, zu Beginn ihrer Erkrankung zunächst, dass mit ihren Augen irgendetwas nicht stimmt. Deshalb gehen Patienten in den ersten Stadien normalerweise erst einmal zu ihrem Optiker, um zu überprüfen, ob sie eine neue Brille benötigen, oder suchen einen Augenarzt auf, der untersuchen soll, ob sie unter anderen altersbedingten Sehproblemen (beispielsweise einem Grauen Star) leiden. Natürlich wissen wir heute, dass eine neue Brille oder eine Staroperation bei posteriorer kortikaler Atrophie nicht helfen, da die Symptome nicht durch ein Augenproblem verursacht werden, sondern auf die Art und Weise zurückzuführen sind, wie der okzipitale und der parietale Kortex die von den Augen kommenden Informationen verarbeiten.

Woran erkennt man eine posteriore kortikale Atrophie?

Sehprobleme treten im Alter sehr häufig auf, daher sollten wir uns keine allzu großen Sorgen machen, wenn wir Veränderungen in unserem Sehvermögen feststellen. Ein Besuch beim Optiker oder Arzt ist ein guter erster Schritt, um unsere Augen untersuchen zu lassen und herauszufinden, ob die Sehstörungen auf ein Problem mit den Augen zurückzuführen sind. Wenn das der Fall ist, lässt sich das Problem wahrscheinlich durch eine neue Brille oder andere Behandlungsmethoden beheben. Wenn die Symptome sich dadurch jedoch nicht bessern, sollten Sie mit Ihrem Hausarzt sprechen, um anschließend zu entscheiden, ob eine Überweisung an einen Neurologen oder Neuropsychologen sinnvoll sein könnte.

Neurologen und Neuropsychologen verfügen über systematischere Tests, die – wie in meinem Beispiel mit der Mona Lisa – überprüfen können, ob Sie ein vollständiges Bild sehen können oder womöglich Teile davon übersehen. Ein Neurologe oder Neuropsychologe kann auch Ihre Lesefähigkeit testen, denn für Patienten mit posteriorer kortikaler Atrophie wird es mit fortschreitender Erkrankung immer schwieriger, Texte zu lesen. Das liegt daran, dass man beim Lesen Buchstaben, Wörter und Zeilen auf einer Seite verfolgen muss. Viele Patienten, die an einer posterioren kortikalen Atrophie leiden, kommen dabei schnell durcheinander: Sie wissen nicht mehr, in welcher Zeile sie sich befinden, und der Text scheint irgendwie unübersichtlich zu werden. Der Grund dafür ist wiederum die bei dieser Alzheimer-Form beeinträchtigte visuelle Aufmerksamkeit, die uns normalerweise dabei hilft, den Überblick über gelesene Informationen zu behalten (so wie Sie es beim Lesen dieses Textes gerade tun).

Ein weiteres häufiges Symptom bei der posterioren kortikalen Atrophie besteht darin, dass man ohne ersichtlichen Grund gegen Möbel und Türrahmen stößt. Auch das ist auf die Sehprobleme dieser Patienten zurückzuführen: Sie sehen die Gegenstände, mit denen sie zusammenstoßen, schlicht und einfach nicht. Glücklicherweise verursachen solche Zusammenstöße meist nur blaue Flecken, aber manchmal können sie auch zu schwereren Verletzungen führen. Und außerdem können sie natürlich auch der Psyche dieser Patienten einen Schlag versetzen: Menschen mit Sehproblemen bewegen sich mit der Zeit immer vorsichtiger, weil ihnen bewusst ist, dass sie besonders verletzungsgefährdet sind.

Ein letzter Aspekt der posterioren kortikalen Atrophie, den ich hier erwähnen möchte, ist, dass diese seltene Alzheimer-Form als »früh beginnende Demenz« gilt. Das bedeutet, dass die ersten Symptome bereits vor dem 65. Lebensjahr auftreten. Warum gerade 65, werden Sie sich jetzt vielleicht fragen?

Die ehrliche Antwort auf diese Frage lautet, dass es letztlich ein willkürlich gewählter Schwellenwert ist, doch die überwiegende Mehrheit der Alzheimer-Patienten erkrankt erst nach dem

65. Lebensjahr an Demenz. Bei den meisten Patienten mit posteriorer kortikaler Atrophie treten die ersten Symptome dagegen bereits vor dem 65. Lebensjahr auf. Es ist nicht ungewöhnlich, dass jemand schon mit über fünfzig an einer posterioren kortikalen Atrophie erkrankt, aber es kommt weniger häufig vor, dass man diese seltene Alzheimer-Form erst mit über 70 oder 80 Jahren entwickelt.

Im nächsten Kapitel möchte ich auf eine weitere seltene Form der Alzheimer-Krankheit eingehen, die ebenfalls zu den früh beginnenden Demenzen gehört: die logopenische Variante der primär progressiven Aphasie.

Logopenische Variante der primär progressiven Aphasie

Dieser Name ist schon ein ziemlicher Zungenbrecher, daher möchte ich den medizinischen Fachbegriff für diese seltene Form der Alzheimer-Krankheit zunächst einmal erklären. »Logopenisch« kommt aus dem Altgriechischen und setzt sich aus *logos* = »Wörter« und *penia* = »Mangel an« zusammen. Wörtlich übersetzt bedeutet »logopenisch« also »Mangel an Wörtern«. Der Zusatz »primär« bedeutet, dass dieser Mangel an Wörtern das erste Symptom oder Hauptsymptom bei Patienten mit dieser Variante der Alzheimer-Krankheit darstellt, und eine progressive Aphasie (vom griechischen Wort *aphatos* = »sprachlos«) äußert sich durch Sprachprobleme, die sich mit der Zeit immer mehr verschlimmern. »Logopenische Aphasie« bedeutet also, wörtlich übersetzt, »sprachloser Mangel an Wörtern«. Viele Menschen kennen den Begriff »Aphasie« in Bezug auf Patienten, die einen Schlaganfall erlitten haben, der die Sprachbereiche des Gehirns beeinträchtigt, sodass ihnen das Sprechen schwerfällt. Der Unterschied zwischen einer durch einen Schlaganfall und eine Alzheimer-Erkrankung verursachten Aphasie besteht darin, dass die Aphasie beim Schlaganfall ein einmaliges Ereignis ist: Das heißt, der Patient hat sofort nach dem Schlaganfall Probleme mit dem Sprechen, diese Symptome bleiben jedoch gleich oder verbessern sich vielleicht sogar nach einer Weile. Im Gegensatz dazu treten die Sprech- und Sprachprobleme bei einer progressiven Aphasie (beispielsweise der logopenischen primär progressiven Aphasie) allmählich auf und verschlechtern sich mit der Zeit. Ebenso wie bei der posterioren kortikalen Atrophie ist der Name »Alzheimer« auch im Fachbegriff »logopenische Variante der primär progressiven Aphasie« nicht enthalten, und zwar deshalb, weil sie lange Zeit gar nicht als Teil des Alzheimer-Krankheitsspektrums galt. Stattdessen wurde bei Patienten mit solchen Symptomen eine andere

Demenzform – die frontotemporale Demenz – diagnostiziert. Das liegt daran, dass Patienten mit der logopenischen Variante der primär progressiven Aphasie unter Sprachproblemen leiden, die der nicht flüssigen Variante der primär progressiven Aphasie (entschuldigung für das viele Fachchinesisch!) – bei der es sich um einen Typus der frontotemporalen Demenz handelt – sehr ähnlich sind. Selbst Experten fällt es manchmal schwer, diese Subtypen voneinander zu unterscheiden.

Erst Anfang der 2000er-Jahre »entdeckte« man, dass die logopenische primär progressive Aphasie in Wirklichkeit eine Alzheimer-Form ist – und zwar, als Biomarker zeigten, dass diese Patienten die gleichen Protein-Signaturen aufwiesen wie bei der Alzheimer-Krankheit. Mit anderen Worten: Die logopenische Variante der primär progressiven Aphasie wird durch dieselben Proteine verursacht wie alle anderen Formen der Alzheimer-Krankheit: Amyloid und Tau.

Bei Patienten, die an der logopenischen Variante der primär progressiven Aphasie leiden, treten im Gegensatz zur häufigsten Form der Alzheimer-Krankheit nur selten Gedächtnisstörungen oder räumliche Desorientierung auf.

Wie sehen die typischen Sprachsymptome bei einer logopenischen progressiven Aphasie aus?

In der Praxis sind diese Sprachsymptome nur leicht ausgeprägt. Die meisten Menschen, die an dieser Alzheimer-Form leiden, klagen darüber, dass es ihnen schwerfällt, »die richtigen Worte zu finden«. Klingt das nicht so ähnlich wie bei der häufigsten Form der Alzheimer-Krankheit? Erinnern Sie sich noch daran, wie Alois Alzheimer in Teil 1 meines Buches die Wortfindungsschwierigkeiten von Frau Deter untersuchte? Wenn Patienten mit einer logopenischen primär progressiven Aphasie von ähnlichen Schwierigkeiten berichten, bedeutet das aber nicht, dass sie sich die Wörter nicht merken können (tatsächlich ist ihr Gedächtnis in den Frühstadien der Erkrankung normalerweise intakt), sondern dass sie das betreffende Wort nicht mehr laut aussprechen können, obwohl sie sich daran erinnern und auch wissen, was es bedeutet.

Anhand der Tatsache, dass Patienten mit logopenischer primär progressiver Aphasie sich noch an die Bedeutung der Wörter erinnern, kann man sie von Patienten unterscheiden, die unter anderen, nicht auf eine Alzheimer-Krankheit zurückzuführenden primär progressiven Aphasien leiden: zum Beispiel unter der semantischen Variante der primär progressiven Aphasie (auch »semantische Demenz« genannt), bei der es sich um eine Form der frontotemporalen Demenz handelt. Wir wissen ja inzwischen, dass es Patienten mit der logopenischen Variante der primär progressiven Aphasie schwerfällt, Wörter laut auszusprechen, obwohl sie die Bedeutung der Wörter noch kennen. Im Gegensatz dazu können Patienten mit einer semantischen primär progressiven Aphasie das Wort normalerweise laut aussprechen, kennen seine Bedeutung aber nicht mehr.

Um herauszufinden, welche dieser beiden Erkrankungen vorliegt, bitten Ärzte die Patienten oft, komplizierte mehrsilbige Wörter nachzusprechen, und fragen sie anschließend nach ihrer Bedeutung. Einem Patienten mit der logopenischen Variante der progressiven Aphasie wird es vielleicht schwerfallen, ein mehrsilbiges Wort wie »Stethoskop« oder »Regenwurm« auszusprechen, aber er weiß, was diese Wörter bedeuten. Im Gegensatz dazu wären Patienten mit der semantischen Variante der primär progressiven Aphasie zwar in der Lage, Wörter wie »Stethoskop« oder »Regenwurm« nachzusprechen, würden ihre Bedeutung aber nicht mehr kennen. Ein weiterer Test besteht darin, die Patienten zu bitten, einen komplizierten Satz zu wiederholen oder eine aus mehreren Schritten bestehende Anweisung zu befolgen. Idealerweise sollte der Satz oder die Anweisung einen Haupt- und einen Nebensatz enthalten, weil solche Sätze höhere Anforderungen an unsere Sprachfunktionen stellen. Angenommen, ein Arzt fordert einen Patienten auf, den Satz »Heben Sie die Zeitung auf, nachdem Sie den Tisch berührt haben« zu sagen. Diesen recht harmlos wirkenden Satz zu wiederholen, wäre für Patienten mit logopenischer primärer Aphasie sehr schwierig. Und was noch wichtiger ist: Sie hätten auch Schwierigkeiten damit, diese Handlungen in der richtigen Reihenfolge auszuführen.

Dieses Problem, einen Satz nachzusprechen und die darin beschriebene Handlung richtig auszuführen, kommt für Angehörige oft sehr überraschend. Denn schließlich scheint es doch eine sehr einfache Aufforderung zu sein, »das Papier aufzuheben, nachdem man den Tisch berührt hat«, wenn das Papier direkt vor einem liegt. Für einen Patienten mit der logopenischen Variante der primär progressiven Aphasie ist diese Satzkonstruktion jedoch sehr verwirrend, denn dazu muss er sich merken, dass er zuerst den Tisch berühren soll, bevor er das Papier aufhebt. Die meisten Patienten würden in so einem Fall zuerst das Papier aufheben, während andere mit einer Hand den Tisch berühren und mit der anderen Hand gleichzeitig das Papier aufheben würden. Oft fragen sie nach einer falschen Ausführung dieser Handlung sogar nach: »Wie war das noch mal?« In solchen Fällen ist es wichtig zu wissen, dass der Patient nicht einfach die Anweisung vergessen hat, sondern es ihm schwergefallen ist, den Satz richtig zu verstehen.

Was passiert im Gehirn, wenn solche Symptome auftreten?

Wir wissen bereits, dass die logopenische Variante der primär progressiven Aphasie durch die Proteine Amyloid und Tau verursacht wird, durch die auch die Alzheimer-Krankheit entsteht. Wir wissen aber auch, dass es für ein Verständnis der Symptome entscheidend ist, *an welcher Stelle* im Gehirn Amyloid und Tau sich ansammeln. Bei der logopenischen Variante der primär progressiven Aphasie lagern Amyloid und Tau sich in einer Gehirnregion an, die man als temporoparietale Verbindung bezeichnet. Dabei handelt es sich um eine Verbindung zwischen zwei anderen Hirnregionen: dem temporalen und parietalen Kortex.

Auf diese beiden Gehirnbereiche bin ich an früherer Stelle in meinem Buch bereits eingegangen. Der temporale Kortex ist eine große Hirnregion, zu der auch der mediale Temporallappen gehört, wo die häufigste Form der Alzheimer-Krankheit ihren Ausgang nimmt. Bei der logopenischen Variante der primär progressiven Aphasie dagegen sammeln Amyloid und Tau sich dort an, wo Temporallappen und Parietallappen aufeinandertreffen. Sie erinnern sich sicherlich noch daran, dass der Parietallappen für die Integration unserer Sinneswahrnehmungen (einschließlich Sehsinn, Tastsinn und Gehör) eine wichtige Rolle spielt. Bei der logopenischen Variante der primär progressiven Aphasie ist jedoch nicht der Sehsinn betroffen, sondern der Gehöraspekt der Sprachverarbeitung.

Die temporoparietale Verbindung erfüllt eine sehr wichtige Funktion für unsere gesprochene Sprache, weil sie zur sogenannten phonologischen Schleife gehört. Was bedeutet das?

Beim Lesen hören wir manchmal, wie wir einen Satz mit unserer »inneren Stimme« lesen. Wir sprechen die Wörter zwar nicht laut aus, können sie in unserem Gehirn aber trotzdem sehr deutlich »hören«. Dieses innere Ohr und diese innere Stimme verdanken wir unserer phonologischen Schleife. Diese Schleife brauchen wir, um verfolgen zu können, was gerade gesagt oder gelesen wird. Ohne dieses sprachliche Kurzzeitgedächtnis könnten wir einem Gespräch oder Buch nicht folgen, weil wir dann vergessen würden, was wir gerade gesagt oder gelesen haben. Dieses sprachliche Kurzzeitgedächtnis unterscheidet sich sehr stark von unserem episodischen Gedächtnissystem, das Informationen über Ereignisse oder Orte speichert; und da es sich hierbei um zwei sehr unterschiedliche Gedächtnisfunktionen handelt, sind sie auch in verschiedenen Bereichen unseres Gehirns angesiedelt. Wie wir wissen, spielt der mediale Temporallappen für das episodische Gedächtnis eine wichtige Rolle. Für die phonologische Schleife ist wiederum die Verbindung zwischen dem temporalen und parietalen Kortex wichtig. Um lange Wörter aussprechen oder komplizierte Sätze verstehen zu können, brauchen wir eine intakte phonologische Schleife.

Bei mehrsilbigen Wörtern müssen wir zum Beispiel verschiedene Teile eines Wortes im »Kopf« behalten, bevor wir das Wort laut aussprechen. Wenn wir keine Probleme mit unserer phonologischen Schleife haben, ist uns diese gedankliche Wiederholung von Informationen nicht einmal bewusst. Doch sobald die Alzheimer-Krankheit die an der phonologischen Schleife beteiligten Gehirnregionen in Mitleidenschaft zu ziehen beginnt, bekommen wir Schwierigkeiten mit diesen Wörtern. Defizite in der phonologischen Schleife treten bei komplizierten Sätzen oder Sätzen mit Nebensätzen, bei denen wir Informationen wie »Wer tut was?« im Auge behalten müssen, besonders deutlich zutage. Bei der Anweisung, »das Papier aufzuheben, nachdem man den Tisch berührt hat,« müssen wir uns beispielsweise merken, dass wir zuerst den Tisch berühren sollen, bevor wir das Blatt Papier aufheben. Das mag ein banales Beispiel sein, aber solche Satzkonstruktionen können bei Sicherheitsanweisungen wie beispielsweise »Den Schlauch erst nach dem Schließen des Gasventils entfernen« durchaus eine wichtige Rolle spielen.

Patienten mit der logopenischen Variante der primär progressiven Aphasie haben aber nicht nur Probleme mit der phonologischen Schleife, sondern sprechen Wörter innerhalb eines Satzes oft auch ein bisschen falsch aus. Denn auch für das »Zusammensetzen« von Wörtern zu Sätzen ist die phonologische Schleife unverzichtbar. Wenn diese Schleife nicht mehr richtig funktioniert, fällt es uns schwer, Sätze oder vielleicht sogar die Silben einzelner Wörter richtig aneinanderzureihen. Solche leichten sprachlichen Probleme in Alltagsgesprächen zu erkennen, kann sehr schwierig sein, da wir alle ab und zu Wörter falsch aussprechen oder das falsche Wort im falschen Kontext verwenden. Wir sollten uns also keine Sorgen machen, wenn uns so etwas ab und zu passiert. Wenn es häufiger vorkommt, würde ich Ihnen jedoch raten, einen Arzt aufzusuchen und diese Symptome mit ihm zu besprechen.

Ähnlich wie bei der posterioren kortikalen Atrophie (bei der man oft zuerst zum Augenarzt geht) werden Patienten mit einer logopenischen Variante der primär progressiven Aphasie häufig zuerst an einen Logopäden überwiesen. Er sollte in der Lage sein, festzustellen, dass diese Sprachveränderungen auf Defizite in der phonologischen Schleife zurückzuführen sind.

Zusammenfassend kann man sagen, dass die logopenische Variante der primär progressiven Aphasie als »sprachliche Form« der Alzheimer-Krankheit betrachtet werden sollte, da ihre Hauptsymptome eher mit Sprach- als mit Gedächtnisproblemen zusammenhängen.

Nun haben wir fast alle seltenen Formen der Alzheimer-Krankheit behandelt – bis auf eine einzige: das kortikobasale Syndrom.

Kortikobasales Syndrom

Ich gehe in meinem Buch ganz bewusst zuletzt auf das kortikobasale Syndrom ein, und zwar vor allem deshalb, weil wir über diese seltene Alzheimer-Form am wenigsten wissen, aber auch weil das kortikobasale Syndrom sich mit vielen anderen Erkrankungen überlappen kann. Streng genommen ist dieses Syndrom gar keine Alzheimer-Krankheit, wird aber durch bestimmte Elemente der Alzheimer-Pathophysiologie verursacht, obwohl diese pathophysiologischen Veränderungen sich mit anderen neurodegenerativen Erkrankungen überschneiden. Willkommen in den »trüben Gewässern« der kortikobasalen Degeneration!

Kortikobasales Syndrom – was ist das genau?

Diese scheinbar harmlose Frage ist in Wirklichkeit ziemlich schwer zu beantworten. Bei dieser Erkrankung handelt es sich – wie der Name schon sagt – um ein Syndrom. Ein Syndrom ist eine Gruppe von Symptomen, die häufig zusammen auftreten. (So ist beispielsweise auch die Demenz ein Syndrom.) Diese Symptome können durch verschiedene Krankheiten verursacht werden, sodass es manchmal schwierig ist, festzustellen, welche Erkrankung tatsächlich an einem bestimmten Symptom schuld ist. Finden Sie das verwirrend? Mit diesem Problem stehen Sie nicht allein da. Im Grunde kann das kortikobasale Syndrom durch verschiedene Demenzformen verursacht werden: zum Beispiel durch die Alzheimer-Krankheit, die frontotemporale Demenz und die progressive supranukleäre Blickparese.

Der Begriff »kortikobasal« bezieht sich auf die von diesem Syndrom betroffenen Gehirnregionen. Dabei handelt es sich um die Hirnrinde (das ist der »kortiko«-Teil von »kortikobasal«) und die Basalganglien (den »basalen« Teil von »kortikobasal«), die in den tieferen Hirnregionen liegen. Auf die Funktionen dieser Hirnregionen und darauf, welchen Beitrag ihre Beeinträchtigung zu den Symptomen des kortikobasalen Syndroms leisten könnte, werden wir später noch zurückkommen. Doch zunächst wollen wir uns mit den Symptomen der kortikobasalen Degeneration beschäftigen, weil sie dieses Syndrom definieren.

Was für Symptome verursacht das kortikobasale Syndrom?

Die meisten Symptome des kortikobasalen Syndroms hängen mit Bewegungsproblemen zusammen und erinnern häufig an eine andere Bewegungsstörung: nämlich die Parkinson-Krankheit. Tatsächlich bezeichnet man diese Beschwerden oft als »Parkinson-ähnlich«. Zu den Parkinson-Symptomen gehören:

- eine Verlangsamung der Bewegungen, die man als Bradykinese (von griechisch *brady* = »langsam« und *kinesis* = »Bewegung«) bezeichnet,
- Muskelsteifheit (klinisch als Rigor bezeichnet)
- und ein Zittern der Gliedmaßen (klinisch als Tremor bezeichnet).

Neben diesen Parkinson-ähnlichen Symptomen verursacht das kortikobasale Syndrom aber auch spezifischere Symptome wie beispielsweise eine Gliedmaßenapraxie oder eine asymmetrische Steifheit der Gliedmaßen.

Unter »Apraxie« (von griechisch *a* = »nicht« und *praxis* = »tun«) versteht man die Unfähigkeit, zielgerichtete Handlungen oder Bewegungen auszuführen. Häufig ist diese Apraxie bei einer einzelnen Gliedmaße oder bei den Gliedmaßen auf einer Körperseite stärker ausgeprägt. Diese Gliedmaßenapraxie ist anfangs vielleicht kaum spürbar und zeigt sich oft erst, wenn wir versuchen, Handlungen auszuführen, die komplexe Bewegungen und eine gute Körperkoordination erfordern – zum Beispiel, uns anzuziehen. Beim Anziehen fällt es Patienten mit einem kortikobasalen Syndrom oft schwer, ihre

Arme in die Ärmel und ihre Beine in die Hosenbeine hineinzubekommen. Für die meisten Menschen scheint das Anziehen nur ein paar ganz einfache Bewegungen zu erfordern. Dabei vergessen wir jedoch, dass man für diesen Vorgang in Wirklichkeit ein sehr ausgeprägtes Koordinationsvermögen braucht, ganz zu schweigen von der Feinmotorik, die notwendig ist, um unsere Hände in die Ärmel einzuführen. Patienten mit Gliedmaßenapraxie fallen solche Aktivitäten ausgesprochen schwer, sodass Schwierigkeiten beim Anziehen sogar als typisches Symptom für das kortikobasale Syndrom gelten können. Für diese Apraxie ist der parietale Kortex verantwortlich.

Wir sind ja schon in den Kapiteln über zwei andere seltene Alzheimer-Formen (die posteriore kortikale Atrophie und die logopenische Variante der primär progressiven Aphasie) auf den parietalen Kortex gestoßen. Von daher wissen wir bereits, dass dieser Kortex für unsere Sinne – zum Beispiel für die visuelle Aufmerksamkeit (posteriore kortikale Atrophie) oder die phonologische Schleife (logopenische Variante der primär progressiven Aphasie) – eine wichtige Rolle spielt. Eine weitere wichtige Funktion des parietalen Kortex besteht darin, die Hirnegionen, die für Bewegung und Wahrnehmung zuständig sind, miteinander zu verbinden. Es ist sehr wichtig, das, was wir sehen, mit dem zu verbinden, was wir tun – denken Sie nur einmal daran, wie wir unsere Bewegungen miteinander koordinieren müssen, um nach einem Glas Wasser zu greifen! Wenn unser visuelles System unserem Bewegungssystem nicht mitteilen würde, wie weit wir unsere Hand dazu ausstrecken müssen, wäre es schwierig, das Glas zu erwischen. Denn dann würden wir die Hand wahrscheinlich entweder zu weit ausstrecken, und das Glas würde umkippen, oder wir würden zu kurz und somit ins Leere greifen.

Gleichzeitig geben die Bereiche unseres Gehirns, die für Bewegungen zuständig sind, ständig Rückmeldungen an unseren Gesichts- und Tastsinn, wenn wir etwas berühren. Beide Systeme kommunizieren permanent miteinander über die Position unserer Körperteile.

Dieser nahtlose Informationsfluss zwischen Bewegungen und Sinneswahrnehmungen wird durch die parietale Hirnregion ermöglicht. Wir nehmen diese Prozesse zwar nicht bewusst wahr, aber sie spielen für unser tägliches Leben eine sehr wichtige Rolle. Die Gliedmaßenapraxie ist ein klassisches Beispiel dafür, dass der Parietallappen nicht mehr richtig funktioniert. Daher überrascht es eigentlich nicht, dass es Patienten mit einer Gliedmaßenapraxie schwerfällt, ihre Bewegungen zu koordinieren, da die Rückkoppelungsschleife in ihrem parietalen Kortex nicht mehr richtig funktioniert. Kein Wunder, dass sie plötzlich Probleme damit haben, sich anzuziehen!

Der Scheitellappen leitet Informationen von den Sinnesorganen an unser motorisches System weiter. Wenn ein Teil dieses sensorischen Feedbacks verloren geht, kann dadurch wiederum ein anderes typisches Symptom des kortikobasalen Syndroms entstehen: nämlich eine Steifheit der Gliedmaßen. Denn wenn die Sinnesorgane (zum Beispiel der Tastsinn) kein richtiges Feedback mehr liefern, können sich die Muskeln vielleicht auch nicht mehr richtig entspannen und sind ein bisschen steif. Ärzte messen den Grad dieser Steifheit oft, indem sie die Patienten bitten, ihre Arme zu entspannen, und sie dann passiv bewegen. Wenn der Patient seine Arme so schlaff wie möglich lässt, sollte der Arzt sie normalerweise problemlos bewegen können. Wenn die Gliedmaßen steif sind, stößt er bei diesem Versuch jedoch auf einen gewissen Widerstand der Muskulatur.

Ein weiteres wichtiges Merkmal des kortikobasalen Syndroms besteht darin, dass diese Steifheit oft nur eine Gliedmaße oder die Gliedmaßen auf einer Körperseite betrifft. Das ist darauf zurückzuführen, dass in den Anfangsstadien des kortikobasalen Syndroms häufig nur eine Seite des parietalen Kortex von der Demenz betroffen ist. Die sensorischen Defizite beim kortikobasalen Syndrom können sich manchmal auch als Empfindungsstörungen bei Berührungen äußern, sodass der Patient weniger Gefühl in den Gliedmaßen (beispielsweise in den Fingern oder Zehen) hat.

Diese sensorischen Defizite können von Patient zu Patient sehr unterschiedlich sein.

Das kortikobasale Syndrom zieht aber auch die tief im Gehirn liegenden Basalganglien in Mitleidenschaft. Bei diesen Basalganglien handelt es sich um ziemlich komplexe Strukturen, daher möchte ich mich an dieser Stelle auf ein paar besonders wichtige Konzepte beschränken.

Das erste wichtige Konzept besteht darin, dass die Basalganglien oft als Relais oder Regler des Zusammenspiels zwischen tiefen und oberflächlichen Gehirnregionen fungieren. Wenn diese Regler beschädigt oder defekt sind, können alle möglichen Probleme entstehen. Stellen Sie sich zum Beispiel einmal vor, der Regler für die Benzineinspritzung in Ihrem Auto wäre defekt. Das Auto würde dann zwar immer noch fahren, aber es hätte Fehlzündungen und würde nicht mehr optimal funktionieren. Im Gehirn ist es genau dasselbe: Selbst wenn unsere oberflächlichen Hirnregionen normal funktionieren, können Veränderungen in den Basalganglien dazu führen, dass das ganze Gehirn nicht mehr optimal funktioniert.

Es gibt aber auch noch ein zweites Konzept, das im Zusammenhang mit den Basalganglien wichtig ist: Da sie relativ klein sind, stehen sie mit vielen oberflächlichen Hirnregionen in Verbindung. (Es handelt sich dabei also um eine sogenannte »Eins-zu-viele«-Beziehung.) Ein Schwund der Basalganglien kann somit viele verschiedene Gehirnregionen beeinträchtigen, und das kann zu den verschiedensten subtilen kortikalen Symptomen führen. In Wirklichkeit werden diese Probleme und Symptome jedoch von den fehlerhaften Basalganglien verursacht. Um dieses komplizierte Konzept ein bisschen verständlicher zu machen, wollen wir es nun einmal mit einem Netzwerk aus mehreren Flughäfen vergleichen. Angenommen, die Basalganglien sind ein großer Flughafen wie beispielsweise Heathrow oder JFK, der viele Verbindungen zu anderen Flughäfen hat. Eines Tages kommt es an diesem großen Flughafen zu einer gravierenden Störung – sagen wir, zu einem Stromausfall in einem Terminal. Dieser Stromausfall wirkt sich auf alle Flüge aus, die an diesem Terminal ankommen oder von dort zu anderen Flughäfen starten. Der Stromausfall erzeugt also eine Kettenreaktion bei den anderen Flughäfen, die dadurch ebenfalls in ihren Abläufen beeinträchtigt werden, obwohl es dort gar nicht zu einer Störung oder einem Stromausfall gekommen ist. Ebenso können Funktionsstörungen der Basalganglien alle möglichen Folgesymptome verursachen. So können Patienten, die an einem kortikobasalen Syndrom leiden, beispielsweise ein ganzes »Mosaik« aus verschiedenen Symptomen aufweisen.

Wenn Sie dieses Kapitel über das kortikobasale Syndrom ein bisschen verwirrend fanden, machen Sie sich deshalb bitte keine Sorgen! Damit stehen Sie nämlich nicht allein da. Selbst Experten auf diesem Gebiet fällt es schwer, die Komplexität dieses Syndroms und seiner Symptome zu verstehen. Daher ist es eigentlich kein Wunder, dass es oft so lange dauert, bis Patienten mit kortikobasalem Syndrom die richtige Diagnose erhalten: Es ist eben einfach sehr schwierig, dieses Syndrom von anderen Erkrankungen zu unterscheiden. Doch die neuen Biomarker für die Alzheimer-Krankheit können dazu führen, dass solche Patienten schneller eine Diagnose und eine maßgeschneiderte Therapie erhalten. Als wichtige Botschaft dieses Kapitels sollten Sie im Gedächtnis behalten, dass das kortikobasale Syndrom zwar im Rahmen einer Alzheimer-Krankheit auftreten kann, aber hauptsächlich unsere Bewegungen beeinträchtigt.

Ein letztes Wort zu den selteneren Alzheimer-Formen

Bevor ich in diesem letzten Kapitel alle Erkenntnisse zu den selteneren Alzheimer-Formen kurz zusammenfasse, möchte ich noch einmal darauf hinweisen, dass diese seltenen Alzheimer-Demenzen trotz ihrer unterschiedlichen Symptome und Erscheinungsformen alle durch Amyloid- und Tau-Ablagerungen entstehen. Und obwohl sie sich in ihren Symptomen oft sehr stark voneinander unterscheiden, werden sie alle durch die Alzheimer-Krankheit verursacht – mit Ausnahme des kortikobasalen Syndroms, dessen Ursache zurzeit noch erforscht wird.

Doch obwohl all diese seltenen Varianten unter dem Oberbegriff Alzheimer-Krankheit zusammengefasst werden, sind Patienten mit seltenen Alzheimer-Formen und deren Angehörige meiner Erfahrung nach oft verzweifelt, weil es normalerweise viel länger dauert, bis sie richtig diagnostiziert und behandelt werden. Der Hauptgrund dafür besteht darin, dass diese Formen so selten sind, dass nur Spezialisten sie erkennen und richtig diagnostizieren können, und bis so ein Patient tatsächlich bei einem Spezialisten vorstellig wird, kann es lange dauern. Patienten mit diesen seltenen Alzheimer-Formen haben aber auch noch einen anderen Grund, frustriert zu sein: Selbst nach der Diagnosestellung gibt es für sie nämlich weniger Hilfsangebote als für Patienten mit der häufigsten Form der Alzheimer-Krankheit. Sogar in Demenz-Selbsthilfegruppen, die ihren Mitgliedern eine Menge Unterstützung bieten, fühlen Patienten mit diesen seltenen Alzheimer-Formen und ihre Angehörigen sich fehl am Platz, weil dort anscheinend niemand sonst mit den gleichen Symptomen und Herausforderungen zu kämpfen hat wie sie. Wenn Sie diese Erfahrung auch schon einmal gemacht haben, lohnt es sich für Sie, nach Selbsthilfegruppen für »seltene Demenz«, »frühe Demenz« oder »früh beginnende Demenz« zu suchen. Diese Selbsthilfegruppen sind nicht nur für Menschen mit seltenen Alzheimer-Formen, sondern auch für Patienten mit anderen Demenzformen wie beispielsweise frontotemporaler Demenz, Lewy-Körperchen-Demenz und progressiver supranukleärer Blickparese zuständig. Da sich die Symptome dieser seltenen Demenzerkrankungen oft überlappen, können solche Selbsthilfegruppen das allgemeine Angebot an Unterstützung für Menschen mit Demenz ergänzen.

Letzten Endes zeigt der Mangel an Wissen über die seltenen Alzheimer-Formen, wie viel Forschungsarbeit noch notwendig ist, um diese Erkrankungen zu verstehen. Leider konzentriert ein Großteil der Forschung sich nach wie vor auf die häufigste Form der Alzheimer-Krankheit. Trotzdem hat sich in den letzten Jahren zum Glück die Erkenntnis durchgesetzt, dass auch Menschen mit diesen seltenen Alzheimer-Formen und deren Angehörige bessere Informationen und mehr Unterstützung verdienen.

Zusammenfassung

In diesem Teil des Buches haben wir folgende Aspekte behandelt:

- Obwohl die meisten Alzheimer-Patienten die üblichen Symptome (Gedächtnisverlust und Orientierungslosigkeit) aufweisen, gibt es auch noch andere Formen der Alzheimer-Krankheit.
- Patienten mit der frontalen Variante der Alzheimer-Krankheit zeigen oft Veränderungen in ihrem Verhalten und ihrer Entscheidungsfindung – zum Beispiel verhalten sie sich häufig enthemmter oder vielleicht sogar rücksichtslos und draufgängerisch. Sie können aber auch apathisch sein und wenig Motivation und Initiative zeigen.
- Die frontale Variante der Alzheimer-Krankheit beeinträchtigt die Patienten außerdem in ihrer Fähigkeit, Informationen in die richtige Reihenfolge zu bringen; sie machen in ihren Gedanken, ihrer Sprache und ihrem Handeln oft einen »verwirrten« Eindruck.
- Die posteriore kortikale Atrophie ist eine seltene Form der Alzheimer-Krankheit, bei der die Patienten unter Problemen leiden, die eher mit Sehstörungen als mit (den bei einer Alzheimer-Demenz normalerweise häufiger auftretenden) Gedächtnisstörungen zusammenhängen.
- Die posteriore kortikale Atrophie kann als »visuelle Form« der Alzheimer-Krankheit angesehen werden, bei der die Betroffenen oft unter Sehstörungen leiden, sodass sie beispielsweise gegen Möbel stoßen oder beim Autofahren mit Gegenständen kollidieren.
- Das zweite häufige Symptom der posterioren kortikalen Atrophie ist die visuelle Vernachlässigung, die sich dadurch äußert, dass die Patienten nur einen Teil ihres Gesichtsfelds wahrnehmen.
- Die logopenische Variante der primär progressiven Aphasie ist die »sprachliche« Form der Alzheimer-Krankheit. Patienten, die darunter leiden, fällt es oft schwer, mehrsilbige Wörter laut auszu-

sprechen oder komplizierte Anweisungen zu befolgen. Sie wissen zwar noch, was sie sagen wollen, haben aber Probleme damit, die richtigen Worte zu finden. Dieses Symptom ist auf Veränderungen in der phonologischen Schleife zurückzuführen.

- Streng genommen ist das kortikobasale Syndrom keine Alzheimer-Krankheit, überschneidet sich in seiner Pathophysiologie aber mit der Alzheimer-Demenz.
- Patienten mit kortikobasalem Syndrom fällt es schwer, Bewegungen auszuführen und zu koordinieren (sich also beispielsweise anzuziehen).
- Patienten mit dieser Demenzform weisen manchmal ein »Mosaik« aus verschiedenen Symptomen auf. Das liegt daran, dass die Basalganglien dafür zuständig sind, verschiedene Teile des Gehirns miteinander in Verbindung zu bringen.
- Es ist dringend notwendig, diese selteneren Formen der Alzheimer-Krankheit zu verstehen, damit wir ihre Diagnostik und Therapie verbessern können.

DANKSAGUNG

Geschafft! Sie haben tatsächlich bis zum Ende dieses Buches durchgehalten, und ich hoffe, dass es Ihnen ein besseres Verständnis für die Geschichte und die wissenschaftlichen Hintergründe der Alzheimer-Krankheit vermittelt hat. Inzwischen ist Ihnen hoffentlich klar geworden,

- warum es zu den typischen Gedächtnis- und Desorientierungssymptomen bei der Alzheimer-Krankheit kommt,
- welchen Beitrag Dr. Alois Alzheimer und Auguste Deter (und der leider längst vergessene Dr. Oskar Fischer) zur Entdeckung der Alzheimer-Krankheit geleistet haben,
- welche Veränderungen die beiden Proteine Amyloid und Tau im Gehirn verursachen und wie diese zur Alzheimer-Krankheit führen,
- welche Behandlungsansätze es für diese Erkrankung zurzeit gibt,
- wie Genetik und Lebensstil unser Risiko beeinflussen, in Zukunft an Alzheimer zu erkranken,
- und last but not least: in welchen Symptomen sich die selteneren Formen der Alzheimer-Krankheit äußern, je nachdem, in welchen Hirnregionen die beiden Proteine Amyloid und Tau sich ablagern.

Wenn Sie die Antworten auf all diese Fragen kennen: Herzlichen Glückwunsch – dann sind Sie jetzt ein echter Alzheimer-Experte!

Ich hoffe, dass die Reise durch dieses Buch Ihnen genauso viel Spaß gemacht hat wie mir und dass Sie dadurch mehr über diese Erkrankung erfahren haben. Denn letztendlich ist Wissen Macht;

und ich hoffe, dass Sie Ihr neugewonnenes Wissen sinnvoll einsetzen werden.

An dieser Stelle möchte ich mich bei den vielen Menschen bedanken, die die Entstehung dieses Buches überhaupt erst möglich gemacht haben. Zunächst einmal bei meiner Familie, die meine Schreibattacken an Wochenenden, Abenden und Feiertagen ertragen musste und mich trotzdem immer wieder bei meiner Arbeit ermutigt hat. Außerdem gab es viele hilfreiche Menschen, die mir Feedback zu den ersten Entwürfen meines Buches gegeben haben – unter anderem medizinische Laien, Betreuer von Demenzpatienten und Menschen, die selbst von ersten kognitiven Einbußen betroffen waren. Vor allem bin ich Neil Foley, Joyce Hopwood, Willy Gilder und Cerilynne Higgins dankbar für ihr großartiges Feedback und ihre Arbeit an meinem Buch. Und nicht zuletzt hätte ich dieses Buch auch nicht ohne die Fachliteratur schreiben können, die zu diesem Thema bereits vorliegt. Es gibt so viele wissenschaftliche Studien und Bücher, dass ich sie hier unmöglich alle auflisten kann, daher möchte ich an dieser Stelle vor allem das Werk von Professor Konrad & Ulrike Maurer hervorheben, die sich intensiv mit der Lebensgeschichte von Alois Alzheimer beschäftigt haben. Ich habe mich bei meinem Buch stark auf ihre Arbeit gestützt. Ebenso möchte ich Professor Michel Goedert danken, durch dessen Veröffentlichung über Oskar Fischer ich auf diesen »übersehenen« Wissenschaftler aufmerksam geworden bin, dem für die Entdeckung der Alzheimer-Krankheit ein so großes Verdienst zukommt. Vielen Dank!

Und nicht zuletzt möchte ich auch meinem Verlag Canbury Press (Martin Hickman, Gaby Monteiro) für ihre einfühlsamen Kommentare zu meinen ersten Manuskriptentwürfen danken.

ÜBER DEN AUTOR

Michael Hornberger ist Professor für angewandte Demenzforschung an der University of East Anglia in Großbritannien. Der aus Deutschland stammende Wissenschaftler studierte in Osnabrück und Wien, bevor es ihn für die Promotion ans Londoner University College zog. Bis zur Berufung auf seine aktuelle Professur wirkte er mehrere Jahre an der Cambridge University und in Sydney.